权威·前沿·原创

皮书系列为

“十二五”“十三五”国家重点图书出版规划项目

智库成果出版与传播平台

2020年辽宁经济社会形势分析与预测

ANALYSIS AND FORECAST OF ECONOMY AND SOCIETY OF LIAONING(2020)

主　编／梁启东
副主编／王　磊　张天维　王　丹

社会科学文献出版社
SOCIAL SCIENCES ACADEMIC PRESS (CHINA)

图书在版编目(CIP)数据

2020年辽宁经济社会形势分析与预测 / 梁启东主编
. -- 北京：社会科学文献出版社，2020.8
（辽宁蓝皮书）
ISBN 978-7-5201-6619-5

Ⅰ.①2… Ⅱ.①梁… Ⅲ.①区域经济-经济分析-辽宁-2019②社会分析-辽宁-2019③区域经济-经济预测-辽宁-2020④社会预测-辽宁-2020 Ⅳ.①F127.31

中国版本图书馆CIP数据核字（2020）第076912号

辽宁蓝皮书
2020年辽宁经济社会形势分析与预测

主　　编 / 梁启东
副 主 编 / 王　磊　张天维　王　丹

出 版 人 / 谢寿光
责任编辑 / 杨　雪
文稿编辑 / 杨　木

出　　版 / 社会科学文献出版社 · 城市和绿色发展分社（010）59367143
地址：北京市北三环中路甲29号院华龙大厦　邮编：100029
网址：www.ssap.com.cn
发　　行 / 市场营销中心（010）59367081　59367083
印　　装 / 天津千鹤文化传播有限公司

规　　格 / 开 本：787mm×1092mm　1/16
印 张：21　字 数：313千字
版　　次 / 2020年8月第1版　2020年8月第1次印刷
书　　号 / ISBN 978-7-5201-6619-5
定　　价 / 128.00元

本书如有印装质量问题，请与读者服务中心（010-59367028）联系

2020年辽宁蓝皮书编委会

主要编撰者简介

梁启东　男，辽宁抚顺人，人文地理学博士。现任辽宁社会科学院副院长，经济学研究员。全国“四个一批”人才，国家“万人计划”哲学社会科学领军人才，享受国务院政府特殊津贴，曾获全国文化名家、全国优秀科普专家等称号，及省五一劳动奖章、省劳动模范、沈阳市“十大杰出青年”等荣誉。主要研究成果有:《中国城区发展战略研究》《辽宁民营经济发展报告》《加入 WTO 与辽宁经济》《沈抚同城化战略研究》《沈阳经济区综合配套改革研究》《沈阳经济区城市发展研究》《对话金融危机》等专著。

王　磊　男，辽宁辽阳人，博士，中国社会科学院社会学研究所博士后，硕士生导师，中国注册会计师。现任辽宁社会科学院社会学研究所所长、研究员。辽宁省经济社会形势分析与预测中心主任。辽宁省五一劳动奖章获得者。辽宁省重点学科（社会学）带头人，辽宁省“百千万人才工程”“百”层次人选，辽宁省宣传文化系统“四个一批”人才。中国社会学会常务理事。辽宁省社会学会副会长兼任秘书长，辽宁省总工会特邀理论研究员。

主要研究领域为社会福利与社会救助。近年来主持国家社会科学基金项目 3 项。2013 年和 2014 年分别获得中国博士后科学基金面上项目一等资助和特别资助。主持完成辽宁省社会科学规划基金项目 2 项。作为核心成员参与“九五”国家社会科学基金重点项目及国家社科基金一般项目等多项国家级科研课题研究。截至目前出版学术专著 3 部，合著 7 部。在《财经问题研究》、《理论与改革》、《统计与决策》及《地方财政研究》等核心期刊发表学术论文 20 余篇。科研成果获得省部级以上奖项 10 余项，其中获得辽宁省政府奖 6 项。

张天维 男，辽宁辽阳人，辽宁社会科学院产业经济研究所所长、研究员，主要从事产业经济、区域经济、宏观经济、理论经济研究，是享受国务院政府特殊津贴专家，辽宁省委、省政府和沈阳、市委市政府决策咨询委员，辽宁省五一劳动奖章获得者，加拿大弗雷泽研究所、美国芝加哥等大学特约访问学者。先后主持完成包括国家社会科学基金项目在内的50余项科研任务；获得国家优秀成果一等奖三项；出版专著 8 部，最新专著是《资源型地区战略性新兴产业发展研究》。

王　丹 女，辽宁社会科学院农村发展研究所所长，研究员，研究方向为农村经济、区域经济。近些年承担和参与国家级、省级社科基金项目及省政府、地方政府等委托课题 30 余项。撰写相关著作 10 余部，在国家级、省级期刊杂志上发表论文 20 余篇。“通向复兴之路——振兴东北老工业基地政策研究”“取消农业税后农村新情况新问题及对策研究”等成果分别获得辽宁省哲学社会科学成果一等奖、二等奖等奖项。

摘　要

《2020 年辽宁经济社会形势分析与预测》（以下简称《2020 年辽宁蓝皮书》）是辽宁社会科学院连续推出的第 25 本有关辽宁省经济社会形势分析的年度性研究报告。全书分为总报告、经济运行篇、产业发展篇、民生改善篇、乡村振兴篇、创新发展篇和附录七个部分，由辽宁社会科学院有关专家，以及省直有关部门、大专院校的学者历经 1 年有余研创而成。《2020 年辽宁蓝皮书》使用的数据是 2019 年整个年度的数据。《2020 年辽宁蓝皮书》依然突出对辽宁经济社会发展中热点、难点和关键问题的分析和预测，而且更加重视研究数据的完整性、连续性。

2019 年，面对复杂严峻的国际环境和艰巨繁重的改革稳定任务，全省经济社会平稳健康发展，主要体现在工业生产平稳增长、固定资产投资略有增加、消费市场平稳运行、外贸外资保持稳定发展、产业结构优化提升、新旧动能加快转换、三大攻坚战取得关键进展、城乡区域协调发展取得新成效等方面。与此同时，全省社会形势稳定，社会运行和发展态势良好，城乡居民获得感持续提升。社会发展中呈现“六大亮点”——居民生活水平再上新台阶；脱贫攻坚取得决定性胜利；就业形势稳中有优，服务业成为就业最大“蓄水池”；医疗服务可及性水平显著提高，百姓“看病难”问题明显缓解；贫困群体享有更全面保障；基层社会治理模式不断创新。

本书发现，2019 年辽宁经济问题仍较严峻，主要体现在“三驾马车”同时疲软，经济景气程度出现回落；经济总量占全国的比重不断下降，在全国排名仍存下滑可能；产业层次较低，研发投入不足；经济领域融资渠道窄，体制短板难以弥补；创新创业创造氛围不浓，区域创新能力不强；进出口贸易额较低，开放合作存在短板等方面。在社会发展领域，辽宁依然存在

居民收入差距较大、人口老龄化形势严峻、养老服务供给能力不足以及共建共治共享的社会治理格局尚需完善等问题。

本书提出，2020 年辽宁经济社会发展的内外部环境更趋于复杂，受新冠肺炎疫情等因素影响，经济下行压力加大。为此，辽宁应积极借鉴和学习国内外成功经验；深入推进市场化改革，尽快破除旧体制束缚；深入实施创新驱动战略，加快振兴实体经济；发挥比较优势，推动区域经济协调发展；重视和善待人才。受经济下行压力加大、新冠肺炎疫情暴发等诸多负面因素影响，辽宁社会建设中将面临社会治理现代化、就业和社会保障三大压力。今后辽宁要重点做好壮大中等收入群体、积极拓宽就业渠道、增加养老服务供给、构建社会治理共同体、健全生育政策调控机制等方面的工作。

关键词： 民营经济　新兴产业　乡村振兴　辽宁

Abstract

Liaoning Economic and Social Situation Analysis and Prediction 2020 (referred to as *Liaoning Blue Book 2020*) is the 25th annual research report on Liaoning economic and social situation analysis was continuously launched by the Liaoning Academy of Social Sciences. The book is divided into six parts: general reports, economic operation, industrial development, livelihood improvement, rural revitalization and innovation and development. The authors mainly included experts from Liaoning Academy of Social Sciences as well as scholars from relevant provincial departments and universities. This book has been researched and developed over the past year. The data used in the *Liaoning Blue Book 2020* for the entire year of 2019. The *Liaoning Blue Book 2020* still highlights the analysis and prediction of hotspots, difficulties and key issues in Liaoning economic and social development, and pays more attention to the integrity of research data and the continuity of research.

In 2019, facing the complex and severe international environment and the arduous task of reform and stability, Liaoning economy and society have developed steadily and healthily, mainly reflected in the steady growth of industrial production, a slight increase in fixed asset investment, the stable operation of the consumer market, and the stability of foreign investment development, optimization and improvement of industrial structure, accelerated conversion of old and new kinetic energy, key progress in the three major offensives, and new achievements in coordinated development of urban and rural areas. At the same time, Liaoning social situation is stable, the social operation and development situation is good, and urban and rural residents' sense of gain continues to improve. Six Highlights in social development, such as residents living standards have reached a new level, decisive poverty alleviation has achieved a decisive victory, the employment situation is stable and excellent, and the service industry has become the largest cistern of employment. The level of access to medical services has significantly improved, and the difficult access to quality medical services has eased significantly. Groups enjoy more comprehensive protection, and grass-roots social governance models continue to innovate.

This book finds that Liaoning economic problems in 2019 are still severe, mainly reflected in the following aspects: the simultaneous weakness of the troika and the decline in the economic prosperity, the proportion of the total economic volume in the country has continued to decline, and the national ranking may still decline. And the industry level is relatively low Insufficient investment in research and development. The narrow financing channels in the economic field, and the shortcomings of the system are difficult to make up. The atmosphere of innovation and entrepreneurship is not strong, and the regional innovation capacity is not strong. In the field of social development, there are still problems such as a large income gap between residents, a severe population aging situation, insufficient supply of elderly care services, and the need to improve the social governance pattern of co-construction and co-governance.

This book proposes that the internal and external environment of Liaoning economic and social development will become more complex in 2020. Under the influence of new crown pneumonia and other factors, the downward pressure on the economy will increase. To this end, Liaoning should actively learn from and learn from domestic and foreign successful experiences; further promote market-oriented reforms, and remove the constraints of the old system as soon as possible; further implement innovation-driven strategies to accelerate the revitalization of the real economy; give play to comparative advantages, and promote the coordinated development of the regional economy; Talent. Affected by the increasing downward pressure on the economy and the outbreak of the new crown pneumonia epidemic, the social construction of Liaoning will face three major pressures: social governance modernization, employment and social security. In 2020 and beyond, we must focus on strengthening middle-income groups, actively expanding employment channels, increasing the supply of old-age services, building a social governance community, and improving the regulatory mechanism for fertility policies.

Keywords: Non-state-operated Economy; Emerging Industries; Rural Revitalization; Liaoning

目 录

Ⅰ 总报告

Ⅱ 经济运行篇

Ⅲ 产业发展篇

Ⅳ 民生改善篇

Ⅴ 乡村振兴篇

Ⅵ 创新发展篇

Ⅶ 附录

皮书数据库阅读使用指南

CONTENTS

I General Reports

II Economic Operation Articles

Ⅲ Industrial Development Articles

Ⅳ Livelihood Improvement Articles

Ⅴ Rural Revitalization Articles

Ⅵ Innovation and Development Articles

Ⅶ Appendix

总 报 告 

General Reports

B.1 2019 ~2020年辽宁经济形势分析与预测*

张天维　姜瑞春　姜　岩**

摘　要： 2019年，面对复杂严峻的国际环境和艰巨繁重的改革稳定任务，辽宁按照高质量发展的根本要求，坚持以供给侧结构性改革为主线，聚焦补齐“四个短板”，做好“六项重点工作”，全省振兴发展迈出“近视步伐”，经济社会平稳健康发展，主要体现在工业生产平稳增长、固定资产投资略有增加、消费市场平稳运行、外贸外资保持稳定发展、产业结构优化

* 本文是2019年辽宁省软科学公益研究基金项目（2019JH4/10100001）、辽宁省科协“辽宁省民营科技企业发展现状及对策研究”项目（LNKX2019－2020B05）和辽宁省社会科学规划基金重点项目（L19AJL001）的阶段性成果。

** 张天维，辽宁社会科学院产业经济研究所所长，研究员，研究方向为区域经济、产业经济；姜瑞春，辽宁社会科学院产业经济研究所副所长，副研究员，研究方向为产业经济；姜岩，辽宁社会科学院产业经济研究所副研究员，研究方向为产业经济。

提升、新旧动能加快转换、三大攻坚战取得关键进展、城乡区域协调发展取得新成效等方面。但问题仍较严峻，如“三驾马车”同时疲软；地区生产总值占全国的比重不断下降，在全国排名仍存在下滑可能；产业层次较低，研发投入不足；经济领域融资渠道窄，体制短板难以弥补；创新创业创造氛围不浓，区域创新能力不强；进出口贸易额较低，开放合作存在短板等。2020 年辽宁经济社会发展的内外部环境更趋于复杂，受新冠肺炎疫情等因素影响，经济下行压力加大。为此，辽宁应积极借鉴和学习国内外成功经验；深入推进市场化改革，尽快破除旧体制束缚；深入实施创新驱动战略，加快振兴实体经济；发挥比较优势，推动区域经济协调发展；重视和善待人才，将之看作辽宁全面振兴的关键。

关键词： 高质量发展　新旧动能转换　辽宁经济

2019 年，面对错综复杂的国内外经济环境，辽宁省坚持稳中求进的工作总基调，深入贯彻新发展理念，统筹做好稳增长、促改革、调结构、惠民生、防风险、保稳定各项工作，全力推动高质量发展，经济运行总体平稳、稳中有进，高水平全面建成小康社会取得新的进展。展望 2020 年，辽宁面临的发展环境依然十分严峻复杂，影响世界经济的不稳定因素还在增加，国内经济发展的深层次矛盾与问题仍较突出，辽宁经济预计将保持较为平稳的增长。

一　2019年经济运行基本情况

（一）经济保持稳定增长

针对经济下行、中美经贸摩擦、产业结构深度调整等带来的困难和挑战，辽宁采取有力有效的措施，扎实做好“六稳”工作，努力保持经济平稳健康发展。初步核算，2019 年全省实现地区生产总值 24909.5 亿元（现价数），比上年（下同）增长 5.5%。其中，第一、第二、第三产业增加值分别为 2177.8 亿元、9531.2 亿元和 13200.4 亿元，分别增长 3.5%、5.7%和 5.6%（见表 1）。三次产业结构为 9∶38∶53。辽宁地区生产总值在全国排第 15 位（比 2018 年下降 1 位，被陕西超过）。辽宁地区生产总值增速在全国排第 26 位（与 2018 年相同），在东北地区排第 1 位（与 2018 年相同）。值得注意的是，从 2018 年第一季度到 2019 年第四季度，辽宁经济增速连续 8 个季度与全国 GDP 增速保持高度一致，趋同性非常明显（见图 1）。这一方面表明辽宁经济增速受全国经济大环境影响非常大；另一方面表明辽宁经济增长摆脱了 2014 年以来的单边下滑趋势，经济企稳回升态势明显。

表 1　2019 年辽宁主要经济指标增速对比情况

单位：%，百分点

指标	2019 年累计增速	上年同期累计增速	与上年同期累计增速相比
地区生产总值	5.5	5.7	-0.2
第一产业	3.5	3.1	0.4
第二产业	5.7	7.4	-1.7
第三产业	5.6	4.8	0.8
规模以上工业增加值	6.7	9.8	-3.1
固定资产投资	0.5	3.7	-3.2
社会消费品零售总额	6.1	6.7	-0.6
进出口总额	-4.0	11.8	-15.8
地方一般公共预算收入	1.4	9.3	-7.9
地方一般公共预算支出	8.7	9.1	-0.4
全社会用电量	4.2	7.8	-3.6
其中:工业用电量	4.5	7.9	-3.4
城镇居民人均可支配收入	6.5	6.7	-0.2
农村常住居民人均可支配收入	9.9	6.6	3.3

资料来源：辽宁统计月报。

从各市增速来看，盘锦市、营口市和大连市列前三位，分别达到 8.3%、7.9%和 6.6%；抚顺市下降 1.2%，排名最后（见图 2）。与 2018

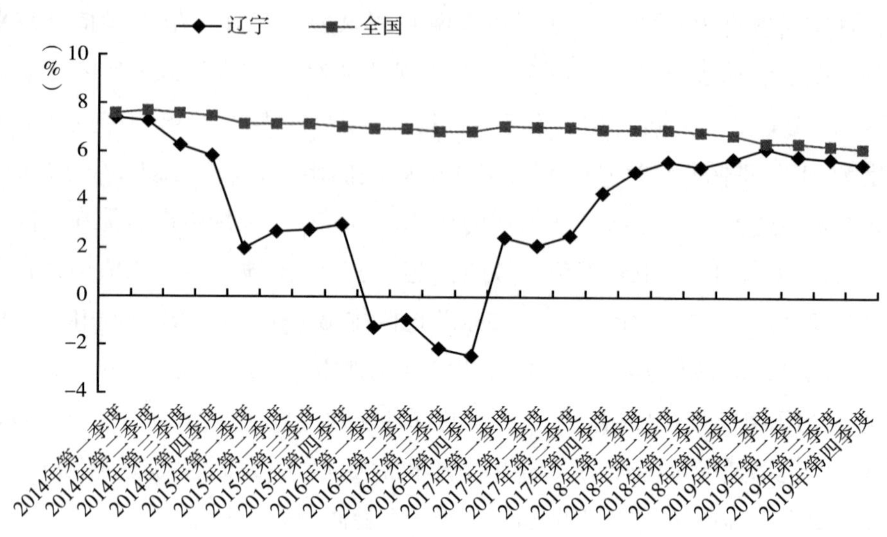

图 1　2014～2019 年辽宁地区生产总值季度增长率与全国比较

年同期相比，除沈阳市、抚顺市、锦州市和葫芦岛市增速回落外，其余各市增速均加快，其中本溪市、盘锦市和铁岭市分别以 4.9 个、3.3 个和 3.1 个百分点的增幅排前三位。从经济总量的绝对值来看，大连和沈阳列前两位，两市经济总量合计占全省的 54.5%（与 2018 年同期基本相同），鞍山和营口列第三、第四位。

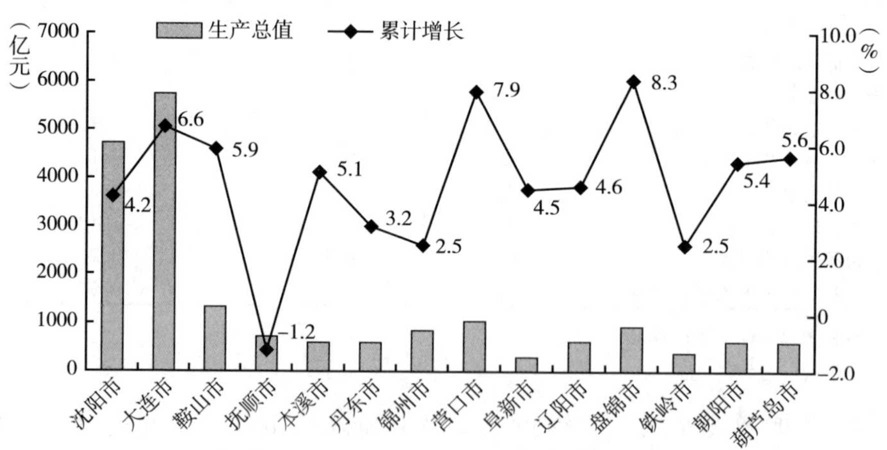

图 2　2019 年前三季度辽宁各市生产总值和累计增长率比较

（二）工业生产平稳增长

全年规模以上工业增加值增长6.7%，在全国排第11位。其中，全省规模以上装备制造业、石化工业、冶金工业和农产品加工业增加值分别增长7.2%、11.8%、5.1%和0.3%。工业运行的主要特点如下。

1. 全年工业增长呈前高后稳态势

在2018年较高基数上仍保持平稳较快增长，2019年月度累计增长区间为6.4%～9.0%（见图3）。

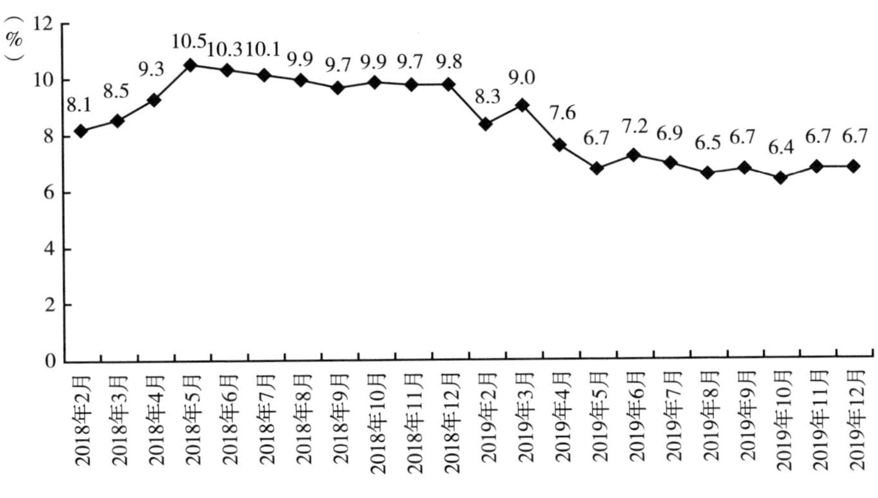

图3　2018～2019年辽宁规模以上工业增加值增速变化趋势

2. 私营企业、股份制企业引领工业增长

全省私营企业增加值增长24.0%，股份制企业增加值增长7.8%，分别高于整体工业增长17.3个和1.1个百分点；受外部需求影响，外商及港澳台商投资企业增加值增长4.5%，低于整体工业增长2.2个百分点。

3. 高技术制造业加快发展

全省高端装备、电子信息、生物医药等新兴产业加快发展，全年高技术制造业增加值增长18.7%左右；集成电路产量增长1.7倍，新能源汽车产量增长53.3%，服务器产量增长53.2%。

（三）固定资产投资略有增加

全省固定资产投资额增长0.5%，增速比2018年回落3.2个百分点，在全国排第25位（见图4）。主要特点有以下几点。

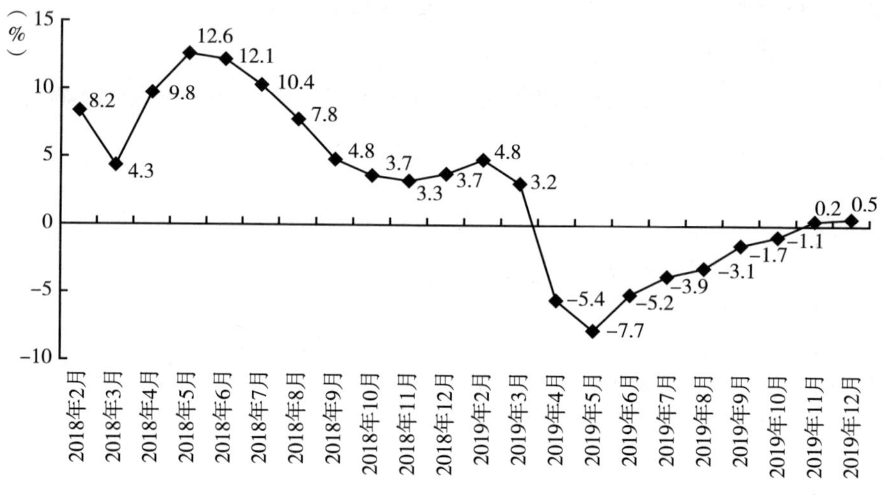

图4　2018～2019年辽宁固定资产投资增速

1. 投资结构继续优化

一是改建和技术改造投资占比不断提高。2019年1～11月，全省改建和技术改造投资增长36.8%，占固定资产投资的比重为7.5%，同比提高2个百分点。二是新开工建设项目投资额增长较快。全省新开工建设项目4213个，完成投资增长23.1%。其中，亿元以上新开工建设项目630个，完成投资增长26.1%。

2. 民间投资渐趋活跃

2019年1～11月，全省民间投资增长4.7%，高于全省投资增速4.5个百分点，占全省固定资产投资的65.6%。民间投资中比较活跃的领域是科学研究和技术服务业、金融业、租赁和商务服务业、采矿业、房地产业，分别增长1.1倍、59.5%、44.1%、29.4%、16.2%。

（四）消费市场平稳运行

初步核算，2019 年全省社会消费品零售总额增长 6.1% 左右，增速比 2018 年小幅下滑 0.6 个百分点（见图 5）。

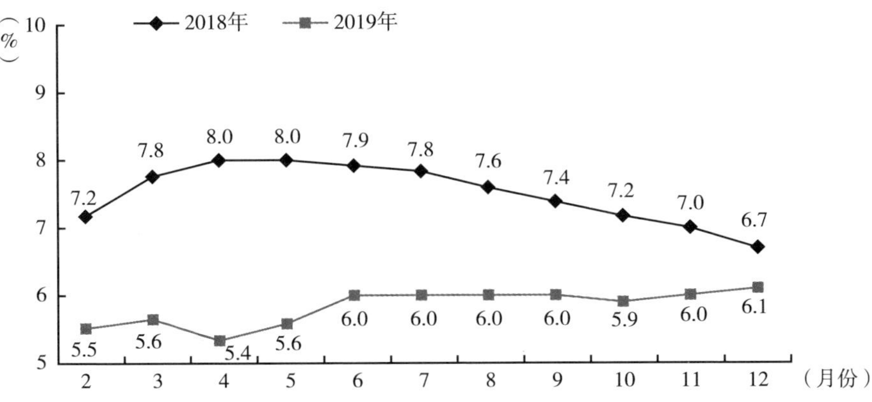

图 5　2018～2019 年辽宁社会消费品零售总额累计增长速度

1. 网上购物等新商业模式持续较快增长

2019 年 1～11 月，全省限额以上单位网上零售额达 406.3 亿元，增长 51.4%，增速比 2018 年全年提高 16.4 个百分点。

2. 智能家电、新能源汽车成为消费增长热点

2019 年前三季度，全省限额以上智能家用电器和音像器材零售额增长 86.6%，新能源汽车零售额增长 1.1 倍。这表明反映结构升级的新型消费商品增长快速。

（五）外贸保持稳定发展

2019 年，在国际经贸环境日益复杂的大环境下，辽宁外贸发展净出口总额虽然增速不明显，但从贸易规模来看，2019 年前 11 个月，已由 2018 年的第九位上升到 2019 年的第八位。

2019 年 1～11 月，全省进出口总额达 6534.0 亿元，同比下降 5.1%。其中，进口总额为 3685.9 亿元，下降 6.7%；出口总额为 2848.1 亿元，下降

2.9%（见图6）。虽然进出口贸易增速呈下降趋势，但辽宁2019年出台了19项举措，大力推动外贸提质促稳，效果明显。辽宁对外贸易呈现以下特点。

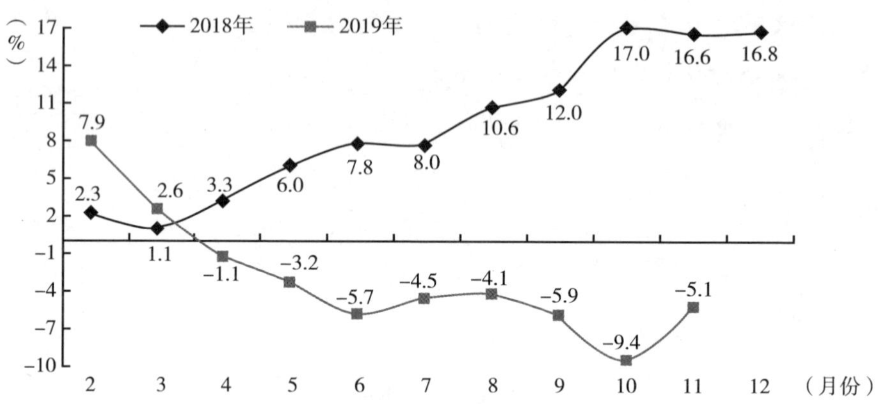

图6　2018～2019年辽宁进出口总额累计增长速度

1. 多元化市场格局逐步确立

辽宁对传统海外市场出口增速加快，2019年1～11月，对东盟出口384.7亿元，同比增幅近20%；对韩国出口317.6亿元，同比增幅超过11%。与此同时，对共建“一带一路”国家和中东欧17国的进出口额持续保持增长态势，辽宁省积极融入共建“一带一路”成效显著。

2. 高技术、高附加值的货物出口继续保持增长势头

2019年1～11月，高新技术产品和机电产品分别占全省出口总额的20%和50%。其中，高新技术产品出口559.7亿元，同比增长了34%；机电产品出口总额为1353.3亿元，同比增长4.1%。

（六）产业结构优化提升

2019年1～11月，辽宁坚持以供给侧结构性改革为主线，通过制定相关政策，激发内生动力，加快装备制造、石化、冶金及建材、消费品等传统产业转型升级步伐。全省装备制造业增加值同比增长7.4%，占全省规模以上工业的29.7%，继续保持全省第一大支柱行业。其中，先进装备制造业占比已经达到58%，同比增长1个百分点，沈阳、大连均已达到六成以上。

辽宁高新技术产业占规模以上工业比重达到9.7%，高于2018年同期2.7个百分点，增加值同比增长25%。

（七）新旧动能加快转换

深入实施创新驱动发展战略，加快突破关键核心技术，着力推动科技与经济结合、成果向产业转化。提升科技创新实力。以提升科技创新实力为出发点，突出辽宁省在装备制造业、新材料、智能制造业、精细化工等产业的优势地位，建设一批高科技产业实验室，吸引国内外优秀专家和学者。实施辽宁省科技创新引领产业振兴专项行动，其中19项科技成果获得了国家科技奖项，为近十年来最高。省内高新技术企业已经达到5000余家，科技型中小企业达到7500余家，瞪羚企业、独角兽企业130余户，其中超过80%的瞪羚企业从事能源与环境以及材料与制造行业。此外，智能制造、清洁能源、新材料、生物医药等产业也占据一定比例。构建完善技术转移转化体系。大力提高技术转化效率，2019年全省转移转化科技成果3000余项，登记技术合同成交额超过500亿元。省内科研机构和高校的科技成果本地转化率连续两年超过50%。创新创业环境不断优化。营商环境持续好转，2019年全省新登记市场主体同比增长5.9%，个体工商户转为小微企业户数达到1.2万家，小微企业转为规模性企业户数达到1200余户，规模性企业升级为“巨型”企业达到150户。

（八）坚决打好三大攻坚战

污染防治取得切实成效。将中央环保督察及“回头看”反馈问题整改作为工作重点，围绕辽河流域治理攻坚战，推动实施“五水共治”，全面消除辽河流域干流劣Ⅴ类水质断面。实施渤海辽宁段综合治理，近海流域的水质继续保持良好。继续打好蓝天保卫战，全年空气质量达标天数超过80%，PM2.5浓度降低到每立方米40微克。推动湖河长制深入落实，完成了70余条黑臭水体的治理工作，饮用水源地保护持续加强。继续实施植树造林，全年完成人工造林133万余亩。水土流失得到进一步有效治理，全年共治理水土流失面积 260 余万亩。推动实施彰武草原生态恢复示范工程。采取多重有效措施守住系统性风险底线，有效防范和化解地方性金融机构的流动性风险。辽宁省金融控股集团挂牌成立，成为省内服务实体经济发展和防范金融风险的又一个有效平台。全省地方性政府债务低于国家规定标准。脱贫攻坚战取得切实成效。巩固前期脱贫攻坚战的阶段性成果，在全省范围内开展脱贫质量排查、督查工作，全省 13 万余贫困人口确保实现全覆盖、高质量脱贫，圆满完成年度任务目标。

（九）区域协调发展取得新成效

全省坚持把实施乡村振兴战略作为新时代“三农”工作的总抓手，农业农村保持良好的发展势头。2019 年，全年粮食产量达到 486 亿斤，创历史最高水平。调整优化种植结构，坚持“一减两稳三增”，玉米种植面积减少 73.6 万亩，超额完成调减 70 万亩的计划任务。全省新增设施农业 10.2 万亩。全年蔬菜、食用菌、水果、花卉等生产面积同比增长 2.7%。这一年里，辽宁全省狠抓农业供给侧结构性改革，全面推进乡村振兴战略，117 个省级科技特派团、近 1.9 万名机关企事业干部服务农村。全面落实永久基本农田特殊保护制度，完成粮食生产功能区、重要农产品生产保护区划定面积 4650.44 万亩，占总划定任务面积的 101.1%。实施“藏粮于地、藏粮于技”战略，开展高标准农田建设，全省完成高标准农田建设 191 万亩。推动飞地经济加速发展。集中力量突破区域性壁垒，实现要素、资源、力量的有效聚集，创新合作发展机制，将发展飞地经济作为带动县乡经济快速发展的有效动力，在破解县乡项目落地过程中的体制机制性障碍方面取得了切实成效。全省共开工落地飞地项目 1200 余项。推动五大区域发展战略深入实施。以沈阳经济区一体化发展机制为重点，完善交通、环境治理、旅游等产业布局。推动实施沿海经济带协同高效发展，全省港口资源整合基本完成，通过资源整合带动港口经济发展，其中辽港集团利润增长了 1.5 倍。沈抚改革创新示范区建设实现高质量起步，一般性公共财政预算收入同比增长

26.7%，出台了20余项改革发展新措施。现代交通运输体系不断完善。2019年全省地级市实现了高铁全贯通，省内高铁通车里程超过2000公里，居全国第一名。农村公路网络建设不断加速，累计里程超过10万公里。省内港口基础设施建设水平、民航旅客吞吐量等重要的交通行业指标体系均处于国内领先地位。

（十）加快改革开放步伐

推动建设发展环境最优省。对《辽宁省优化营商环境条例》进行了全新修订，制定颁布了《辽宁省人民政府关于诚信政府建设的决定》，采取清单式的方法对“最多跑一次”事项进行规定。继续推动省级行政审批许可下放，全年共下放事项101个。全省政务在线一体化服务平台正式投入使用，证照分离改革持续深入推进。开展政府失信专项整治，清理拖欠民营小企业账款239亿元，在全国工商联发布的万家民营企业评价营商环境报告中，辽宁省在企业要素获得与保障水平指标上位居全国前列。推动与国家级发展战略深度对接。围绕长三角、珠三角、京津冀等国家级发展战略区进行全面深度对接，与北京、上海、江苏等发达地区建立人才交流、干部流动、产业对接和平台共建机制。推动东北三省一区在交通、文化、环保、旅游产业的全方位多渠道合作。大力提升对外贸易质量。继续保持对外贸易总体稳定，不断提升外贸质量，制订了19项对外贸易新举措。不断拓展国外市场，持续实现对外贸易产业结构优化升级。依托“一带一路”建设扩大国际市场，全年对共建“一带一路”国家和中东欧国家贸易进出口增长分别达到5%和10%。提高“一带一路”融入共建的主动性。以辽宁省“一带一路”综合试验区建设为重点，持续扩大对外开放的领域，实现以高质量对外开放引领高质量振兴发展。构建“一体两翼”式的对外开放新格局。向东拓展建设东北亚经济合作先行区，向西建设中国——中东欧“17+1”经贸合作示范区。推动实施“双招双引”，全年项目签约额达到9500多亿元，资金实际到位率同比增长11.5%。辽宁省自贸试验区100余项国家改革试点全部落地实施。

二 2019年辽宁经济运行中存在的主要问题

（一）“三驾马车”同时疲软，经济景气程度出现回落

辽宁拉动经济增长的“三驾马车”——投资、消费和出口，在2019年均遇到了不同程度的困难。投资增速持续徘徊在低位水平。2019年，辽宁有效投资不足，固定资产投资增长0.5%，增速比2018年同期回落3.2个百分点，没有达到预期8%的目标，投资增速出现小幅回落，表明投资对辽宁经济的促进作用有所削弱。消费增速出现小幅回落，增速比2018年同期回落0.6个百分点，比全国平均水平低1.9个百分点，消费对经济的贡献率也低于全国平均水平。辽宁经济的对外依存度一直低于全国平均水平，2019年辽宁出口额下降2.6%，增速比2018年回落7.6个百分点，比全国平均水平低8.3个百分点。

“三驾马车”的同时疲软，造成2019年辽宁地区生产总值增速小幅回落，比2018年低0.2个百分点，呈现逐季回落趋势，第一季度到第四季度增速分别为6.1%、5.8%、5.7%和5.5%；分产业来看，全年第一产业和第三产业增速与2018年基本持平，第二产业增速回落1.7个百分点。特别是辽宁经济增长的中坚力量——规模以上工业，其增加值的增速回落3.2个百分点，没有达到预期目标（见表2）。

表2 2019年辽宁主要经济指标实际完成与预期目标对比

单位：%，百分点

指标	预期目标	实际完成	与预期目标增速相比
地区生产总值	6.1	5.5	-0.6
固定资产投资	8.0	0.5	-7.5
社会消费品零售总额	7.0	6.1	-0.9
进出口总额	7.0	-4.0	-11.0
规模以上工业增加值	8.0	6.7	-1.3
一般公共预算收入	6.5	1.4	-5.1

注：地区生产总值预期目标为地区生产总值增长与全国保持同步，这里取全国实际值6.1%。
资料来源：2019～2020年辽宁省人民政府工作报告。

（二）占全国的比重不断下降，在全国排名仍存在下滑的可能

辽宁经济近几年呈现持续增长的态势，但占全国的比重不断下降。从地区生产总值占全国的比重来看，辽宁占全国的比重由2013年的近4.6%下降到2018年的2.8%、2019年的2.5%；地区生产总值也由全国第7位下滑到第15位（见表3）。同时，辽宁经济总量在全国的排名仍存在继续下行的可能。2019年，江西、重庆和云南地区生产总值增量分别为2772.7亿元、3242.58亿元和5342.63亿元，名义增长率分别为12.6%、15.9%和29.9%，均高于辽宁－405.9亿元的增量和－1.6%的名义增长率；2013～2019年，江西、重庆和云南地区生产总值占全国的比重保持小幅上升趋势，其中江西由2.43%上升到2.51%，重庆由2.16%上升到2.38%，云南由2.0%上升到2.34%（见图7）。这一方面表明辽宁经济增速下行压力较大；另一方面表明西部地区的部分省市发展势头稳健，尤其是江西省各项经济指标发展势头良好，存在赶超辽宁的可能。

表3　2019年排名前19位的地区生产总值及名义增长率

单位：亿元，%

排名	地区	2019年	2018年	增量	名义增长率
1	广东省	107671.1	97277.77	10393.33	10.7
2	江苏省	99631.52	92595.4	7036.12	7.6
3	山东省	71067.5	76469.7	－5402.2	－7.1
4	浙江省	62352	56197	6155	11.0
5	河南省	54259.2	48055.86	6203.34	12.9
6	四川省	46615.82	40678.13	5937.69	14.6
7	湖北省	45828.31	39366.55	6461.76	16.4
8	福建省	42395	35804.04	6590.96	18.4
9	湖南省	39752.12	36425.78	3326.34	9.1
10	上海市	38155.32	32679.87	5475.45	16.8
11	安徽省	37114	30006.82	7107.18	23.7
12	北京市	35371.3	30320	5051.3	16.7
13	河北省	35104.5	36010.3	－905.8	－2.5
14	陕西省	25793.17	24438.32	1354.85	5.5
15	辽宁省	24909.5	25315.4	－405.9	－1.6

续表

排名	地区	2019 年	2018 年	增量	名义增长率
16	江西省	24757.5	21984.8	2772.7	12.6
17	重庆市	23605.77	20363.19	3242.58	15.9
18	云南省	23223.75	17881.12	5342.63	29.9
19	广西壮族自治区	21237.14	20352.51	884.63	4.3

注：选取地区生产总值在 2 万亿元以上的省区市。
资料来源：根据各省区市政府工作报告整理计算生成。

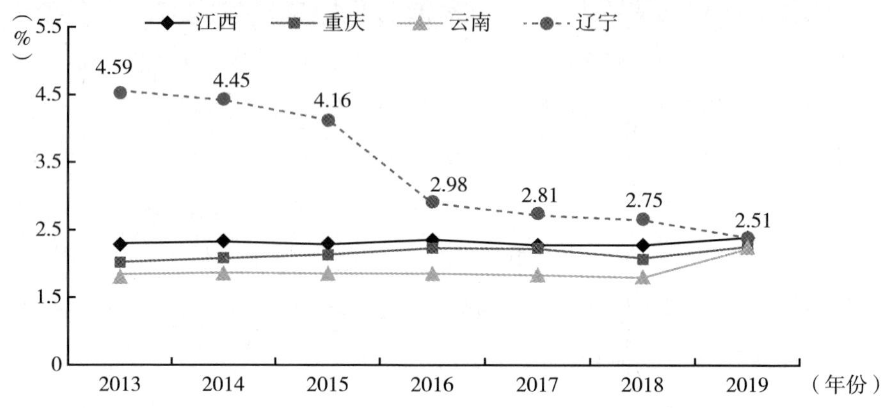

图 7　2013～2019 年辽宁、江西、重庆及云南四省区名义增长率情况

资料来源：根据国家统计局网站数据计算生成。

（三）产业层次较低，研发投入不足

辽宁高端装备制造、新一代信息技术、生物医药等战略性新兴产业虽然发展迅速，但是整体规模偏小，发展缓慢，绝大多数属于中小企业，自主创新能力不强。辽宁战略性新兴产业企业研发投入经费虽有不同程度的增长，但是与江苏、浙江、广东等地相比，还存在一定程度的差距。我们选取高技术产业研发机构数、R&D 人员折合全时当量、R&D 经费内部支出三个指标，判断辽宁省战略性新兴产业研究与试验发展（R&D）活动情况。辽宁三项指标占全国的比重为 0.7%、1.2%、1.0%，远低于江苏（23.6%、15.0%、13.1%）、浙江（9.1%、9.5%、7.3%）和广东（33.9%、26.8%、30.9%）三项指标占全国的比重（见表 4）。辽宁研究与试验发展（R&D）投入不足，在很大程度上导致产

业技术创新不足，产品附加值不高，缺乏核心自主知识产权的品牌和产品，特别是一些核心元件和关键技术对外依存度较高，缺乏自主创新的内在动力。

表4 辽宁与江苏、浙江和广东战略性新兴产业R&D活动对比

单位：%

地区	研发机构数占比	R&D人员折合全时当量占比	R&D经费内部支出占比
全国	100.0	100.0	100.0
辽宁	0.7	1.2	1.0
江苏	23.6	15.0	13.1
浙江	9.1	9.5	7.3
广东	33.9	26.8	30.9

资料来源：《中国科技统计年鉴2018》。

（四）经济领域融资渠道窄，上市企业整体水平较低

在辽宁经济运行中，企业普遍存在融资难、融资渠道单一、融资成本高、手续繁杂等问题，导致初创期和成长期的企业没有足够的资金支持，成熟期的企业因传统金融模式的不对称其发展需求得不到满足，这在很大程度上制约了辽宁经济发展。多年来，辽宁存在创业板上市公司数量少、规模小、募集资金数额少等特征。截至2019年10月底，辽宁拥有创业板上市公司12家，远低于江苏的102家、浙江的88家和广东的183家；创业板募集资金额度为51.7亿元，也远低于江苏的389.7亿元、浙江的427.2亿元和广东的873.6亿元（见表5）。从2018年股票首发地区分布来看，辽宁仅有1家企业过会；而江苏、浙江股票首发过会的企业分别有22家、20家。

表5 辽宁与江苏、浙江和广东创业板上市企业对比

单位：家，亿元

地区	数量	筹资金额
辽宁	12	51.7
江苏	102	389.7
浙江	88	427.2
广东	183	873.6

资料来源：深圳证券交易所官网。

（五）创新创业创造氛围不浓，区域创新能力不强

多年来，辽宁营商和创新创业环境明显落后我国南方。选取众创空间数量、当年获得投融资的团队及企业的数量和团队及企业当年获得的投资总额三个主要指标，衡量各地区众创空间的发展程度。辽宁三个指标合计占全国的比重分别为3.1%、2.1%和0.6%，远低于江苏（10.2%、7.4%和7.1%）、浙江（7.2%、8.4%和6.7%）、广东（12.1%、10.2%和10.8%）占全国的比重（见表6）。辽宁有效发明专利数占全国的比重为1.2%，明显低于江苏的9.5%、浙江的4.0%，远远落后于广东的51.1%（见表7）。同时，辽宁科技成果熟化和转化的能力弱，创新成果转化存在较为明显的"孔雀东南飞"现象，多数成果需转移至南方地区实现异地产业化，这进一步导致辽宁产业发展滞缓。

表6　辽宁与江苏、浙江和广东众创空间主要指标对比

单位：%

地区	众创空间数量占比	当年获得投融资的团队及企业的数量占比	团队及企业当年获得的投资总额占比
全国	100.0	100.0	100.0
辽宁	3.1	2.1	0.6
江苏	10.2	7.4	7.1
浙江	7.2	8.4	6.7
广东	12.1	10.2	10.8

资料来源：《中国科技统计年鉴2018》。

表7　辽宁与江苏、浙江和广东战略性新兴产业专利情况对比

单位：%

地区	专利申请数占比	有效发明专利数占比
全国	100.0	100.0
辽宁	1.2	1.2
江苏	13.1	9.5
浙江	6.7	4.0
广东	37.5	51.1

资料来源：《中国科技统计年鉴2018》。

（六）进出口贸易额较低，开放合作存在短板

辽宁对外开放程度不高、进出口总额偏低一直是制约全省经济发展的一个重要因素。具体表现在以下两点。一是进出口贸易额较低。2019年辽宁出口额增速为－2.6%，低于全国平均水平7.6个百分点。同时，辽宁贸易依存度长期低于全国平均水平。2019年全国贸易依存度为31.8%，辽宁却为29.1%。二是出口产品附加值较低。辽宁出口的产品主要为两大类，一类是以农产品或加工类食品为主，这类产品大多以原料或初级加工产品为主，产业链短，市场竞争力不明显，产品创造的价值较少。多年来，辽宁农产品出口金额比重较大，2019年辽宁农产品出口金额占比为11.3%。另一类以原材料、简单组装的国外进口的产品零部件、半成品加工制成品等为主，而高技术产品出口额占比相对较少。2019年辽宁高新技术产品出口金额占全部商品出口金额的比重为19.3%（见表8）。

表8　2018～2019年辽宁部分出口商品结构占比

单位：%

年份	机电产品	农产品	高新技术产品
2018	49.8	11.8	16.5
2019	47.4	11.3	19.3

资料来源：沈阳海关官网。

三　2020年辽宁经济发展的内外部环境及预测

（一）2020年全球经济有望温和回升，但不稳定不确定因素增多

2019年，受全球贸易放缓、地缘政治紧张以及脱欧等影响，全球经济增速整体呈放缓趋势。全球货币政策由紧转松，在经历了近一年的放缓之

后，全球经济在年末有所企稳。分析国际几大经济体的发展情况，美国总体情况相对较好，国内整体经济发展主要依托就业市场及消费支出，相比之下，国内制造业继续萎靡，国内临近大选的不确定性因素进一步加剧了美国经济下行的压力。欧元区则普遍受到全球经贸总体发展趋势下行的影响，制造业进一步低迷，经济在 2019 年持续萎靡。接近极致的货币宽松以及有限的财政刺激空间使其经济增长乏力。在全球风险因素减少的背景下欧元区经济在年末有所复苏，但经济前景依旧不容乐观。日本经济在 2019 年显露疲态，持续萎靡的通胀以及外需疲弱导致经济放缓，第三季度初更险些濒临衰退。在经济下行与人口老龄化加剧的压力下，日本政府在 2019 年上调消费税并采取大规模的财政刺激，但政策效果仍有待时间检验。

（二）投资稳中有降，经济存在下行压力

2019 年，国内经济“前高后低”。受全球经济放缓及中美贸易摩擦影响，中国 GDP 在第一季度反弹后便延续下滑趋势，国内经济下行压力明显。从“三驾马车”来看，投资增速受基建及制造业拖累略显疲弱，房地产投资保持稳健。预计 2020 年在政策支持下基建及制造业投资将会有所反弹。消费受内需放缓影响呈下行趋势，主要受汽车消费加剧下行、疫情冲击的拖累。不过随着消费结构进一步转型升级，2020 年下半年消费增速仍有望企稳回升。出口下滑较为明显，全球经济放缓和中美贸易摩擦导致外需较为疲弱，不过随着第一阶段协议签署落地、贸易结构的持续优化、对外贸易进一步扩大，以及贸易局势的转暖，预计出口降幅将有所收窄。整体来看，目前国内经济仍有下行压力，但随着外部环境边际改善，国内逆周期调节力度会进一步加大。

（三）辽宁经济发展态势的基本预测

从辽宁的三大需求来看，消费预计小幅回升。实际社会消费品零售总额增长在经济增速换挡、收入增长放缓、杠杆率高位、疫情冲击背景下预计继

续下行，但促消费政策托底，2020 年辽宁有望推出扩大新能源汽车消费，完善便利店、社区菜市场等便民消费设施，改造和提升商业步行街功能，大力发展夜间经济，加快培育“小店经济”，积极发展农村电商等一系列稳消费政策，消费下行幅度有限。

投资预计小幅改善。2020 年辽宁有望加快实施一批补短板、调结构、惠民生的重大项目，基建在加强逆周期调节下预计显著上行；大力推进 108 个工业高质量发展项目，制造业随着库存周期触底、贸易风险中枢下行、融资改善，预计小幅改善；高新技术投资有望高增。

进出口预计均好转。2020 年预计我国大幅降低关税总水平，增加进口；出口方面，全球制造业 PMI 出现见底迹象，预计边际好转，但幅度难以与进口增幅匹配。通过实施“双量增长”计划，支持外贸综合服务企业转型升级，做大做强外贸基地，保持进出口总额占全国份额不减。

综合来看，2020 年辽宁经济发展基本面仍将保持良好，经济运行不会出现大的波动，政府的预期目标基本实现。初步判断，2020 年辽宁经济增长有望接近全国平均水平。

2020 年辽宁整体经济走势的判断是前低后稳，上半年受疫情影响较大，经济下行压力加大。下半年经济下行压力放缓，在逆周期调节力度加大的情况下，投资会继续保持在 2019 年的增长水平，消费对经济的贡献逐步加大，下半年经济反弹后，全年辽宁经济保持相对稳定的可能性较大。

四　辽宁经济发展的对策与建议

（一）借鉴国内外成功经验，创造发展新格局

辽宁正处于全面振兴的关键阶段、动能转换的重要时期，这个阶段一定要认真学习全国其他省、区、市的成功经验，科学配置各类资源，既要确保持续、快速、超常规发展，又要大胆探索出一条依托优势，大力吸纳外部要素，全力提升辽宁核心竞争力和资源整合能力，创造发展的新格局。一味依

靠自我经验和已有资源禀赋，辽宁要更好地创新创业和高质量发展十分艰难，因此，要转变发展方式，调整产业结构，成功转型升级。

2020年，辽宁利用扩大开放的机遇，抓紧学习日韩经验，与之广泛联络，吸引其到辽宁投资。历史经验表明，几乎每一个辉煌的发展并非一蹴而就，而是长期跟踪、学习、孕育和积累的结果。因此，站在新科技革命的风口，辽宁要熟悉前沿性技术，并在此基础上形成新兴产业体系，这就需要我们有正确的战略导向、足够的战略耐性和赢得未来的战略雄心。

从具体操作来说，辽宁应与一批新兴产业组织建立联系，如研究如何使日本软银的愿景基金（VisionFund）等一批企业落户辽宁，发挥其超大规模基金的巨大冲击和带动作用，催生一大批新兴产业，获取战略规划、金融扶持、财税政策、技术创新、中小企业保护、科技人才等方面的管理秘诀。

（二）深入推进市场化改革，尽快破除旧体制束缚

从辽宁发展现状来看，市场在资源配置中的决定作用发挥得还很不够，市场的活力释放也很不充分。辽宁应该始终将市场意识摆在经济社会发展的重要战略位置，积极聚合各种力量，加快发展壮大的步伐，着力培育良好的创新创业环境；应根据市场的需要，发挥资源优势，借鉴发达地区的相关做法，拓展市场，靠市场说话。同时也希望国家多赋予辽宁更多自主管理的权限，这样更有利于辽宁围绕市场，加快体制创新的步伐。

辽宁要推进市场改革，就需要不断打破体制障碍，依据现有资源禀赋、创新基础和产业结构等优势，形成既有竞争又有合作的新机制，实现错位和特色化发展，这样，经济发展才会大有希望。从目前发展来看，辽宁尚未形成有效的体制机制和竞争合作规则。下一步，辽宁应借鉴发达国家和国内发达地区的经验，建立形成高效的协调机制，统筹推进辽宁的建设和发展。

（三）深入实施创新驱动战略，加快振兴实体经济

继续加大科技创新力度，以改革创新为驱动力，实现创新发展与产业发展深度融合，继续围绕智能制造、精细化工、先进材料等优势产业和领域，

集中力量突破一批困扰产业发展的瓶颈式问题。加快沈大国家自主创新示范区建设速度，促进科技成果转移转化。

继续坚持装备制造业智能化发展方向，进一步拓展航空装备、机器人、IC 装备等产业链条。推动工业互联网技术快速应用。实施制造业、智能制造工程数字化转型行动，建设集高端装备、生物医药、新能源新材料、现代信息技术、新能源汽车等于一体的产业集群。加快推进 5G 通信网络建设及应用，发展数字经济。加快物联网、大数据、区块链、人工智能等技术的创新应用。

（四）发挥比较优势，推动区域经济协调发展

辽宁老工业基地多年的发展形成了区域经济的多方面优势。2020 年是全面建成小康社会的一年，辽宁在这一年里，要顺应经济调整和产业发展新趋势，强化中心城市和城市群带动作用，促进要素合理流动和高效集聚，支持沈阳创建国家中心城市和推进大连东北亚国际航运中心建设。

推动发展海洋经济，实现沿海经济带新旧动能有效转换，构建港口、城市、产业一体化发展格局。以资源型地区创新升级为重点，注重发挥资源型地区转型在辽宁省新一轮全面振兴过程中的作用。在资源型地区创新升级的过程中加快培育接续型和替代型产业，探索出一条适合本省实际的资源型地区创新转型发展的新路。与此同时，注重解决好资源枯竭型地区转型发展过程中的一系列问题，做好独立工矿区改造搬迁工作，实现阜新海洲露天矿、抚顺西露天矿等矿区的综合治理和改造利用。

（五）重视和善待人才，将之看作辽宁全面振兴的关键

辽宁的全面振兴，需要强大的人才支撑体系。对辽宁省来说，应当吸引和培养具有现代意识、超前意识、创业意识、开拓意识，兼具技术能力和市场运营能力的复合型高层次人才，并将人才队伍培养上升为重要的战略任务。为此，辽宁在人才方面，应当让企业家作为辽宁产业的领航人，落实人才强省战略。

建立人力资本价值得到充分体现的激励机制，探索多种股权激励的实现形式；构建能上能下、能进能出的人才管理体制，注重提高干部队伍管理素质；调动和培育科技型企业家的积极性；重视促进海外留学人员回国创办高新技术企业。

参考文献

谢伏瞻主编《2020年中国经济形势分析与预测》，社会科学文献出版社，2019。

张占仓：《关于“十四五”规划的若干重大问题研究》，《区域经济评论》2020年第1期。

《辽宁统计年鉴》《东三省统计月报》等统计资料。

祝宝良：《当前我国经济形势及展望》，《中国金融》2019年第2期。

B.2 2019～2020年辽宁社会形势分析与预测*

王　磊**

摘　要： 2019年，面对风险挑战明显上升和经济下行压力加大的复杂局面，辽宁省经济运行稳中有进、持续向好，全省社会形势稳定，社会建设取得新成就。2019年辽宁社会发展中呈现六大亮点，同时存在四方面主要问题。展望2020年，受新冠肺炎疫情和经济下行压力加大的双重影响，辽宁省将在社会建设领域面临社会治理现代化、就业和社会保障“三大压力”，今后要重点做好壮大中等收入群体、积极拓宽就业渠道、增加养老服务供给、构建社会治理共同体、健全生育政策调控机制等方面工作。

关键词： 社会发展　社会治理共同体　全面小康

2019年是中华人民共和国成立70周年，是全面建成小康社会的关键之年。一年来，面对风险挑战明显上升和经济下行压力加大的复杂局面，辽宁省坚持以供给侧结构性改革为主线，以“不忘初心、牢记使命”主题教育

---

* 本文是国家社会科学基金项目“贫困农户可持续生计与社会救助制度转型研究”（项目编号：16BSH029）的部分研究成果。

** 王磊，辽宁辽阳人，辽宁社会科学院社会学研究所所长，研究员，主要研究方向为社会保障、社会政策。

为动力，聚焦补齐“四个短板”、做好“六项重点工作”，深入开展“重实干、强执行、抓落实”专项行动，全省经济运行稳中有进、持续向好，社会建设取得新成就，从而为全面建成小康社会收官夯实决定性基础。

一 2019年辽宁社会发展总体形势

2019 年辽宁省委、省政府在社会建设中紧紧抓住人民群众最关心最直接最现实的利益问题，既尽力而为，又量力而行，全省财政支出用于民生的比重达到 72.7%，社会保障水平和服务能力显著提升，贫困群体生活获得全面保障，广大人民群众共享振兴成果。从总体上看，2019 年全省社会形势稳定，社会运行和发展态势良好，并呈现以下六大亮点。

（一）居民收入稳步增长，生活水平再上新台阶

在经济下行压力加大背景下，辽宁省城乡居民收入仍保持稳步增长的势头。2019 年辽宁城乡居民人均可支配收入分别为 39777 元和 16108 元，分别增长 6.5% 和 9.9%。实际上，自改革开放以来，辽宁城乡居民收入一直呈现跨越式增长态势。2019 年辽宁城乡居民家庭人均可支配收入（人均纯收入）分别是 1978 年的 109.49 倍和 86.98 倍。2019 年辽宁城乡居民消费品价格保持稳定，全年居民消费价格上涨 2.4%，低于全国 0.5 个百分点。值得一提的是，虽然 2019 年下半年猪肉价格大幅度上涨推动畜肉价格由 2018 年的下降 3.8% 转为上涨 12.3%，但是随着一系列积极有效的应对措施以及“菜篮子”工程的持续推进，畜肉市场供应总体稳定，因此未对居民生活造成太大影响。

从居民消费支出来看，辽宁城乡居民的消费结构向着发展型、享受型升级，一些高档耐用消费品走入寻常百姓家，逐步大众化，居民消费中追求生活品质提升，更加重视健康、教育、文化、娱乐与旅游等消费。数据显示，2009 ~2018 年辽宁城镇居民家庭人均消费支出中，医疗保健支出占比从 8.26% 上升到 9.93%，教育支出占比从 5.96% 上升到 7.16%，交通费支出

占比则从 7. 4% 上升到 9. 71%；农民家庭平均每百户耐用消费品拥有的空调数量增加了 8. 3 倍，热水器数量增加 3. 1 倍，家用汽车数量增加 16. 6 倍，家用计算机增加了 4. 3 倍。而从反映一个国家国民生活水平的重要指标——恩格尔系数变化情况来看，改革开放特别是党的十八大以来辽宁城乡恩格尔系数呈逐年下降趋势，居民生活水平阔步迈向全面小康。统计数据显示，辽宁省农村居民的恩格尔系数从 1978 年的 63. 8% 下降到 2018 年的 26. 7%，城市居民的恩格尔系数从 1985 年的 54. 7% 下降到 2018 年的 26. 8%。如果与国际粮农组织提出的标准相对比，辽宁城乡居民的生活水平经历了一个从温饱到逐步实现小康的过程。

（二）脱贫攻坚取得决定性胜利

2019 年是辽宁省脱贫攻坚“决胜之年”。2019 年，辽宁 15 个省级贫困县全部摘帽，1791 个贫困村全部销号，贫困发生率由建档立卡之初的 5. 4% 下降至 0. 06%。2019 年辽宁省把产业发展扶贫、创业就业扶贫、医疗保障扶贫作为脱贫攻坚重点。在产业扶贫方面，辽宁省重视发挥各类人才的作用。自 2018 年 2 月起，辽宁省选派的 1. 2 万名素质好、懂经济、有经验的干部陆续到乡镇任职或进村担任第一书记，覆盖全省 593 个经济困难乡镇和 1. 17 万个贫困村。同时，辽宁加大产业扶贫资金支持力度，2019 年，辽宁省各级各部门落实产业扶贫资金 17. 8 亿元，实施产业扶贫项目 4211 个，惠及贫困人口 62. 96 万人。目前，辽宁省根据资源禀赋和市场需要分别形成了资产收益扶贫、光伏发电扶贫、旅游扶贫、家庭作坊扶贫等多种模式。

在创业就业扶贫方面，自 2018 年开始，辽宁持续推进贫困家庭高校毕业生的就业安置工作，截至 2019 年末，通过事业编制、国有企业和公益性岗位三条渠道已实现 4106 位建档立卡贫困家庭的大学生就业。2019 年，辽宁还开展技术培训，提高农民就业能力和本领。全省组织各类培训 1767 期，培训贫困人员 3. 7 万人次，帮助贫困人口劳务就业 2. 1 万人次。

在医疗保障扶贫方面，自 2018 年开始辽宁累计投入医疗补充保险 1. 4 亿元，受益人群已达到 50 万人，目前，辽宁贫困群体享受到基本医疗保险、大病保险、医疗救助和医疗补充保险的“四重保障”。不仅如此，2019 年辽宁省还将农村低保标准提高到每年 5073 元，高于扶贫标准，全省建档立卡贫困人口中有 23.96 万人享受低保扶持。

辽宁省实施一系列反贫困措施提高了困难群众收入水平，确保了真脱贫、脱真贫、不返贫，也获得了群众认可。2019 年 6 月在朝阳市朝阳县和葫芦岛市连山区开展的一项扶贫攻坚实施状况问卷调查显示，贫困户在建档立卡前家庭年毛收入平均为 4699 元，而在建档立卡后的 2018 年提高到了 9713 元，贫困家庭的年毛收入有了大幅提升。贫困群众对兜底保障措施的满意度也比较高。问卷调查数据显示，被访者对于新农合的满意度达到 98.40%，对于住房救助的满意度达到 98.78%，对于教育救助的满意度达到 99.75%。

（三）就业形势稳中有优，服务业成为就业最大的“蓄水池”

稳就业是保障民生的第一要务。2019 年辽宁省就业形势稳中有优。全年城镇新增就业 47.5 万人，完成全年计划的 130%；全省高校毕业生初次就业率为 91.95%，建档立卡贫困家庭高校毕业生动态就业率达 100%；零就业家庭动态清零；全省需要帮扶的贫困劳动力就业率达 99.2%。2019 年辽宁就业结构进一步优化，服务业的就业吸纳能力显著提高。2019 年前三季度，全省三次产业就业人员比重比为 1.41∶22.61∶75.98，其中第一、第二产业比重同比分别下降 0.32 个和 3.39 个百分点，第三产业比重上升 3.71 个百分点。在第三产业内部，租赁和商业服务业、居民服务和其他服务业新增就业增长较快，分别同比增长 22.4% 和 24.8%。而且，随着以新产业、新业态、新模式为代表的新经济动能快速发展，劳动者就业形式发生了显著变化，灵活就业者规模迅速扩大。2019 年前三季度，全省灵活就业人数占城镇累计新就业人数比例从年初的 9.6% 提高到 12.4%，9 个月上升了 2.8 个百分点。

在 2019 年经济下降压力增大的情况下，辽宁能够保持稳定就业形势并出现亮点，有赖于三方面工作。一是通过为企业“减负”确保了企业平稳运行，增强了企业劳动力吸纳能力。2019 年 5 月至 11 月，通过降低费率、调整缴费基数，全省共减轻企业和个人缴费负担 94.9 亿元；对经营困难且恢复有望的企业发放援企稳岗补贴 4.4 亿元，涉及 9956 户企业 128.6 万名职工；继续执行阶段性降低失业保险费率政策，每月减征失业保险费约 1 亿元。

二是面向重点就业群体开展技能培训等就业促进措施。为贫困家庭子女、退役军人和下岗失业人员开展免费技能培训；在企业内部开展企业岗位技能提升、企业新型学徒制培训、高危行业安全技能提升培训活动；通过制定就业补助资金管理使用办法、青年就业见习实施细则等扩大重点群体就业渠道。

三是积极发挥以创业带动就业的作用。2019 年，辽宁省针对大中专毕业生、农民工和复转军人群体进行创新创业扶持。全省人社系统扶持创业带头人 1.1 万人，带动就业 6.1 万人。与此同时，建成农民创业孵化园 7 个、创业孵化基地 185 家，建设就业扶贫车间等各类载体 191 个，带动贫困劳动力就业 3612 人。

（四）医疗服务可及性水平显著提高，百姓“看病难”明显缓解

辽宁省以“基层首诊，双向转诊，急慢分治，上下联动”为目标，以医联体建设、远程医疗、家庭医生签约服务等为抓手，促进优质医疗资源下沉，提升基层医疗服务能力，显著提高了医疗服务可及性水平。2018 年，辽宁省出台《辽宁省促进“互联网 + 医疗健康”发展实施方案》，鼓励医联体内牵头医院建立远程医疗中心，逐步实现医疗联合体内医疗机构间电子病历、检查检验结果的实时查阅、互认共享。截至 2019 年 8 月，辽宁省已建立医联体 285 个，覆盖所有三级医院和县级医院在内的 13670 家医疗机构。同时，辽宁省成立了 6 个省级会诊中心，远程医疗服务覆盖所有县、区，县域内就诊率达到 83.2%。[①] 目前，辽宁百姓在家门口就能享受到较高水平的

① 王晨：《辽宁：保障百姓健康　绘就幸福民生》，《中国青年报》2019 年 8 月 27 日。

医疗服务。

为了解决农村居民看大病难的问题，2019 年辽宁省卫生健康委发布《辽宁省“大病不出县”两年行动计划（2019～2020 年）》，该计划提出到 2020 年辽宁将全面实施县域综合改革，患者县域内医疗机构就诊率达到 90%以上。为进一步提高贫困群体医疗服务可及性，防止因病致贫、返贫，辽宁省医保局下发《关于做好 2019 年度医疗保障扶贫工作的通知》，将城乡居民大病保险最低支付比例由 50%提高到 60%，确保医保扶贫对象实现基本医保、大病保险、医疗救助综合保障全覆盖。

（五）贫困群体享有更全面保障，民生福祉全面提升

贫困群体的民生保障与生活状况决定全面小康社会建设的质量和成色。2019 年，辽宁省面向贫困群体下大力气办好教育、医疗、住房等领域民生实事，提高了贫困群体民生福祉和生活质量，确保了全面小康路上一个不落。在教育方面，辽宁省按照在校生每生每天 4 元、全年 200 天的补助标准，对彰武、新宾满族自治县等 15 个重点扶贫县义务教育阶段学校实施营养餐改善计划；在继续对家庭经济困难寄宿生补助生活费的基础上，从 2019 年春季学期起在全国率先将义务教育阶段家庭经济困难非寄宿生纳入资助体系，按学期对其发放生活补助，每生每年补助 750 元；从 2019 年 7 月 1 日起，实施农村教师差别化补助政策，发放补助 6000 余万元，惠及 15 个贫困县的 35777 名乡村教师。在医疗健康方面，2019 年全省共为符合条件的 373 名贫困家庭新生儿实施了免费疾病筛查；截至 11 月底，贫困家庭适龄儿童水痘疫苗接种完成率达 99.51%；贫困家庭适龄儿童流感疫苗接种完成年初预设目标的 114.96%；贫困家庭适龄儿童口腔窝沟封闭完成率达 99.43%；为 60 岁以上贫困白内障患者实施手术 1669 例。在住房保障方面，2019 年度，全省完成 3.39 万户农村危房改造任务；对 100 个早期棚改小区配套设施及房屋进行维修改造，有效解决了小区“冷”“漏”“堵”“险”等问题。

不仅如此，2019 年辽宁省进一步完善了社会救助体系，发挥其对贫困群体的“最后一道安全网”作用。2019 年全省因病返贫、因病致贫人口大

病专项救治由原来的7种扩大至21种，农村贫困人口实行降低起付线50%，同时以市中心医院和县人民医院为主体的115家定点救治医院，开通绿色通道，农村贫困患者到定点医院救治优先安排诊疗，县域内住院实行“先诊疗后付费”和“一站式”结算制度。2019年辽宁提高各类群体救治标准，其中，城乡特困人员救助供养标准分别提高5%和7%以上，集中和分散供养孤儿平均养育标准也分别提高5%和7%以上。此外，还为城乡低保户、特困户和低收入家庭妇女开展“两癌”免费检查等。

（六）基层社会治理模式不断创新，居民获得感持续提升

加强和创新基层社会治理是固本之策。近年来，辽宁省在基层社会治理实践中充分运用网络技术，形成了一些创新性治理模式，居民的获得感不断提高。在治理实践中，辽宁省以网格化管理和综治信息平台为基础，围绕“互联网+矛盾化解”、公共安全、执法司法、公共服务、基层自治以及网格管理等重点领域，在建设模式、应用模式和服务模式上积极探索，基层社会治理科学化、智能化和精细化水平提升。

大连市中山区充分利用“互联网+”打造“益治理”平台。“益治理”平台的架构为“三横一纵”，类似大写字母E。“三横”指区级“益治理”平台指挥中心、各街道和部门的分中心、依托路长及网格员工作站。“一纵”就是通过网络及现代化技术，实现三级平台互联互通、协调联动、精细对接。统计显示，2019年中山区共受理案件13870件，处置13385件，结案率达96.5%。盘锦市以科技为支撑搭建智慧城市“一云一网一平台”，利用互联网扁平化、易沟通、迅速快捷的优势，通过手机App、微信公众号等网格化工作手段，搭建服务平台，问题采集上报都通过平台流转，信息全程留痕，做到“件件有记录、事事有着落”。同时，进一步做实网格化管理的“公众参与、三级联动、应急指挥和绩效考核”功效，实现了“小事不出村、大事不出镇、矛盾不上交”。据不完全统计，2019年盘锦市累计受理群众各类问题达152万件，打通了便民服务“最后一公里”，增强了百姓的获得感。

二　2019年辽宁社会发展中存在的主要问题

（一）居民收入差距依然较大

辽宁省居民收入差距主要体现在三个层面。一是城乡收入差距呈扩大趋势。辽宁城乡居民人均可支配收入绝对差距一直呈现扩大趋势。以“十三五”时期为例，2016 年辽宁城乡居民人均可支配收入分别为 32876.1 元和 12880.7 元，二者相差 19995.4 元，而 2019 年辽宁城乡居民人均可支配收入分别为 39777 元和 16108 元，二者相差 23669 元，2016～2019 年的 4 年间城乡居民绝对可支配收入差距扩大了 3673.6 元。

二是地区间收入差距拉大。辽宁省 14 个地级市由于受资源禀赋、地理区位、发展基础以及政策等因素影响，经济发展水平存在一定差距，居民间收入差距较大。近年来，省内地区间城市居民收入差距与农村居民收入差距均呈现扩大趋势。仍以“十三五”时期为例，2016 年城市居民人均可支配收入最高的是沈阳市，为 38995 元，最低的是铁岭市，为 21788 元，二者相差 17207 元；而 2018 年农村居民人均可支配收入最高的仍是沈阳市，为 44054 元，最低的也还是铁岭市，为 24994 元，二者相差 19060 元，3 年间农村居民人均可支配收入绝对差距扩大了 1853 元。2016 年农村居民人均可支配收入最高的是大连市，为 15664 元，最低的是葫芦岛市，为 10986 元，二者相差 4678 元；而 2018 年农村居民人均可支配收入最高的仍是大连市，为 18103 元，最低的也还是葫芦岛市，为 12483 元，二者相差 5620 元，3 年间农村居民人均可支配收入绝对差距扩大了 942 元。

三是不同群体间收入差距拉大。从行业收入差距来看，不同行业之间存在巨大的收入差距，而且这种差距呈现扩大的趋势。2016 年辽宁行业平均工资最高的是金融业，为 96057 元，最低的是农、林、牧、渔业，为 15440 元，前者是后者的 6.22 倍，2018 年行业平均工资最高的是金融业，为 111850 元，最低的是农、林、牧、渔业，为 17599 元，前者是后者的 6.36

倍，3年间行业最高工资和最低工资差距进一步扩大。从不同群体收入增长情况来看，高收入群体与低收入群体的收入差距也在加大。本研究显示，2014～2018年的5年间，辽宁高收入户收入平均增速为7.14%，而低收入户收入平均增速仅为5.78%。高收入群体的收入增速高于低收入群体无疑将进一步拉大不同收入群体的收入差距。

（二）人口老龄化形势严峻，二孩鼓励政策需继续落实

辽宁省自1996年进入老年型社会以来，人口老龄化形势持续加深。国际上一般把65岁及以上老年人口比重超过14%，称为“深度老龄化社会”；65岁及以上老年人口比重超过20%，称为“超老龄化社会”。2018年辽宁65岁及以上人口占比为15.17%，已进入“深度老龄化社会”阶段。未来辽宁省老年人口规模及比重将不断提高，65岁及以上老年人口规模呈现不断上升趋势。专家预测，2015～2030年为辽宁老年人口规模加速期，65岁及以上老年人口规模将从2015年的573.2万人快速提高到2030年的1208.2万人，年均增长速度在5.1%左右。

辽宁省人口老龄化形势日益严峻的原因可以归结为两方面，一方面是人口自然增长率低。辽宁省人口自然增长率长期处于较低水平。辽宁省在2010年首次出现人口负增长后，曾连续多年出现人口负增长。另一方面是人口迁移。近年来辽宁经济发展相对滞后，面临着人口向外迁移的状况。而为了缓解人口结构失衡，实现人口均衡发展，辽宁省近年来出台多项应对措施，并在全国率先提出对生育二孩的家庭予以奖励的政策。如《辽宁省人口发展规划（2016～2030年）》，提出要建立完善包括生育支持、幼儿养育等全面二孩配套政策，完善生育家庭税收、教育、社会保障、住房等政策。然而，面对家庭极低的生育意愿，要提高二孩生育率，还需要对二孩鼓励政策进行细化，再跟进一些“真金白银”的针对性措施，切实减轻家庭在生育、照顾、教育等方面的压力和负担。

（三）养老服务供给能力不足

辽宁是全国老龄化最为严重的地区之一，无论从现实还是从发展趋势上

来看，对养老服务都有着巨大的刚性需求，然而，目前辽宁养老服务供给中存在的突出问题是能力欠缺，表现为供给数量不足和服务质量较差。2019年辽宁全省建成区（县、市）、街道、社区养老服务中心893个，为13.3万老年人提供了入户服务，但居家养老服务工作还存在供给不足、服务设施不完善、服务功能不健全等问题。从各类养老服务机构可以提供的住宿养老服务床位数量情况来看，辽宁省供给严重不足且与发达地区存在较大差距。数据显示，2018年全国为老年人提供住宿的养老服务床位为379.4万张，辽宁省能够提供的床位为14.7万张，仅占全国的3.9%。从每千位老年人口养老床位数来看，全国平均数为29.15张，辽宁省仅为19.41张。如果与浙江（54.17张）、江苏（39.45张）、广东（31.02张）等发达地区相比，差距更大。

从服务质量上看，目前，辽宁省虽然已经发布《辽宁省养老服务标准体系建设指南》，提出了构建辽宁省养老服务标准体系的总体框架，但辽宁省养老服务还不能适应人口老龄化需要，与百姓期待有一定差距。2019年本课题组对沈阳市皇姑区养老机构的照护服务调查发现，养老机构的医疗照护服务内容存在缺失，医疗康复不能满足老人需求；在医养结合方面，养老机构与医疗机构之间没有建立一体化的网络服务，机构间的转诊服务难以实现，医养结合实际操作存在困难；精神慰藉照护不足，多数老人感到空虚无聊，失能半失能老人缺少必要的心理干预和情绪疏导；养老机构护理人员多数是农村进城务工人员和城市下岗职工，人员队伍年龄偏大，学历偏低，服务专业化水平不高。

（四）共建共治共享的社会治理格局尚需完善

社会治理肩负着维持社会秩序和活力、凝聚共识、满足公共服务需求以及引导预期等多重目标，需要各种社会主体的广泛参与。辽宁省社会治理实践中形成了多种治理模式，但与国内许多其他地区一样，社会治理实践中存在的一个突出问题是社会组织与公众参与程度比较低，共建共治共享的社会治理格局尚需进一步健全。当前，辽宁社会组织参与社会治理仍然明显不足。社会组织在社会治理中真正发挥作用的比较少。以养老为例，目前政府主要是通过采取购买服务的方式对社会组织进行引导，但在街道和社区层面参与提供养老服务的社会组织不多。社会组织参与养老服务还存在一些体制和制度障碍，在诸如政府购买养老服务的安全监管、服务定价、收益管理、争议解决以及社会组织参与养老服务的补偿机制等方面还不够健全。

不仅如此，作为共治重要主体之一的社会公众参与社会治理的程度也比较低。而公众参与是社会治理的重要基石，是社会治理现代化的基本保障。近年来，我国一些地区在社会治理中发挥公众参与的作用取得了良好效果。如北京以“朝阳群众”“西城大妈”“海淀网友”等为代表的群防群治力量获得官方认可，许多普通群众由此积极参与到社会治理中来。福建省厦门市推出了“互联网＋群防群治”模式，吸纳群众参与社会治理，切实增强百姓的参与意识和获得感。然而，目前辽宁省社会治理中还习惯于运用政府的力量处理社会问题，对公众参与的重视程度不够。基层政府对于推动公众参与的积极性不高，公众参与社会治理的渠道不通畅、组织化程度比较低，社会治理中各种相关制度建设还比较滞后，制约了公众参与的规范性和有效性。

三　2020年辽宁社会发展面临的形势与对策建议

2020年是决胜全面建成小康社会、打赢精准脱贫攻坚战、实现“十三五”规划收官之年。本研究预计，在这具有里程碑意义的一年里，辽宁省社会稳定发展态势不会改变，百姓共享振兴成果，福祉持续提高的趋势不会改变。但是，辽宁社会发展也面临着经济下行压力加大、新冠肺炎疫情暴发等诸多负面影响，为此，本研究认为，2020年辽宁社会发展形势将更加复杂，社会发展将面临三大压力，今后要重点做好五方面工作。

（一）2020年辽宁社会发展形势

2020年辽宁省社会发展既有经济发展质量不断提高，政策红利持续释放等有利条件，也在社会治理、就业和社会保障等领域面临着较大的发展压力。

1. 社会治理现代化压力

党的十九届四中全会提出推进国家治理体系和治理能力现代化建设。社会治理是国家治理的重要组成部分，社会治理现代化是国家治理现代化的应有之义。当前，我国即将步入全面小康社会，社会主要矛盾也已经转化为人民日益增长的美好生活需求和不平衡不充分的发展之间的矛盾，人民群众在民主、法治、公平、正义、安全和环境等方面的要求日益增长，对美好生活的向往比以往任何时候都强烈。加强社会治理现代化是适应社会主要矛盾转化的必然要求，也对社会治理能力提出了更高的要求，而这需要推进社会治理共同体建设，要把党的领导作为根本保证，坚持以人民为中心的发展思想，凝聚起政府、市场、社会等各种主体的治理合力，寻求社会意愿和诉求的最大公约数，不断满足人民群众日益增长的美好生活需求。

然而，我们正处于世界百年未有之大变局中，面对着经济增速放缓以及新冠肺炎疫情暴发等诸多不利因素影响可能带来的各种风险挑战，面对网络社会兴起的今天，社会治理难度却空前加大。辽宁省社会治理中还面临着居民收入分配差距加剧、人口增长乏力、公共服务供给能力不足以及农村“空心化”、老龄化等一系列难题。特别是受经济发展下行影响，辽宁城乡居民收入增长势头减弱。长期以来，辽宁城镇居民收入低于全国水平，农村居民收入高于全国水平，但是近年来这种形势正在发生变化，原来显著高于全国平均水平的农民收入，与全国平均水平差距逐年缩小。2019 年辽宁农村居民可支配收入虽仍高于全国水平，但二者相差水平较以前相比已显著缩小，几乎持平，可以预见，在未来辽宁农民人均支配收入也将低于全国平均水平。收入增速放缓不仅会降低人们生活质量，还会降低居民幸福感和获得感，对社会心态形成负面影响，长此以往，将影响社会舆情，导致社会矛盾和不确定性事件增多。如前文所述，辽宁省共建共治共享的社会治理格局虽初步建立但尚不完善，在社会秩序维护、突发事件紧急应对、民生服务需求满足等方面还存在不足，基层社会治理能力与当前人民群众期望相比还有距离，社会治理现代化任重道远。

2. 就业压力

2020 年辽宁就业领域存在三大失业风险点。一是青年群体占失业人员比重仍将处于较高水平。数据显示，近年全省登记失业人员规模呈较快增长态势，失业风险加剧，且青年失业群体占比较高。2019 年 3～10 月，35 周岁以下登记失业人员占比均保持在 38% 以上，始终高于“40 后”“50 后”人员的失业规模，仅次于统计指标中 40 岁以上失业群体的占比。

二是技术进步引起的摩擦性失业风险增加。随着辽宁省新一批投资热的展开，诸如机器人、IC 装备、生物医药、新能源汽车、5G 设备装备等新技术项目落地，以及辽宁对新技术应用的大力支持和推广，新技术进步对全省就业的替代效应将逐渐显现，具体体现在三个方面。其一，短期内技术性失业人群可能增多，短期失业风险可能有所抬头。其二，新技术革命将加大人力资源投资成本，短期内技能结构矛盾更突出。复合型、技术技能型、创新创业型劳动力将严重短缺，技术性失业和高层次人才短缺的矛盾将同时存在，技能结构矛盾进一步加剧。其三，长期而言，技术鸿沟将可能导致劳动力市场的进一步分化，因技术革命失业群体大量涌向低端、低质量的劳动力市场，同时财富向知识技能人才聚集的趋势将会加剧，而这将导致辽宁居民收入差距进一步扩大，成为经济社会发展中的又一风险点。

三是部分重点行业冗余就业风险增加。装备制造业、冶金工业在供给侧结构性改革深入过程中，将会因产能过剩或技术创新不足，产生较多的冗余就业风险。由于冗余就业人群往往具有工资水平低和受教育程度差的双重特征，择业范围有限。在全省化解产能过剩的过程中，这一群体很可能转变为社会真正的失业者，从而加剧失业风险。

3. 社会保障压力

2020 年受经济下行压力和新冠肺炎疫情影响，辽宁省的社会保障可能会面临更加困难的局面。一是社会保障需求将更为强烈。经济下行压力增大无疑会抑制城乡居民收入增长速度，人民的生活由此会受到一定程度的影响，尤其是将对低收入群体的生活影响更大，而我国马上进入全面小康社会，人民群众对美好生活的期待和向往愈发强烈，这在客观上要求加大社会保障投入，来抵消收入增速放缓对人民生活的不利影响。

二是社会保障的财政压力较大。受经济增速放缓以及减税降费等因素影响，辽宁财政收入增速放缓，收入增长面临较大压力。2019 年辽宁财政收入除了年初增速略有上升外，全年同比增速呈下滑趋势。而社会保障支出具有刚性特征，2020 年按照国家统一部署，辽宁省将继续提高退休人员基本养老金水平，养老金平均涨幅大约为 5%，城乡低保平均标准拟分别提高 5% 和 7% 以上。不仅如此，厂办大集体职工补偿安置一直是辽宁省社会保障发展中一个不可回避的问题。2018 年，辽宁省厂办大集体改革正式启动并实现全面铺开，2019 年，全省厂办大集体改革工作加快推进。2020 年，辽宁省拟完成厂办大集体改革清算收尾工作。这些都对社会保障资金有着极大的需求。在政府财政收入增速放缓的情况下，政府扩大社会保障供给的能力无疑将会受到较大影响。

（二）推动辽宁社会发展的对策建议

1. 壮大中等收入群体，构建合理的社会阶层结构

全面小康社会应该建立在理想的社会阶层结构基础上，而这个理想的社会阶级结构应该是一个低收入者和高收入者相对较少，中等收入者占多数的“橄榄形”结构。基于居民收入分配差距呈扩大趋势的现实，辽宁省要缩小不同社会群体的收入差距，着力壮大中等收入群体规模。当前，重点是要以乡村振兴为抓手，提高广大农村居民收入。要增加农民家庭经营性收入，健全农产品价格保护制度，着力推进农业产业化，加大对农村社会化服务体系的投入，健全农业补贴稳定增长机制，依法保障农民的土地财产权，合理分享土地增值收益。同时，要建立公开透明、公正合理的收入分配秩序。要加强制度建设，加强执法监管，加强信息公开，实行社会监督，保护合法收入，规范隐性收入，取缔非法收入。要维护劳动者合法权益，完善劳动争议处理机制，加大劳动保障监察执法力度。健全工资支付保障机制，将拖欠农民工工资的领域和容易发生拖欠的行业纳入重点监控范围，完善与企业信用等级挂钩的差别化工资保证金缴纳办法。

2. 拓展就业渠道，加大对重点群体就业支持力度

为应对新冠肺炎疫情和经济下行压力加大对辽宁就业的不利影响，积极拓展就业渠道，加大对高校毕业生、农民工等重点群体的就业支持力度。现阶段，劳动密集型产业仍然具有强大的就业吸纳能力。因而，既要瞄准高端产业和产业高端，也要兼顾降低产业调整的社会成本。一方面，要加快节能环保等绿色产业发展，在城市与乡村空间上提供更多就业岗位，带动绿色就业。另一方面，针对辽宁省人口老龄化加剧的社会现实，加快推动各地区民生产业发展，支持、引导中小微企业参与医疗、健康与养老服务，通过打破市场壁垒、完善市场竞争环境、畅通融资渠道、减轻企业负担等，使中小企业成为带动就业的主力军。

在支持重点群体就业方面，一是大力促进高校毕业生就业创业。当前，要充分利用网络、电话等信息化手段积极主动为毕业生联系就业岗位；引导用人单位适当延长招聘时间、推迟体检时间、推迟签约录取；根据疫情发展情况调整 2020 年度辽宁省事业单位和国有企业招聘、基层服务项目招募笔试、面试时间等。二是为农民工就业创业创造有利条件。建议积极开展农民工免费技能培训活动。组织省内的职业技术学校等教学和培训机构开展烹饪、家政服务、美容美发等工种的线上培训课程，积极促进农民工就地就业创业。此外，要全面推广线上公共就业服务，加强劳动力市场信息的发布，解决就业信息不对称的问题，突破企业招工难和农民工就业难的瓶颈，缩短农民工在劳动力市场搜寻就业信息时间。此外，建议探索建立失业预警系统，及时、准确地收集、提炼出反映宏观经济运行和失业状况的信息，对全省失业状况进行及时监测、预警和形势分析，并对失业的中长期趋势进行预测研究、政策模拟和方案优化，从而做到防范和应对失业风险、保持就业局势稳定。

3. 增加养老服务供给，提高养老服务能力

随着辽宁省老年群体规模增长，提供养老服务已经成为社会刚性需求。建议以需求为导向、以全省居家和社区养老服务试点改革为契机，增加养老服务供给，不断提高养老服务质量。一是做好居家养老服务。建议研究制定

《辽宁省居家养老服务条例》，为满足居家老人社会化服务需求，提高生活质量，提供法律保障。开展“家庭养老床位”试点，对老人家庭进行“适老化”改造，把家庭床位纳入各市养老机构床位“一张网”管理。

二是提高社区养老服务能力。全面落实社区养老服务设施配建标准，确保新建小区按照标准配套养老设施。对老旧小区通过回购、租赁、适老化改造、整合闲置设施等措施，补齐社区养老短板。在农村社区（村）加快发展幸福院等互助养老模式，推进日间照料中心（站）等公办涉老服务机构和设施建设。积极引导各类社会主体参与社区养老服务，在房租、用水用电价格上给予政策优惠。运用互联网、物联网等现代技术手段，完善社区养老信息网络平台，增强为老服务功能。

三是积极吸引社会力量参与养老服务供给。建议进一步降低准入门槛，吸引社会资本和社会力量兴办养老机构，对社会服务机构，准许设立多个不具备法人资格的服务网点。推进公办养老机构市场化改革，按照政事分开、管办分离的原则，允许空余床位向社会开放，收益用于支持兜底保障对象的养老服务。发展养护型养老机构，有效增加护理型床位，满足失能半失能老年人的养护刚性需求，增加并完善康复、护理、临终关怀等养老服务。鼓励社会力量兴办医养结合机构，实现养老院医疗护理项目医保支付全覆盖。完善养老机构事中事后监管制度，加强养老机构安全监管，防范化解重大风险。

4. 构建社会治理共同体，提升社会治理能力

实现社会治理现代化要坚持以解决实际问题为导向，以共建共治共享为原则建设社会治理共同体。而构建社会治理共同体的关键是理顺治理机制，充分发挥政府的主导作用，激发市场、社会组织和公众参与的积极性，整合社会资源，解决民生问题，尽最大可能满足人民群众对美好生活的向往。

当前，一是要完善政府治理。要明确党政部门职能分工和职能边界，形成党政治理合力，有效解决多头管理的技术要求与综合治理的目标要求间的矛盾；要在地方政府机构中增加设置有关社会治理研究机构和部门，补齐政

府社会治理决策研究薄弱这一短板；要在基层治理力量不足，治理事务性工作繁重的情况下，完善激励与考评机制，调动基层干部社会治理的积极性。二是建立健全社会力量在社会治理过程中的制度化沟通渠道和参与平台，以社会组织形式推动和规范公民力量的持续壮大和良性发展，积极发挥社会组织在社会治理中的作用，健全社会组织投入体制，通过完善政府购买服务机制，把社会组织纳入公共服务供给体系之中。三是要激发基层治理活力，推动社会治理和服务重心向基层下沉。完善公众参与社会治理的制度化渠道，保障公众依法通过各种渠道、形式和方法管理公共事务，最大限度地调动公众参加社会治理的主动性与创造性，提高社会治理的社会化、民主化水平，实现政府治理和社会调节、居民自治良性互动。

5. 健全生育政策调控机制，优化人口结构

优化人口结构是一个长期的系统工程。从辽宁省目前的人口形势来看，一项重要的任务是健全生育调节政策，提高总和生育率水平，不断优化人口结构。一是推动儿童照护产业化。随着家庭规模缩小，家庭子女照料成为制约家庭生育行为决策的重要因素。为此，鼓励建立家庭子女照护培训机构，以市场化方式解决社会照料资源不足问题，规范家庭子女照护劳动力市场，设定家庭子女照料，特别是幼儿照护资格认证，为全面二孩政策实施提供社会照料服务保障。二是继续完善二孩鼓励政策，切实减轻家庭经济负担。目前，国内一些地区已经陆续出台针对性措施，取得了一定成效，值得参考。如湖北咸宁市针对二孩家庭教育成本问题明确规定，政策内出生的第二个及以上孩子，在辖区内公办幼儿园和普惠性民办幼儿园就读的，可以减免一定金额的保教费；政策内二孩及以上家庭，还将优先享受相关优惠政策，包括无论是本地或外地居民，凡在咸宁市内首次购买普通商品住房或购买家庭第二套改善性住房，给予一定的购房补贴，并放宽住房公积金购房贷款和提取政策等。建议辽宁各市根据具体市情在照护、教育、住房等方面尽快出台一系列可落地、见成效的优惠政策。三是建立和完善计划生育配套服务机制。推进优生优育全过程服务，具体包括孕前健康检查、孕期相关知识培训等。增强妇产科医护人员培养，提高妇产科医护人员劳动报酬，针对目前儿科医

生供需不平衡问题，建议增加儿科专业招生人数，提高儿科医生待遇水平等。

参考文献

辽宁省统计局：《辽宁统计年鉴》，中国统计出版社，2019。

《2020 年辽宁省政府工作报告》，http：//www.78b2b.com/gongzuo baogao/332572.html。

徐铁英：《截至 2019 年 11 月末　辽宁城镇新增就业 44.9 万人》，《辽宁日报》2020 年 1 月 9 日。

李培林、陈光金、王春光主编《2020 年中国社会形势分析与预测》，社会科学文献出版社，2019。

经济运行篇

Economic Operation Articles

B.3 2019年辽宁省经济运行情况综述

魏红江*

摘　要： 2019年是决胜全面建成小康社会的关键之年，也是推进辽宁全面振兴、全方位振兴的攻坚之年。全省经济发展呈现稳中有进、持续向好、发展质量稳步提升的良好态势，三次产业运行平稳、三大需求结构不断优化、三项收入平稳增长、发展新动能不断积聚。但全省经济发展的环境依然复杂，有利条件和不利因素并存。因此，推动全省经济高质量发展，辽宁省要统筹做好疫情防控和经济社会发展工作，不断激发经济发展活力，着力培育壮大新动能，构建更高层次的开放型经济新格局。

关键词： 辽宁　经济运行　高质量发展

* 魏红江，辽宁省统计局党组书记、局长，经济学博士，高级统计师，主要研究方向为经济统计。

2019年，全省坚持以习近平新时代中国特色社会主义思想为指导，深入学习贯彻习近平总书记关于东北、辽宁振兴发展重要讲话和指示批示精神，坚决落实党中央、国务院决策部署，按照省委、省政府工作安排，坚持稳中求进的工作总基调，践行新发展理念，扎实推动高质量发展，全省经济运行呈现稳中有进、持续向好、发展质量稳步提升的良好态势。初步核算，全年地区生产总值达24909.5亿元，按可比价格计算，比上年增长5.5%。

一　全省经济运行基本情况

（一）三次产业运行平稳

1. 第一产业保持稳定

全年全省第一产业增加值为2177.8亿元，比上年增长3.5%。一是粮食生产喜获丰收。全年粮食产量达486亿斤，比上年增产47.5亿斤，创历史最高水平；蔬菜及食用菌产量、水果产量分别达到1885.4万吨、820.7万吨，分别增长1.8%、4.0%。二是畜牧业总体平稳。牛肉、羊肉、禽肉产量分别为29.6万吨、6.8万吨、139.8万吨，分别增长7.6%、3.2%、7.1%；禽蛋、生牛奶产量分别为307.9万吨、133.9万吨，分别增长3.6%、1.6%；猪肉产量下降9.9%。三是渔业生产保持增长。水产品产量达458.5万吨，增长1.7%。

2. 第二产业持续增长

全年全省第二产业增加值为9531.2亿元，比上年增长5.7%。其中，规模以上工业增加值增长6.7%，高于全国1.0个百分点。从规模以上工业运行情况来看，一是主要行业增长面保持在60%以上。在41个工业行业中，有25个行业增加值较上年增长，增长面达61.0%。二是重点行业增长较好。装备制造业、石化工业、冶金工业增加值分别增长7.2%、11.9%、5.1%。三是私营企业快速增长。私营企业增加值增长23.7%，高于全省

17. 0 个百分点，占全省规模以上工业增加值的 21. 9% ，比上年提高 4. 6 个百分点。四是主要产品增长面接近 60% 。在重点跟踪的 68 种主要工业产品中，有 40 种产品产量比上年增长，增长面达 58. 8% 。

3. 第三产业平稳向好

全年全省第三产业增加值为 13200. 4 亿元，比上年增长 5. 6% 。一是批发、零售、住宿、餐饮业增长稳定。批发业销售额为 28658. 1 亿元，增长 6. 9% ；零售业销售额为 15452. 8 亿元，增长 7. 9% ；住宿业营业额为 248. 5 亿元，增长 2. 9% ；餐饮业营业额为 2301. 2 亿元，增长 10. 4% 。二是交通运输业增长平稳。货运量为 22. 6 亿吨，增长 1. 1% 。其中，铁路货运量、公路货运量、民航货运量分别增长 7. 6% 、1. 2% 、2. 5% ，水路货运量下降 10. 2% 。三是邮政电信业增长较快。邮政、电信业务总量分别达到 202. 7 亿元、2723. 2 亿元，分别增长 26. 2% 、54. 7% 。四是金融信贷规模扩大。截至 2019 年末，金融机构（含外资）本外币各项存款余额为 62697. 4 亿元，比上年末增长 6. 2% ；各项贷款余额为 49582. 6 亿元，增长 10. 2% 。五是房地产销售有所回暖。商品房销售面积达 3696. 3 万平方米，下降 6. 1% ，降幅比上半年收窄 9. 3 个百分点；商品房销售额为 3049. 1 亿元，增长 2. 8% ，增速比上半年提高 8. 9 个百分点。

（二）三大需求结构不断优化

1. 固定资产投资小幅增长

固定资产投资扭转了前 10 个月的负增长态势，全年全省固定资产投资比上年增长 0. 5% 。从投资结构看，一是民间投资占比提升。民间投资增长 4. 2% ，占固定资产投资的比重比上年提高 2. 3 个百分点，达到 65. 6% 。二是改建和技术改造投资占比提高。改建和技术改造投资增长 38. 7% ，占固定资产投资的比重比上年提高 2. 1 个百分点，达到 7. 7% 。三是现代服务业投资快速增长。信息传输及软件和信息技术服务业、租赁和商务服务业、科学研究和技术服务业、金融业投资分别增长 76. 3% 、45. 2% 、44. 6% 、33. 5% 。四是房地产开发投资稳定增长。房地产开发投资增长 9. 0% ，增速高于全省固定资产投资增速8.5个百分点。五是新开工建设项目投资增长较快。新开工建设项目个数增长22.4%，投资额增长28.4%。其中，亿元以上新开工建设项目个数增长11.5%，投资额增长31.4%。

2. 消费品市场稳定

全年全省社会消费品零售总额达15008.6亿元，比上年增长6.1%。从消费结构来看，一是乡村零售额增长快于城镇。城镇零售额为13101.7亿元，乡村零售额为1906.9亿元，分别增长5.9%和7.7%。二是反映结构升级的消费商品增势较好。限额以上文化办公用品类、化妆品类、家用电器和音像器材类零售额分别增长21.5%、9.8%和8.6%。三是网上零售额快速增长。限额以上单位网上零售额为443.9亿元，增长48.1%。

3. 出口结构有所改善

据海关统计，全年全省进出口总额为7255.1亿元，比上年下降4.0%。其中，出口总额为3129.8亿元，下降2.6%；进口总额为4125.3亿元，下降5.0%。从出口结构来看，一是机电产品出口总额占比提高。机电产品出口总额为1482.3亿元，增长3.4%，占出口总额的比重较上年提高2.8个百分点，达到47.4%。其中，电器及电子产品、金属制品、机械设备出口总额分别增长17.7%、10.2%、3.6%。二是民营企业出口总额占比提高。民营企业出口总额为1247.3亿元，增长2.3%，占出口总额的比重较上年提高1.9个百分点，达到39.9%。

（三）三项收入平稳增长

1. 财政收入保持增长

全年全省一般公共预算收入为2652.0亿元，比上年增长1.4%。其中，受减税政策影响，税收收入为1929.2亿元，下降2.4%。

2. 规模以上工业企业营业收入持续增长

全年全省规模以上工业企业实现营业收入30365.5亿元，比上年增长7.9%。

3. 城乡居民收入稳定增长

全年全省城镇常住居民、农村常住居民人均可支配收入分别为39777元、16108元，分别比上年增长6.5%、9.9%，扣除价格因素，分别实际增长4.1%、7.1%。

（四）新产业、新产品增长迅速

1. 高技术产业增长较快

一是从规模以上工业来看，全年全省高技术制造业增加值增速高于规模以上工业增加值增速12.0个百分点，达到18.7%。二是从规模以上服务业来看，全年全省科技推广和应用服务业、互联网和相关服务业、软件和信息技术服务业、专业技术服务业营业收入分别增长17.0%、14.8%、14.0%、5.3%。三是从投资情况来看，在全省高技术制造业投资中，全年医疗仪器设备及仪器仪表制造业、航空及航天器和设备制造业、医药制造业投资分别增长35.1%、32.8%、21.1%。

2. 高新产品快速增长

一是从规模以上工业新产品来看，全年全省集成电路、新能源汽车、服务器产量分别比上年增长1.7倍、57.0%、43.9%。二是从高新技术产品出口来看，全年全省高新技术产品出口总额为607.0亿元，增长27.5%。其中，电子技术产品、航空航天技术出口总额分别为401.4亿元、22.8亿元，分别增长47.5%、33.3%。

（五）居民消费价格持续上涨，工业生产者价格回落

1. 居民消费价格持续上涨

全年全省居民消费价格（CPI）比上年上涨2.4%，比全国平均水平低0.5个百分点。其中，城市上涨2.3%，农村上涨2.6%。分类别来看，食品烟酒类、衣着类、居住类、生活用品及服务类、教育文化和娱乐类、医疗保健类、其他用品和服务类价格分别上涨6.1%、1.8%、0.7%、0.7%、1.7%、1.6%、2.8%；交通和通信类回落1.8%。

2. 工业生产者价格涨幅回落

全年全省工业生产者出厂价格（PPI）比上年下降 0.5%，较上年回落 5.3 个百分点；工业生产者购进价格（IPI）上涨 0.8%，涨幅回落 3.7 个百分点。

二　全省经济运行存在的主要问题

（一）工业行业增长不平衡，利润受大宗商品价格波动影响较大

一是行业增长不平衡。在 41 个大类行业中，全年有 15 个行业的增加值比上年下降，29 个行业增加值增速比上年回落，包括石化、钢铁、汽车等对辽宁省影响较大的行业。其中，石油加工、炼焦和核燃料加工业增加值增速比上年回落 3.4 个百分点，黑色金属冶炼及压延加工业增速回落 4.8 个百分点，汽车制造业增速回落 7.7 个百分点。二是大宗商品的价格波动对全省的重化工业影响较大。在石油、钢铁等大宗商品价格低位波动的影响下，工业生产者出厂价格涨幅比上年回落明显，工业企业利润空间被大幅压缩。全年全省规模以上工业企业利润总额同比减少 481.7 亿元，下降 26.6%。其中，石油、煤炭及其他燃料加工业利润总额下降 22.7%，黑色金属冶炼和压延加工业利润总额下降 77.9%。

（二）固定资产投资低速增长，经济发展后劲不足

虽然全省固定资产投资扭转了前 10 个月下降的局面，但增速较低，投资增长动力明显不足。一是建设项目投资下降。房地产开发投资占比仍然较高，占固定资产投资的比重达到 42.2%，远高于 24.0% 的全国平均水平；建设项目投资下降 4.9%，影响经济发展后劲。二是制造业投资下拉明显。制造业投资占建设项目投资的 44%，下降 7.3 个百分点。三是基础设施投资仍然下降。基础设施投资降幅虽比上年收窄 7.1 个百分点，但仍下降 4.5%。四是外商及港澳台商投资大幅下降，下降 37.9%。

（三）外贸进出口仍处于下降区间，中美贸易摩擦影响显现

2019 年以来全省进出口总额降幅逐步扩大，全年增速比上年回落 18.9 个百分点。其中，出口总额增速回落 11.4 个百分点，进口总额增速回落 24.9 个百分点。中美贸易摩擦对辽宁的影响明显，对美进出口总额下降 28.2%，其中对美出口总额下降 20.3%，对美进口总额下降 36.9%。

三　促进全省经济高质量发展的对策建议

2019 年，全省经济运行总体平稳，但经济发展的环境依然复杂，有利条件和不利因素并存。从有利条件来看，新兴经济体良好的发展势头将为辽宁省经济增长创造一定的条件和环境；国家接连出台的促进东北振兴的各项政策逐步落地，将为辽宁省全面振兴、全方位振兴提供有力支撑；全省营商环境不断优化、结构不断调整等积极因素逐步积累。从不利因素来看，国际贸易冲突、商业投资不振和持续的政治不确定性因素导致国际宏观环境趋紧；新冠肺炎疫情对经济运行将产生一定影响，工业企业特别是中小企业经营压力有所加大、投资项目建设进度或将延缓、消费需求短期内下滑、内外商务经贸活动步伐放缓、稳就业需高度关注等现实问题和潜在影响将逐步显现。

2020 年，为进一步推动全省经济高质量发展，要继续深入贯彻落实习近平总书记关于东北、辽宁振兴发展重要讲话和指示批示精神，贯彻落实好党中央、国务院和省委、省政府的工作部署，统筹兼顾、强化协调，尽可能降低疫情对经济的影响，保持经济社会稳定发展，加快推进新时代辽宁全面振兴、全方位振兴。

（一）保稳定促发展，统筹做好疫情防控和经济社会发展工作

1. 有序组织企业复工复产

要在做好防控工作的前提下，合理安排和组织各类生产企业安全有序复工复产，指导企业制定复工复产方案和应急预案，加大保障力度，积极帮助

企业解决用工存在的缺口，原材料采购、产品销售等市场渠道不够通畅，资金周转压力大等方面的困难和问题。

2. 全力确保生活必需品供应到位

有序组织农产品市场主体恢复生产，严格落实“米袋子”和“菜篮子”负责制，努力确保粮食、蔬菜、肉蛋奶等居民生活必需品供应，不断健全应急机制，加强物资调配和市场监测，全力保障好各类生活必需品正常供应。

3. 努力保障重大项目落地开工达产

加强对建设单位疫情防控、生活物资、建设物资的保障，重点安排配套保障。推进重大项目建设，进一步加强调度，及时收集整理和协调解决项目建设中出现的问题，优化审批服务，让续建类项目尽快全部复工，为新建类项目创造条件加快开工。

4. 进一步确保就业稳定

加快落实已出台的财税、金融等支持政策，结合实际阶段性延缓或减免企业养老、失业、工伤保险单位缴费，减轻疫情对企业特别是中小微企业的影响。做好高校毕业生等重点群体就业工作，加大网上招聘力度，创造更多就业岗位。

（二）全面深化改革，激发经济发展活力

1. 深入推进供给侧结构性改革

一是不断提高供给质量和效率。深入落实“巩固、增强、提升、畅通”八字方针，推动经济高质量发展。二是巩固拓展减税降费成效。继续落实各项减税降费政策，清理和规范涉企收费，降低制度性交易成本，减轻企业生产经营负担。三是破除各类要素流动壁垒。通过开放市场、统一监管体系加快人才、土地、资金等各类要素的自由流动、平等交换，实现资源合理配置。

2. 做好存量、做强增量，加快产业转型升级

一是推动传统产业转型升级。通过技术改造、兼并重组、淘汰落后产能等方式改造提升传统支柱产业，推进制造业专业化、精细化、特色化、新颖化，推动产业链向两端延伸、价值链向高端攀升。二是大力发展战略性新兴

产业。不断强化科技支撑和新兴产业引领作用，围绕高端装备制造、节能环保、生物医药、新能源汽车等资源优势和重点产业，加快核心领域技术攻关和产品创新，促进一批新兴领域发展壮大并成为支柱产业。

3. 着力优化营商环境

一是积极深化“放管服”改革。全面贯彻落实《优化营商环境条例》，加快转变政府职能，促进营商环境从提高效率向全面提升服务质量转变，充分释放营商环境优化的含金量，让企业有实实在在的获得感。二是加强监管，促进公平竞争。推进“双随机、一公开”监管，加快清理废除妨碍统一市场和公平竞争的各种规定和做法。三是构建并完善营商环境评价体系。突出评价结果的量化可比以及可操作性，尝试引入第三方评价主体，增强评价的独立性和客观性。

（三）着力培育壮大新动能，推动经济发展动力变革

1. 加快第一、第二、第三产融合发展

一是加快农业向第二、第三产业延伸并融合发展。促进休闲农业等农业衍生产业发展，立足农业及特色农产品，进一步整合资源，发展精深加工。二是加快制造业向服务化转型。提升制造业的智能化、数字化、网络化、服务化、精细化水平，创新“产品＋服务”模式，实现由低附加值的单纯代工向深度加工、研发设计和自主品牌等高附加值环节转变。三是推进服务业创新发展。加快发展现代物流、电子商务、金融服务、科学研究等生产性服务业；改进传统商业模式和业态，推动实体销售和网络销售融合发展，促进商贸流通、医疗健康等生活性服务业提质发展。

2. 深入实施创新驱动发展战略

一是积极培育创新主体。强化科技创新对经济发展的支撑作用，优化研发和产业功能布局，完善从众创空间、孵化器、加速器到产业园区的创新链条，加快推进沈阳、大连国家自主创新示范区建设，整合优势资源，推动创新资源向企业集聚，着力培育骨干核心型创新企业，做大做强创新型产业集群。二是加强科技成果的转化。强化创新与产业、创新与服务、创新与资金

的互动，发挥各个创新主体的优势。搭建科技成果转化综合服务平台，加强创新成果转化的市场化运作，实现科技与经济的“无缝连接”。

3. 加大招商引资力度，扩大有效投资

一是不断提高招商引资的质量和层次。努力引进一批经济效益好、带动作用强、示范性好的大项目，优化完善政策措施，让企业引得来、留得住。二是不断扩大有效投资。在增量上用质量效率型投资逐步替代单纯追求规模和速度的传统投资，在存量上挖掘潜力，促进洽谈项目早落地，落地项目早开工，开工项目早投产，停工项目早复工。三是加大基础设施投资力度。加快实施一批补短板、调结构、惠民生的重大项目，重点支持高速铁路、机场、水利设施、城市轨道交通、5G 信息网络、垃圾分类处理、地下综合管网、城市停车场等基础设施建设。

（四）构建更高层次的开放型经济新格局，提升对外开放水平

1. 积极参与新兴市场建设，深耕东北亚国际合作

一是积极参与“一带一路”建设和中国—中东欧“17 +1”经贸合作。充分发挥全省区位、产业、基础设施等优势和潜能，不断扩大与沿线国家国际产能和装备制造合作。发挥自贸试验区改革创新“试验田”作用，推进沈阳、大连、抚顺跨境电商综合试验区建设。二是积极参与构建东北亚经济圈。深化与日、韩、俄等国的经贸合作交流，加大对新兴产业、资金项目、高精尖人才的引进力度。加快发展服务贸易，巩固软件服务外包、文化贸易、中医药贸易等领域服务出口优势，拓展航运服务产业链，有效整合物流资源。

2. 对接国家发展战略，加强区域联动

一是加强区域交流合作。主动对接京津冀协同发展、长江经济带和粤港澳大湾区等国家发展战略，积极参与产业分工，承接产业转移和生产要素流动，推进产业发展协同协作，加大重大项目的合作力度，加强人才交流。做好市场、企业、项目的承接和保障工作，既要接得来，也要接得住。二是加强与东北腹地的资源整合。发挥东北地区唯一沿海省份的区位优势，强化内

陆物流港建设，将沿海的部分功能向东北腹地延伸，促进港腹一体化，利用港口资源对跨省界的信息资源进行捕捉、挖掘、整合，有效对接潜在需求。

3. 推进港产城联动，促进沿海与腹地的互动

一是推动港口产业转型升级。以港口资源整合为契机，化解重复建设和同质化过度竞争的矛盾，从满足能力需求转向满足增值服务需求，有效提高港口资源配置使用效率，实现港口产业链的延伸和升级。二是深入推进沿海经济带开发开放。以大连东北亚国际航运中心为龙头，有效对接国内外资源，构建内外联动、海陆并举的经济体系，以沿海经济带辐射带动内陆经济发展，以内陆经济支撑推动沿海经济带开发开放。

B.4

2019～2020年辽宁经济发展报告

于晓琳　姜健力*

摘　要： 自2019年以来，面对国内外风险挑战明显上升的复杂局面，全省上下积极作为，有效应对，经济运行稳中有进，持续向好，发展质量进一步提升。进入2020年，国际经济环境日益严峻复杂，国内经济下行压力加大，尤其是在新冠肺炎疫情的冲击下，全省面临的风险和挑战有增无减。本文在总结2019年辽宁经济运行基本特点的基础上，分析2020年面临的内外部环境，预计全年能够实现与全国经济增长基本同步。

关键词： 经济运行　短期压力　辽宁

一　2019年辽宁经济运行的基本特点

1. 经济运行"总体平稳"，主要指标进一步向好

经国家统计局统一核算，2019年辽宁实现地区生产总值24909.5亿元，按可比价格计算，同比增长5.5%，经济增速连续8个季度保持在5%以上，经济总量排名全国第15位（见图1）。

从供给来看，第一产业运行平稳，增加值增长3.5%，高于上年同期

* 于晓琳，辽宁省信息中心经济预测部副部长、高级经济师，研究领域为区域经济；姜健力，辽宁省信息中心研究员，研究领域为区域经济。

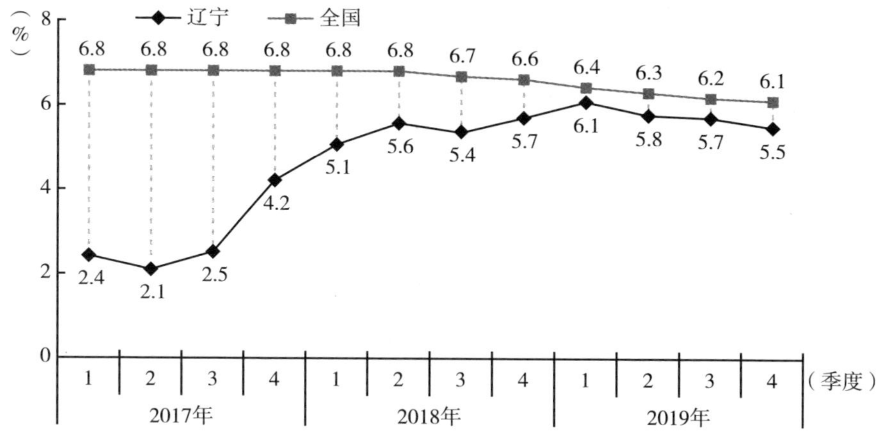

图1　辽宁地区生产总值季度累计增长率与全国对比

0.4个百分点。第二产业总体平稳，增加值增长5.7%；其中，工业运行总体稳定，规模以上工业增加值增长6.7%，高于全国增速1.0个百分点，增速排名上升至全国第12位。第三产业保持较快增长，增加值增长5.6%，高于上年同期0.8个百分点。

从需求来看，投资涨幅有所扩大，固定资产投资增长0.5%，月度累计增速连续两个月保持正增长。消费增长保持平稳，社会消费品零售总额增长6.1%，比上半年略提高0.1个百分点，比第一季度高0.5个百分点；其中，限额以上口径下降2.2%，年初以来降幅总体有所收窄。进出口仍然负增长，进出口、出口、进口总额分别下降4.0%、2.6%、5.0%，总体降幅现收窄之势。

从收入来看，财政收入保持增长，一般公共预算收入增长1.4%。居民收入实现较快增长，城镇、农村居民人均可支配收入分别增长6.5%、9.9%，其中，农村居民收入实际增速高于全省经济增速1.6个百分点，高于全国增速0.3个百分点。企业收入保持平稳增长，规模以上工业企业营业收入增长7.9%，高于全国增速4.1个百分点。

从其他指标来看，先行指标保持增长，货运量增长1.1%，工业用电量增长4.4%。就业物价形势稳定，城镇新增就业47.5万人，超额完成全年目标任务。居民消费价格上涨2.4%，涨幅低于全国0.5个百分点，同比回落0.1个百分点。

2. 重点领域“稳中有进”，质量效益进一步提升

各项改革扎实推进，发展环境持续优化，新动能不断聚积，经济发展质量和效益进一步提升。

从民营经济发展来看，多项指标增速快于全省增速，对税收和就业的贡献提升，已成为辽宁经济增长的重要支撑。11家辽宁民营企业入围2019中国民营企业500强榜单，比上年增加5家。全年规模以上私营工业企业增加值、民间投资、民营企业出口总额分别增长23.7%、4.2%、2.3%，分别高于全省平均增速17.0个、3.7个、4.9个百分点。

从经济增长动能来看，高技术制造业发展加快，增加值增长18.7%，高于规模以上工业增速12.0个百分点。集成电路、新能源汽车、服务器产量分别增长1.7倍、57.0%、43.9%。升级类和新兴消费大幅提升，限额以上单位通过公共网络实现零售额增长48.1%，高于全省消费增速42.0个百分点。高新技术产品出口增长27.5%。

从供给侧结构性改革来看，大规模减税降费政策效果明显，全年实现减税523.9亿元、降费171.9亿元。金融服务实体经济能力增强，金融机构（含外资）本外币贷款余额增长10.2%，同比提高1.2个百分点。

从优化营商环境来看，深化证照分离改革，取消下放省级行政许可事项101个，企业登记当场办结率达80%以上，网上登记用时平均压缩2/3以上。新登记市场主体增长5.9%，规模以上工业企业数量增长达9.8%，实现“个转企”1.2万户、“小升规”1200户、“规升巨”150户。

3. 经济走势稳中趋缓，下行压力进一步增大

尽管2019年全省经济运行总体平稳，但是经济发展中的不平衡不充分问题还比较突出，经济运行的不稳定不确定性依然较大，部分领域指标呈现稳中趋缓的发展态势。工业压力依然存在，投资刚刚实现正增长，消费实际增速低位运行，进出口均为负增长，规模以上工业企业亏损增加，财政收入增速偏低，居民收入实际增速低于经济增速，经济运行的风险和挑战有增无

减。2020 年，在国内外形势发生深刻复杂变化的背景下，尤其是面对新冠肺炎疫情的负面冲击，全省经济下行压力将进一步加大，面临的矛盾和问题将更为突出。

二 2020年辽宁经济运行面临的内外部环境

（一）国际环境挑战增多，下行风险更为突出

进入 2020 年，全球经济环境曾出现好转迹象，贸易和制造业活动触底反弹，主要经济体货币政策转向宽松，中美经贸磋商出现利好消息，以及对英国“无协议脱欧”的担心减弱，一系列有利因素提振了市场情绪；但地缘政治局势紧张、地区社会动荡、经贸摩擦加剧等不利因素，导致国际经济下行风险依然突出。尽管中美贸易磋商释放积极信号，但贸易紧张得到长期解决的前景依然不乐观。尤其是 3 月以来，新冠肺炎疫情在全球呈加速蔓延趋势。美国金融市场大幅震荡，全球迎来新一轮降息潮。IMF 等多个国际机构认为，此次疫情给全球产业链带来巨大挑战，对全球经济的影响存在很多不确定性。经济合作与发展组织（OECD）于 3 月 2 日发布最新世界经济展望报告，将 2020 年全球经济增长预期从 2.9% 下调至 2.4%，并警告世界经济面临金融危机以来的“最大危险”。从全年来看，国际经济环境总体依然偏紧，经济运行不确定不稳定性依然较大。

（二）国内环境总体平稳，疫情短期影响明显

中央经济工作会议指出，我国正处在转变发展方式、优化经济结构、转换增长动力的攻关期，结构性、体制性、周期性问题相互交织，“三期叠加”影响持续深化，经济下行压力加大。随着新冠肺炎疫情在全国范围暴发，供给和需求受到双重冲击，我国经济社会受到全方位的影响。中共中央政治局会议指出，新冠肺炎疫情虽然给经济运行带来明显影响，但我国经济

有巨大的韧性和潜力，长期向好的趋势不会改变。2 月 22 日，国际货币基金组织（IMF）总裁格奥尔基耶娃指出，如果中国经济在 2020 年第二季度恢复正常，则 2020 年中国的经济增速将达到 5.6%，比 2020 年 1 月发布的《世界经济展望》预测值低 0.4 个百分点。

（三）辽宁风险挑战增多，短期压力明显加大

从有利条件来看，随着辽宁深入贯彻落实习近平总书记在辽宁考察时和在深入推进东北振兴座谈会上重要讲话精神，尤其是中央支持辽宁全面振兴、全方位振兴的各项政策加快落实显效，全省改革创新活力将进一步激发，振兴发展信心将进一步提振，辽宁高质量发展仍将享受巨大红利。更为重要的是，为了对冲疫情的负面影响，全国及辽宁密集出台多项支持性政策措施，宏观政策环境更加宽松。稳就业、稳金融、稳外贸、稳外资、稳投资、稳预期各项政策组合出拳，精准发力。从疫情危机中寻找发展契机，有利于营商环境进一步优化、项目建设进一步加快、基础设施投资进一步增加。同时，医疗行业、电子商务、在线娱乐、在线教育、远程办公、保险等行业也将迎来新的发展机遇。

从不利因素来看，辽宁经济内生增长动力不足，结构调整缓慢，科技创新能力不强，企业核心竞争力不强，实体经济发展面临较大困难。工业增长乏力，投资需求不足，消费需求不旺，外需增长受限，防风险任务艰巨，再受疫情冲击，经济运行中的问题和风险将进一步暴露。从新冠肺炎疫情的影响来看，受冲击最大的是消费及服务业，短期内消费将大幅下降，餐饮、住宿、交通、文化、旅游等服务行业受冲击明显，第三产业增加值增速将下降。随着疫情的持续，工业、农业及各行业受到的影响将逐步显现，部分行业损失难以弥补。企业复工复产面临人流、物流、资金流不畅等问题，成本增加，利润减少。部分项目建设推迟或投资计划取消。出口行业企业也受到不同程度的影响，尤其是中小微企业受到的冲击更大。物流受限导致农产品滞销，人流受限导致农民工外出务工受阻。就业形势因疫情更加严峻，就业岗位减少，新的下岗和失业人员增加，直接影响居民收入。疫情导致物价上

涨压力加大，财政支出显著增加，同时，税费减免等政策性减收增多，财政平稳运行难度加大。

三 2020年辽宁经济形势展望

展望2020年，面对更加复杂严峻的国内外环境，辽宁经济发展基本面将保持良好，经济发展呈现较好的韧性，各项有利条件能够支撑经济运行继续保持在合理区间，全年保持总体平稳的发展态势。但短期内尤其是第一季度，疫情冲击将导致经济发展面临的困难和挑战增多，经济下行压力明显加大。按三种情景估计当前疫情对经济运行的影响，并将其作为判断全年经济走势的重要影响因素，初步做出如下预测。

乐观情景：疫情对经济的影响主要局限在第一季度，第二季度经济活动基本恢复正常，大部分疫情损失能够在后三个季度得到弥补，全年经济受影响有限，预计增长6.0%左右。

基准情景：疫情对经济的影响超过第一季度，4月底到5月初经济活动基本恢复正常，仅有部分疫情损失能够在余下时间得到弥补，全年经济受到一定程度的影响，预计增长5.5%左右。

悲观情景：疫情在基本控制之后出现反弹，经济活动下半年恢复正常，疫情损失基本无法得到弥补，全年经济受到较大影响，预计增长5%以下。

其中，第一种情景最为理想，是实际中应积极争取的结果；第二种情景的可能性也存在；第三种情景的可能性虽然不大，但仍不能掉以轻心。

综合分析，疫情对辽宁经济的影响很可能主要局限在第一季度。从全年来看，随着疫情的逐渐缓解，部分行业和领域的损失能够得到弥补，全年经济有望，与全国经济增长基本保持同步。但是实现全年经济社会发展目标任务，与全国同步全面建成小康社会和“十三五”规划圆满收官还要付出巨大努力。

四　2020年辽宁经济工作的建议

2020年是决胜全面建成小康社会、打赢精准脱贫攻坚战、实现“十三五”规划收官之年。应继续深入贯彻落实习近平总书记在辽宁考察时和在深入推进东北振兴座谈会上重要讲话精神，紧扣全面建成小康社会目标任务，坚持稳中求进工作总基调，坚持新发展理念，坚持以供给侧结构性改革为主线、以改革开放为动力，推动高质量发展，坚决打赢三大攻坚战，全面做好“六稳”工作，当前尤其是要精准精细落实分区分级防控要求，扎实做好外防输入工作，统筹做好疫情防控和经济社会发展工作，努力实现半年“双过半”和全年经济社会发展目标任务，确保辽宁与全国同步全面建成小康社会和“十三五”规划圆满收官。

（一）以落实支持帮扶政策为抓手，有序推动企业复工复产

在帮助企业做好疫情防控的前提下，加快推动企业恢复正常生产经营秩序，提升复工复产质量和效率。一是精准施策。围绕企业在招聘、返程、上岗、管理、服务等环节面临的困难和问题，深入研究并借鉴浙江、广东、江苏等地的政策举措，细化政策措施，随时调整完善。二是精细落实。不折不扣落实已出台的支持和帮扶措施，优惠性政策多做锦上添花、雪中送炭，限制性政策不做层层加码、扩边阔沿。三是精心服务。充分发挥“互联网+政务”的作用，简化优化审批程序，增加网上办事事项，提高网上办事效率。有效发挥重点企业派驻联络员作用，积极宣讲、解读各项政策措施，解决企业实际困难。

（二）以推动重大项目建设为重点，促进内需回升经济平稳

一是抓项目稳投资。按照分区分级要求，在严格做好疫情防控工作的前提下，抢抓开复工关键节点和窗口期，切实解决项目开复工遇到的困难和问题。遴选一批战疫情稳投资补短板项目，在贷款规模上给予保障，在融资利

率上给予优惠。加快推行项目网上审批，加强开复工要素保障。加快推进基础设施、脱贫攻坚等重点领域和补短板领域投资项目，加快推进新型基础设施建设。用足用好中央各类补助资金和地方政府专项债券，积极发挥民间投资作用。二是稳消费提品质。加快推动服务业复工复产，促进消费需求回升。加强消费基础设施建设，积极引导消费预期。推动传统消费业态复苏，支持传统零售企业提升网络营销能力。加快释放新兴消费潜力，促进服务消费提质扩容，扩大医疗、保健、健身等健康类消费。

（三）以保障和改善民生为根本，确保社会大局和谐稳定

一是稳就业保民生。贯彻就业优先战略，进一步细化落实支持中小微企业稳定就业的各项措施，拓宽政策覆盖面，延长政策有效期。突出抓好高校毕业生、农民工等重点群体就业。加大分级再就业服务力度，建立重点企业用工调度保障机制。对企业吸纳重点群体就业给予补贴等，帮助生活困难群体渡过难关。二是稳物价保供应。积极推进农业、畜禽、蔬菜等生产加工企业复工复产。畅通运输渠道，突出保障重点地区疫情防控物资和生活必需品运输。及时监测市场价格变化，确保疫情期间生活必需品供应充足、价格稳定，尤其是猪肉等食品价格稳定。加强市场监管，严厉打击囤积居奇、哄抬物价等违法行为。

（四）以全面建设小康社会为目标，坚决打赢三大攻坚战

抓好涉及决胜全面建成小康社会、决战脱贫攻坚的重点任务，统筹疫情防控与脱贫攻坚、污染防治、防范化解重大风险三大攻坚战。一是切实推动扶贫项目开工复工。优先组织贫困劳动力返岗和外出务工，优先安排受疫情影响的贫困劳动力实现就业。切实解决贫困地区生产发展和产品积压难题。着力帮助因疫情致贫返贫农户脱贫。二是加快补齐医疗废物、危险废物收集处理设施方面的短板，强化生态环境源头治理。三是坚决保障疫情防控财政支出需要，压缩一般性财政支出，加大对受疫情影响严重的企业信贷支持力度，坚决守住不发生系统性金融风险的底线。

（五）以防控疫情为发展契机，全面深化改革扩大开放

一是深化重点领域改革。针对疫情防控中暴露出的问题，继续全面深化关键领域改革，补齐关键领域发展短板。深刻总结疫情防控中帮扶企业、招商引资的各项经验，提升服务意识，创新招商手段，持续优化营商环境。大力推动乡村振兴战略，完善农村人居环境治理。完善公共卫生体系建设，加强应急能力建设，不断提高政府治理水平。二是稳外贸稳外资扩大开放。积极帮助外资企业有序恢复生产经营，加大外资外贸政策支持力度，推动重大外资项目服务保障和落地实施，强化外商投资鼓励政策。全面构建“一体两翼”对外开放新格局，深度融入“一带一路”建设。主动营造良好的国际合作环境，积极开拓多元化市场。

B.5 辽宁国资国企改革发展问题研究

宋帅官*

摘　要： 当前辽宁国资国企改革进入深水区和攻坚期。在过去的2019年，国资国企改革在省委、省政府以及国资监管部门的推动下企业经济运行总体平稳、市场化经营机制逐步完善、混合所有制改革深入推进、历史遗留问题有序解决。但在改革不断发展的过程中，辽宁国资国企仍存在国有资产配置效率较低、国有企业自生能力较差、国有企业体制机制障碍以及监管机制不完善等亟待解决的问题。本文旨在简单梳理国资国企的发展现状及其目前存在的问题和困难，并在此基础上提出未来国资国企改革发展战略以及对策建议。

关键词： 国有资产管理　国资国企改革　混合所有制改革　现代企业制度

一　辽宁国资国企改革发展现状分析

（一）国有企业经济运行总体平稳

截至2019年10月，纳入省国资委财务快报统计口径的全省189家国有及国有控股企业累计实现营业收入3501.3亿元，同比增长6.4%；实现利润总额155.5亿元，同比增长17.7%。其中，24家省属企业累计实现营业

* 宋帅官，辽宁社会科学院经济研究所副研究员，研究方向为区域与产业经济。

收入2718亿元，同比增长6.8%，实现利润总额168.2亿元，同比增长24.5%。截至2019年10月末，省属企业营业收入、利润总额连续保持34个月“双增长”；平均资产负债率比年初下降0.5个百分点，“三项费用”占营业收入比重同比下降0.9个百分点；完成上缴国有资本收益8亿元，年底前完成全部（15亿元）上缴任务。[①]

（二）现代企业制度和市场化经营机制逐步完善

省属一级企业完成功能界定与分类，推进子/分公司功能界定与分类。11家省属企业建立了外部董事制度，年底前完成华晨集团、时代万恒职业经理人制度试点。省属企业内部三项制度改革专项行动强力推进，本钢集团、辽勤集团等10余家企业已取得初步成效，截止到2019年10月末，省属企业劳动生产率同比增长10%，人工成本利润率同比提高13.7个百分点。[②]

（三）股权多元化和混合所有制改革积极稳妥推进

本钢集团、环保集团、建设科学研究院有限公司3户企业纳入国家第四批混改试点，沈阳机床集团等7户国企改革“双百企业”各项综合改革举措加速落地。省健康产业集团与华润健康集团完成战略性重组。本钢集团、环保集团、城乡建设集团层面混改扎实推进。在2019年10月举行的辽宁国企混合所有制改革专题对接会上，共推出全省国有企业94个优质混改项目，涵盖了具备“辽宁优势”的冶金、能源、高端制造业和崛起势头强劲的旅游、环保、商业管理等现代服务业，得到了与会各金融机构和民营企业的积极反应和关注。截止到2019年末，省属企业混改面达到53.8%。

（四）历史遗留问题有序解决

截至2019年10月末，沈阳、大连、鞍山、锦州、营口、辽阳、朝阳、

① 2019年省国资委企业财务快报。

② 2019年省国资委企业财务快报。

盘锦、葫芦岛9个市地方国有企业厂办大集体改革基本完成，预计年底前全省地方国有企业厂办大集体改革基本完成。全省已完成国有“僵尸企业”处置302户，其中2019年完成处置6户，预计年底前全面完成处置任务。全省国有企业退休人员社会化管理工作正式启动。

（五）国资监管体制改革不断深化

《辽宁省企业国有资产监督管理条例》完成立法工作，并于2019年10月1日正式颁布施行。华晨集团、交投集团国有资本投资公司试点持续深化，辽宁控股集团挂牌成立，成为省国资委授权经营的首家省级国有资本运营公司，组建后将极大地提升国有资本运营管理水平，实现国有资本合理流动和保值增值，推进国有资产监管机构职能转变。

二　辽宁国资国企改革发展中存在的主要问题

2019年辽宁国资国企改革虽取得一些成绩，但改革中的一些重点领域和关键环节任务进一步发力，改革的难度和压力也会越来越大。当前辽宁国资国企改革过程中需重点关注以下几个问题。

（一）国资国企资源配置能力与高质量发展内在要求不相适应

一是传统产业比重过高，新产业发展缓慢。从工业行业结构来看，国有企业主要分布在煤炭、冶金、机械等传统领域，企业资产总额高达5321.4亿元，占全部工业行业的80%，企业产品多数处于价值链低端；代表新兴产业的电子工业、医药工业企业资产总额仅为3.31亿元，占全部工业行业资产总额的0.05%，产业结构不合理问题较为突出。

二是国有资本产业布局不合理，“主业优势”不突出。统计数据显示，全省4346户各层级国有企业几乎涵盖了所有行业门类，省国资委监管的31户企业集团绝大多数企业经营业务超过3类以上，如辽宁时代万恒控股集团下辖34户企业，经营业务涉及投资管理、锂离子电池制造、服装批发、镍氢电池制造、物业管理、木材加工、林业产品批发、运动机织服装制造、贸易代理、信息技术咨询服务、货物运输代理、旅馆服务等12个行业；辽宁展览贸易集团下辖10户企业，经营业务涉及市场管理服务、酒店投资管理、势力供暖、广告、百货零售、教育培训6个行业。企业产业布局过宽、领域过散、战线过长，没有凸显出辽宁省传统优势产业的布局优势；企业内部业务板块雷同，区域资源配置不合理，对企业运转经营、创新、质量品牌等影响较大。

（二）国有企业自生能力与企业市场化主体活力不相适应

国有企业作为市场微观主体，本应在市场机制下自由充分的发展和竞争，但由于企业创新、历史包袱等原因，无法发挥出企业应有的发展活力。

一是企业创新能力较低。统计数据显示，2018年，全省国有企业科技支出总额为47亿元，用于研究开发费用为40.86亿元，占企业营业总收入比重仅为0.86%。在省国资委监管企业中，仅有17户企业设有科研机构或内部研发部门，从事研发的人员有2790人，仅占企业职工总数的0.98%；31户监管企业研发支出为36亿元，占企业营业总收入比重的1.2%。

二是企业历史负担重。全省国有企业先后经历了“分离企业办社会职能”、“分离辅业”、“分离‘三供一业’”、处置“僵尸企业”、“厂办大集体改革”等改革任务，付出了巨大的改革成本，资金筹措较难，企业和地方无力承担。另外，企业长期以来拖欠职工工资、保险等数额较大，职工社保难以接续。退休人员统筹外费用和社会管理移交费用较高，事转企、去产能企业职工安置还存在一些矛盾和困难。这些问题的存在制约了国有企业吸引各类资本参与改革。2019～2020年，全省国有企业启动实施近100万名“离退休人员社会化移交”改革工作，从国家印发的指导意见来看，国家的支持政策有限，相关国有企业仍将是巨额改革成本的承担主体。

（三）国有企业体制机制障碍与现代企业制度不相适应

一是企业治理结构亟须完善。目前省属和市属重点国有企业虽全部建立了董事会组织机构，但有的董事会、监事会或监事、经理层的“三重一大”决策制度执行不到位，部分企业董事会、监事、经理层配备不齐问题突出，在一定程度上影响董事会、监事会的正常运转和作用发挥；部分国有企业的董事会并不拥有相应的实质权力，管人、管事、管资产的权力未得到有效落实；董事会与经理层责任边界模糊，监事会或监事的职能弱化在国有企业依然存在。企业经营管理者的市场化选聘制度、职业经理人契约化管理制度、差异化薪酬分配制度执行不到位，外部董事、外部监事制度亟须“落地”。

二是国有资本监管模式有待创新。从省级层面看，辽宁省虽然启动了国有资本投资、运营公司试点工作，但对照试点实施方案要求，在构建与国有资本投资公司相匹配的组织架构、内控体系、管控模式和经营机制等方面的工作进展缓慢。各市虽成立了国有投资运营公司，但多数由城投类平台公司改组而来，存在“简单地翻牌”“穿新鞋走老路”“新瓶装旧酒”的问题。同时，国资监管机构在国有资本监管模式方面亟须进一步转变，“放”的精准性有待提高，“管”的手段有待改进，“服”的水平有待提升。

（四）国有资本运作效率与日益完善的市场化水平不相适应

一是配套制度体系有待进一步完善。辽宁省虽然制定了《关于印发〈加快省属企业混合所有制改革实施方案〉的通知》（辽国资〔2018〕70号），明确了总体要求、目标任务、主要途径和保障措施，但对混合所有制改革各环节的责任主体、基本流程，包括制定改制方案、履行决策程序、开展审计评估、实施产权交易、办理变更登记等环节缺乏具体的指导意见。从省属企业情况来看，部分企业在增资扩股方案中对股权结构的设计相对保守，增资后国有持股比例依然较高，社会资本持股总量较低，对引进战略投资者条件设置不清晰，对单一股东持股设置上限，影响了意向投资方的积极性。同时，国有资产评估不规范，定价机制不完善，多数省属企业在混改评估过程中没有引入第三方专业机构，未对不良资产、债权以及历史负担做剥离处理，导致混改资产评估价格过高，影响了投资者及员工积极性。

二是集团层面混改需进一步深化。在推进混改实践中，国有企业负责人思想观念不够解放、股权混合比例难以把握，害怕承担国资流失风险，担心失去原来享有的权利和优势；民企则担心没有话语权、权益受到侵犯。个别国有企业“上热下冷”，基层权属企业积极性不高，普遍存在“有了文件等措施、有了细则等经验”的想法。在已实施混改的企业中，省属企业的混改全部在二、三级子公司层面开展，集团公司层面的混改尚未真正突破；各市推进的“混改”也普遍是“混下不混上”、“重混轻改”或“混而不改”，“混改”的互补效应未能充分发挥。目前，与上海（71%）、江苏（64.2%）相比，辽宁省混改的进度、幅度均存在明显差距。

三　2020年及“十四五”时期辽宁省国资国企改革发展战略分析

2020年以及“十四五”时期，是辽宁省国资国企改革的攻坚期，也是战略机遇期，全省应抢抓全面振兴、全方位振兴的契机，把国资国企改革作为全面深化改革的重要抓手，加快重点领域和关键环节的改革，围绕“一个中心”，增强“两大动力”，实施“四大战略”，全力将国有企业打造成引领辽宁高质量发展的主力军，推动国有资本优化布局，实现保值增值。

一个中心。就是将“提高国有资本效率、增强国有企业活力、做强做优做大国有企业”作为国资国企改革发展的核心战略，围绕核心战略设置发展目标和主要任务，制定改革措施，谋划发展路径。

两大动力。一是改革牵动。更加突出问题导向、目标导向、结果导向，以深化改革促进国资国企发展。进一步完善国有企业市场化经营机制和国有资本授权经营机制，实现政企分开、政资分开以及所有权与经营权分离，使国有企业真正成为市场主体。将完善现代企业制度、创新监管模式以及混合所有制经济等作为改革重点，以点带面推进全面改革。二是创新驱动。把创新驱动作为做强做优做大国有企业的核心动力，加快建立以企业为主体、市场为导向、产学研深度融合的技术创新体系，吸引人才、资本、技术等创新要素向国有企业集聚。推进全要素整合，促进全产业链创新，打造国有企业竞争新优势。

四大战略。一是大项目战略。把国有企业作为推动地方发展的动力和主力军，抢抓重大利好政策机遇。瞄准重点区域、重点产业，通过并购、混改等方式引进和培育一批带动力强、科技含量高、影响力大的产业龙头项目。二是大平台战略。要改组、组建一批国有资本投资运营公司，加快实现从管企业向管资本转变，推进混合所有制改革落地生根，取得实效。支持布局建设一批多学科交叉融合创新平台，产业技术创新共性平台和省级重点实验室、工程研究中心、企业技术中心等鼓励国有企业承担国家重大科技攻关项目。三是大集团战略。支持国有企业按照功能相近、行业相关、优势互补的原则开展兼并重组，鼓励省、市有条件的国有企业按照厚植竞争优势、促进多元发展的原则兼并、控股、参股其他企业。实施品牌提升计划，提高产品和服务质量，打造知名品牌。培育一批规模大、实力强、知名度高的大企业大集团。四是大开放战略。引导国有企业“走出去”是做大做强企业的必由之路。辽宁省国有企业要充分利用“一带一路”、京津冀、长江经济带、粤港澳大湾区等倡议或国家战略的大好机遇，积极开展对外投资、对外合作、对外贸易，引导有实力的企业扩大海外投资，开展国际化经营，打造一批具有国际竞争力的国有大集团企业。

四　推动辽宁国资国企改革发展的对策建议

2020 年既是开启国资国企高质量发展的关键之年，也是“十三五”收官之年，辽宁省应抢抓机遇、主动作为，把国资国企改革作为推进全省振兴的重要抓手，从维护国防安全、粮食安全、生态安全、能源安全、产业安全的战略高度认识和把握全省国资国企改革，始终坚持问题导向，着眼长远发展，突出辽宁特色，着力在“六个聚焦”上下功夫，推动全省国资国企改革迈上新的台阶。

（一）聚焦突出主业，打造具有核心竞争力的企业集团

聚焦发展实体经济，突出主业、做强主业。积极推动产业相近、行业相关、主业相同的国有企业通过合并、划转、并购等多种方式实现产业大整合，着力将要素资源向优势主业集中。严格管理企业主业，原则上每户企业主业不超过 3 个，鼓励国有企业加快与主业相关的重大项目建设，对于投资主业的企业给予税收、土地、金融、项目审批等方面的支持；积极谋划布局新能源汽车、节能环保、新能源开发和综合利用、智能制造、新材料等新兴产业，着力瞄准产业链、价值链高端，推动新兴产业集聚发展，培育一批有竞争力的大企业、大集团。

完善国有资本经营预算制度，增强国有资本经营预算的独立性。国有资本收益中，除了按规定比例上交或划拨给公共财政、社保基金外，按照权责统一的市场化原则，促使出资人代表机构更加注重新增国有资本向国有企业主业以及高新技术企业倾斜。

严控非主业发展，限制企业投资与主业不相关的辅业。用 2～3 年全面完成对非主业、长期亏损等低效无效企业的处置工作。给予二、三级子公司更多的自主权，支持省属企业通过资产重组、资产置换、无偿划转等方式剥离非主业。加强市场监管，省属企业通过混改、资产收益返还、中央奖补等获得的资金严禁用于收购不相干的企业、扩大副业和“圈地”等。

（二）聚焦资本运作，促进国有资本合理高效流动

优化整合全省现有国有资本投资运营公司，进一步明确交投集团和华晨集团两家试点平台公司的功能定位、运行模式、治理结构。将国有资本投资运营公司作为“管资本”的重要抓手，尽快形成“国资委＋运营公司/投资公司＋国有企业”三级管理结构。借鉴重庆等地区发展模式，按照行业类别，将其股权分别划入不同的投资运营公司，重点聚焦国有资本的产业链与价值链投资，推动优化国有资本布局，提升国有资本运营效率，实现国有资产保值增值。

加快推进混改进程。一是积极推进辽宁本钢集团、省环保集团、省城乡建设集团以及市属国有大企业等在集团层面实施混合所有制改革和股权多元化，加快推进二级子公司混合所有制改革，推动混合所有制企业实现体制机制转换。二是对于各产业细分领域的国有企业应实施有差别的混合所有制改革，按照商业竞争类、功能性企业、公益类企业等企业性质分类改革。对于完全竞争领域的业务，无论是集团层面还是二、三级子公司，都应按照市场规律采取控股、参股或退出等方式进行专业化经营。对于功能性行业的各细分产业领域业务，国有企业原则上应绝对持股，但应该建立相应的利益共享机制。对于处于公益类行业的各细分产业领域业务，国有企业原则上应绝对控股，但可以通过项目共建、产业合作等方式推动与社会资本进行合资。三是完善混改的配套制度。健全产权交易市场，完善市场化操作机制，通过产权市场、股权市场、证券市场合理确定资产价格。对于国有企业混改涉及IPO、再融资和并购重组等给予更大力度的政策支持。营造良好的混改营商环境，积极争取沈阳、大连等有条件的地区建设国有企业混合所有制改革综合试验区。

（三）聚焦创新引领，增强国有企业发展的内生动力

加强国有企业人才队伍建设。站在全省战略高度重视国有企业人才队伍建设，制定国有企业人才发展总体规划，健全学习培训制度，有计划地组织开展职业培训和专题辅导；建立全方位引才引智制度，积极开展灵活多样的人才招聘形式；完善人才激励机制，加快推进省属企业市场化选聘经营管理者试点、职业经理人制度试点。制定完善省属企业核心人才股权激励办法，扩大员工持股范围。探索改革工资总额管理制度，推动实施中长期激励机制、统筹用好员工持股、上市公司持股计划、科技型企业股权分红等中长期激励举措，鼓励企业完善与市场水平接轨、与贡献大小对应、与企业经济效益挂钩的薪酬分配机制，合理拉开各类人员的收入差距。完善员工职业晋升通道，强化岗位需求与专业技能相匹配的考核工作，把真正有能力有专长的人选拔到适合的岗位；营造“留住人、吸引人、培养人、使用人”的良好

氛围，鼓励企业建立梯队合理、素质优良、新老衔接的人力资源后续队伍，为国有企业的长远发展提供人力资源保障。

提高国有企业自主创新能力。强化国有企业技术创新的市场主体地位，支持企业建立技术研发中心，加强企业与科研院所、高等院校以及同行专家等产学研合作，对企业中关键的核心技术开展集中攻关，政府给予适当配套支持。发挥股权投资引导基金、产业引导基金等平台作用，加大企业研发项目和高技术产业的扶持力度。合理安排国资预算资金支持技术创新和能级提升项目，对企业研发投入、创新转型中经认定的费用视同当年考核利润。

（四）聚焦改革开放，补齐国有企业体制机制短板

进一步完善公司法人治理结构。加强董事会建设，扩大外部董事试点范围，逐步实现外部董事占多数。加快建立灵活高效的市场化经营机制。推行经理层任期制和契约化管理，加快建立职业经理人制度。

深化国有资本授权经营体制改革。以管资本为主加快推进国资监管机构职能转变，健全违规经营责任追究体系，提升国资监管效能。国有资本投资、运营公司改组组建实现扩面，稳妥开展授权放权经营。

提高国有企业开放度。指导和推动国有企业实施“走出去”发展战略，主动融入对接“一带一路”、长江经济带、京津冀协同发展等倡议或国家战略，利用国有企业的产业、人才以及技术等优势，扩大国际国内产能和技术合作。积极搭建平台，整合各类生产要素，积极探索企业“走出去”的发展模式。各行业协会和地方政府应密切跟踪省、市鼓励“走出去”的各项政策措施，引导企业掌握各国政治、法律等相关知识，宣传推广国有企业“走出去”的成功案例，认真总结并推广。研究建立国有企业“走出去”信息共享平台，为企业“走出去”提供信息共享、法律咨询、政策汇总等优质服务。

深化“放管服”改革，进一步优化营商环境，加快转变政府职能，强化服务意识，让国有企业在审批事项等方面“最多跑一次”。增强政府“随叫随到、不叫不到、说到做到、服务周到”的服务理念。

（五）聚焦政策激励，为国资国企改革提供坚强保障

加大企业减税降费力度。推动税务部门扎实有效落实减税降费政策。鉴于辽宁省煤炭企业面临资源枯竭和转型压力，研究适当降低煤炭等资源类行业增值税税率。扩大增值税留抵退税的范围，实施增值税留抵税额返还政策，切实减轻企业税负。适当减免省属企业改组组建、市场化重组过程中房产、土地权属变更涉及的税费，研究对负债率居高不下的企业给予更大力度的税收优惠。

实施国有企业分类考核。不同属性的国有企业应实施分类考核，分离、分层、分区建立完善分类考核指标体系。对于商业竞争类国有企业，应以企业利润最大化为目标，重点考核企业经营效益、利润回报、资本收益率等；功能类国有企业应重点考核对于新兴产业的资本布局、重点项目建设以及资本收益率等；公共服务类国有企业应重点考核社会服务能力的提升、成本控制、劳动生产率以及资本运行效率等。

建立并完善容错机制。推动国资国企改革提升全员技术创新动力，积极探索在一定原则下大胆创新、允许试错、不追究责任的容错机制。赋予职业经理人更多的自主权，鼓励其大胆创新，通过股权激励、员工持股试点等办法积极调动企业职工创新的主动性和创造性。

（六）聚焦化解包袱和风险，提升企业经营管理水平

加强组织领导，充分发挥省深化国资国企改革领导小组、省厂办大集体改革试点工作领导小组等的作用，建立有效的沟通协调机制；研究成立专属机构，参照外省市经验，分行业成立化解省属企业历史遗留问题专属机构，即历史遗留问题化解工作办公室，将企业历史遗留问题全部剥离出来统筹处置，前期可选取历史遗留问题较少的行业企业开展试点，先行先试，取得效果后再全面开展；探索建立公共财政资金、国有资本经营预算资金、企业自筹资金共担改革成本的机制；积极开展国有疑难资产确权登记大普查工作，制定完善不动产确权和变更统一细化可操作性政策，按照摸底调查、试点先

行、先易后难的思路，明确土地以及房产权属关系，积极与法院、房产以及国土资源管理部门沟通协调，根据不同情形有针对性地做好房产土地确权和变更工作，尽快实现产权明晰化，为资产证券化奠定基础。

积极稳妥化解国有企业各类风险。妥善化解债务风险，对债务风险较高的企业采取分类管控方式，实行名单制管理，列入重点监控和特别监管的企业，在投资、融（筹）资、费用管控等主要经营活动中实行严格的出资人审核程序；鼓励具备相关条件的企业加快市场化债转股进展，促进债转股项目落地，降低企业负债水平和杠杆率；分类处置僵尸企业。对一时陷入困境但仍具有一定市场前景的企业，可采取必要措施帮助企业摆脱困境。对扭亏无望但其资产具有较高市场价值的企业，以兼并重组方式盘活其资产。对确实无法维持经营的“僵尸企业”，依法依规实施破产清算；积极维护职工利益，进一步做好化解产能过剩和国资国企改革过程中职工安置工作，对于安置压力较大的企业给予更多的政策倾斜，支持职工创新创业，鼓励社会上各类企业吸纳受影响职工。

参考文献

袁惊柱：《认清国企混改的内涵与关键问题》，《经济参考报》2019 年 2 月 15 日。

袁惊柱：《国有企业混合所有制改革的现状、问题及对策建议》，《北京行政学院学报》2019 年第 1 期。

刘始杰：《解决我省混合所有制改革难题》，《友报》2019 年 1 月 25 日。

陈志光：《新时代国有资本运营公司改革发展研究》，《现代经济信息》2018 年 12 月 6 日。

肖亚庆：《在提升国有经济发展质量上狠下功夫》，《人民论坛》2018 年第 18 期。

B.6
辽宁民营经济发展现状及对策建议

刘佳杰*

摘　要：　民营经济是助力辽宁老工业基地全面振兴、全方位振兴的重要保障。2019 年，辽宁省通过一系列简政放权、减负强企、降本增效利好政策支持，民营经济对经济增长的贡献度不断增强，助力全省经济呈现稳定向好的发展态势。在国际贸易纠纷不断、地区局势不明和国内经济发展模式转型升级的前提下，2020 年，辽宁民营经济发展机遇与挑战并存。为此，辽宁要进一步补齐体制、机制短板，着力营造民营经济发展良好的营商环境，引导民营经济转型升级，多措并举疏通民营经济发展中的“堵点”，对症下药，保障并促进民营经济发展。

关键词：　民营经济　高质量发展　融资　营商环境

民营经济是国民经济的重要组成部分，在稳增长、调结构、保就业、促创新等方面发挥十分重要的作用，影响深远。2019 年，辽宁民营经济坚持以习近平新时代中国特色社会主义思想为指导，积极应对各类风险挑战，以推进供给侧结构性改革为主线，落实高质量发展要求，对经济增长的贡献度不断增强，成为区域经济持续健康发展的重要保障。当前，辽宁振兴发展进入新阶段，民营经济也面临提质、增效、升级压力。落实和完善支持民营经

* 刘佳杰，辽宁社会科学院经济研究所研究员，研究领域为公共经济。

济发展的政策措施的同时，既要把握高质量发展要求，推进产业结构升级，又要紧抓政策红利苦练内功、完善配套，实现量质齐升，确保辽宁高质量发展稳步推进，助力辽宁老工业基地全面振兴、全方位振兴。

一　民营经济已成为辽宁经济发展的重要支撑

2019 年，辽宁民营经济不断发展壮大并呈现稳定向好的态势，通过优化环境、创新驱动及减税降费，辽宁市场活力不断被激发，生产要素市场化程度不断提升，民营经济极大地推动了辽宁国民经济不断向高质量迈进，成为地区经济发展的重要支撑。

（一）经济实力不断增强

2019 年前三季度，辽宁省民营企业纳税总额占全省税收的 43.5%，进口额同比增长 8.3%，贡献了全省固定资产投资比重的 70.7%，从业人数同比增长 12.3%。在各级、各领域政策和服务的助推下，民营经济规模进一步增强。

市场主体日趋活跃。截至 2019 年 10 月末，全省各类市场主体达 369.8 万户，同比增长 9.96%，日均新设市场主体 1940 户；新增“个转企”11753 户。在全省培育的“规升巨”企业中，营业收入超过 6700 万元的企业有 267 户。分地区看，沈阳市新增民营经济市场主体同比增长 11.9%；鞍山市新增市场主体 3.8 万户，增长 5.5%，新增“个转企”790 户，“小升规”企业 36 户，“规升巨”企业 7 户；抚顺市新增市场主体 1.9 万户，增长 19.66%，实现“个转企”760 户，“小升规”25 户，“规升巨”5 户；本溪鑫众达机械轧辊有限公司等 4 户企业实现“小升规”；丹东新增“小升规”企业 50 户，“规升巨”企业 10 户；营口新增市场主体 6.5 万户，同比增长 129.3%；盘锦市民营企业市场主体达到 10.5 万户，增长 7%。认定省级中小企业“专精特新”产品 200 个、企业 100 户和“小巨人”企业 30 户。丹东优耐特公司等 9 家企业入围全国第一批专精特新“小巨人”企业名单。新企业的诞生又促进了辽宁新产业的蓬勃发展。2019 年，辽宁省认定省级中小微企业创业创新示范基地 15 家。沈阳市有 481 家企业申报高新技术企业认定，民营企业占比超九成。鞍山科技型中小企业达到 300 家。丹东高新技术企业达到 170 户。通过以创新融合发展为重点加快新旧动能转换，民营企业为实现辽宁高质量发展落实赶超提供了有力支撑。

依托民营企业项目建设壮大区域经济，以供给侧结构性改革推动民营企业创新发展，推进辽宁天工半导体、沈阳富创集成电路装备等首批 110 个高质量发展项目建设。阜新伊利乳业、豪唐纸业、东北制药、禾丰牧业、丹东康齿灵牙膏等特色消费品和“三品”工程发展进展顺利，有效补齐消费品产业短板。辽西北地区进一步加大工业突破力度，辽宁比科汽车用动力锂电池（组）总成系统、凌源石墨烯新材料产业园、阜新德尔汽车电液泵、富国皮革、正远食品、三河新材料、力劲智能铸造、中褚钛业技术改造等项目通过延伸面向腹地的产业和服务链，形成带动区域发展的增长节点。

积极参与混合所有制改革。发展混合所有制经济是引领辽宁供给侧改革的关键因素，是民营企业参与混合经济发展的时代要求。2019 年，辽宁省出台《加快推进全省国有企业混合所有制改革实施意见》。沈阳、大连产交所网站等平台推介省属企业 52 个混改项目，激发辽宁转型发展的内生动力。鞍山市出台《关于促进民营企业改革重组的实施意见》，支持民营企业上大船重组。央企正华集团注资 305 亿元与海油集团混改等进展顺利，有效促进二者的融合发展。

（二）融资途径不断拓宽

辽宁各级政府和金融管理部门对民营企业融资问题高度重视，一系列利好政策纷纷出台。2019 年，财政厅省市共同出资组建 5 家科技融资担保公司，新增 190 亿元融资担保规模，准入合作机构 36 家，覆盖全省 13 个市；再担保业务实现零的突破，累计开展再担保业务 16.3 亿元，再担保户数 1543 户，其中单笔 1000 万元以下的项目占比为 99%，单笔 500 万元以下的项目占比为 81%，加大对小微企业的信用贷款的发放力度，助力小微企业发展。沈阳市通过深化投融资体制改革，成立100亿元政府投资引导母基金，引导设立专项投资基金达到19只，累计投资企业49家，在决策模式、治理结构等方面形成了辽宁省引领性的制度成果，有力支撑了实体经济发展，助推了产业转型升级。鞍山市创新建设“鞍山金融信用服务平台”，设立应急转贷资金，帮助中小微企业实现融资突破100亿元。安排资金3.3亿元支持民营企业发展，对全市659家规上企业、484家限上企业实现包保全覆盖，解决各类问题115个，并成功入选财政支持深化民营和小微企业金融服务综合改革试点城市。本溪鼓励金融机构对民营企业贷款连续三年年增100亿元。到2019年10月末，本溪市小微企业贷款比年初新增86.8亿元，融资难的问题得到有效缓解。盘锦市全年召开产融供需对接活动20余次，组建市融资担保集团有限公司帮助企业提升融资增信能力。截至2019年10月末，全市金融机构存款余额达到2157亿元，同比增长21.7%；各项贷款余额达到1113亿元，同比增长16%，其中，用于民营企业贷款余额为448.7亿元，同比增长7.73%。

民营企业融资方式日趋多样化。持续改善融资环境，创新适合小微企业的信贷产品，打破传统的以抵押担保为风险控制手段的信贷模式。省金融监管局为7家民营企业实现资本市场融资20.64亿元。省邮储银行开展“百亿送贷行动”，加大倾斜力度，设置专项贷款规模、实现贷款投放90亿余元，涉及市场主体2.4万户。沈阳盛京基金小镇进驻机构25家。依托多层次资本市场建设，芯源微电子成为辽宁首家科创板上市公司。

推广应用“普惠金融企税银综合智能服务平台”。通过“银企互动”架设以“信”养“信”的桥梁，帮助企业以“信”换“贷”，引导企业守法经营、诚信纳税。不断贷、不抽贷、简化放贷手续，最大限度减少企业抵押和“过桥”费用，促进实体经济发展。截至2019年第三季度，全省银税互动实现企业贷款总金额498亿元，其中小微企业贷款261亿元。大连市依托市公共资源交易平台创新搭建融资服务平台和电子保函系统，为投标企业全程在线办理投标贷、中标贷和交易贷，实现融资授信10亿多元，投标电子保函9000笔，金额近15亿元。银企共同体有效推动区域内形成良性互动、合作共赢的发展新格局。

（三）营商环境不断优化

民营经济发展及民企活力的释放，离不开政策红利。地方各级政府纷纷释放支持实体经济、民营企业发展的强烈意愿，不断拓展民营经济的发展空间。大连出台了《关于营造企业家健康成长环境弘扬优秀企业家精神更好发挥企业家作用的实施意见》和《大连市关于扶持企业发展激发经济活力提升经济发展质量的若干政策措施》，民营经济发展活力不断增强。鞍山市、营口市立足打造国内最优营商环境，引进毕马威企业咨询有限公司全面评估营商环境。鞍山市还制定出台优化营商环境 80 条、构建亲清新型政商关系办法等一系列补齐制度短板的纲领性、指导性、创新性文件。

推进“证照分离”改革。在全省对第一批 106 项改革事项深入推进“证照分离”，使企业办事更便利、预期更稳、信心更足。税费一厅式实现“首问首办”，减少流转环节 20 个，压缩审核审批时限 38%，即时办结率超过 90%；推进网上办税、自助办税，在城镇银行、农村政务中心等地布设自助办税终端。沈阳市在实现企业办理工商登记、刻制印章、申领发票 3 个环节不超过 3.5 个工作日的基础上推进政务服务标准化建设，审批事项总数削减 82.7%、承诺时限削减 24%。推进“一事一网一窗一次”改革，搭建市区两级一体化政务服务平台，在 56 个社区试点“全市通办”。大连对 107 项行政职权进行调整，其中取消 27 项、增加 23 项、承接 40 项，最大限度地激发市场活力。鞍山取消调整 329 项行政职权事项，全面实施“2370”改革，纵向压缩、横向整合审批流程，工程建设项目审批总体时限压缩至 70 个工作日以内，企业开办审批实现一天办结，审批速度达到全国先进水平。抚顺市涉企行政执法检查减少 42%，“码上服务”全省开创先河。本溪一体化在线政务服务平台与省“互联网 + 监管”系统对接，实现政务服务事项全覆盖，网上可办率达到 100%。盘锦聚焦“办事不求人、办事要快捷”，深化“一网一门一次”改革，全市 600 个高频事项实现“最多跑一次”，6500 个政务服务事项实现“不多跑一次”，企业开办时限压缩 50%，一般工程建设项目审批阶段时限缩减至 50 个工作日以内。营口市本级“马

上办”事项319项，“网上办”事项1334项，“就近办”事项82项，“一次办”事项1373项，“一门办”事项400余项，100个高频事项实现“最多跑一次”。阜新调整行政审批事项346项，加快“三集中、三到位”步伐，全面推进“一网、一门、一次”改革，100个高频事项实现“最多跑一次”。朝阳取消下放行政职权1121项，成为省内市级行政职权最少的市。政务服务事项网上可办率达90%，市本级92%的行政职权事项实现一门办理。通过各市坚决有力的“证照分离”措施，各地市场准入进一步放宽，市场活力得到有效激发，有力破解“办照容易办证难”“准入不准营”等突出问题，让企业得到切实获得感。

深化“商事制度”改革。持续改善政务环境，营商环境进一步优化。企业登记实名验证实现全国统一的身份联网查验功能。沈阳市深化工程建设项目审批制度改革，联合审图、验收平台上线运行。推行证照分离等改革举措，企业登记、变更、注销更加快捷。强化事中事后监管，全面启用“双随机一公开”监管综合执法平台，建立信用约束机制。营口市线上企业服务平台正式运行，让企业足不出户即可自主申报，被评为“中国（区域）最具投资营商价值城市”。铁岭市被国务院认定为“深化商事制度改革成效显著、落实事中事后监管等相关政策措施社会反映好的地方。”

（四）创新成果不断涌现

完善区域科技创新体系建设。优化制度创新供给，厘清市场和政府关系，完善创新的制度保证。出台《科技助力民营企业创新发展若干政策措施》和《辽宁省民营科技企业梯度培育工程实施方案》，加大科技型企业培育力度，着力促进民营科技型企业创新发展。出台《辽宁省新型创新主体建设工作指引》，明确瞪羚独角兽企业、新型研发机构等新型创新主体的发展目标、功能定位、政策扶持等内容，通过推动市场驱动下的制度创新，促进民营经济实现创新发展。2019年，辽宁科技型中小企业注册数突破6000家，培育瞪羚独角兽企业134个。

深入实施创新驱动战略。推动新旧动能转换，从“重视数量”转向

“提升质量”，进一步培育创新产业链，用科技创新促进产业结构升级。

加快发展高端装备制造业。起草了《辽宁省氢能产业发展规划》《辽宁省冰雪装备器材产业发展规划》，认定2019年度省级服务型制造示范企业、示范项目、示范平台范围。落实新一轮智能升级计划，东软医疗PET－CT被列为国家高端医疗装备示范应用项目。沈阳海默数控机床有限公司企业研发及制造水平已跻身国内领先、国际先进行列。新松、格微入选工信部制造业与服务业融合发展试点示范。鞍山福鞍燃气轮机成为国家能源局首批燃气轮机创新发展示范项目。

着力提升企业创新能力。强化创新龙头企业引领，发挥企业在创新系统中的主体作用。沈阳高新技术企业达到1600家，3家企业获评国家首批“专精特新”小巨人企业，企业研发投入占全社会研发投入比重达到55.8%。抚顺高新技术企业达130家，注册入库国家科技型中小企业共计193家。鞍山市前三季度新增高新技术企业23家，高新技术产品增加值增长5%，科技成果转移转化项目56项。营口市全年新增国家级高新技术企业50家。阜新新申报高新技术企业15家，科技成果转化32项。东软医疗牵头组建了省级高端医学影像装备创新中心。沈阳集成电路先进硬掩膜薄膜沉积、多材料车身轻量化等一批关键技术取得突破。抚顺科诺碳纤维、中科北方SC35高性能碳纤维、鞍山科兴半导体芯片基底材料（SOI）等一批重点新材料产业项目陆续开工建设。鞍山七彩化学和亚世光电成为今年全省仅有的两家主板新上市企业。本溪龙山泉啤酒公司、辽宁民盛橡塑机械公司和辽宁东铄新材料公司3家企业技术中心升为省级。通过龙头企业引领、大中小企业共存，区域内易于形成创新成果大量涌现的创新共同体，从而打造创新型经济格局。

加快发展战略性新兴产业。着重将技术渗透强、高附加值的战略新兴产业作为区域新的经济增长点，加快科技创新步伐，推动成果产业化，增强区域核心力。大力发展工业互联网，两化融合发展持续深入。出台数字经济发展三年行动计划，华为VR云创新中心、腾讯云启产业基地、阿里云创新中心等创新平台纷纷落户，东软集团“辽宁省区块链技术创新中心”获批。

东软汉枫项目获第二届“绽放杯”5G应用征集大赛全国一等奖。鞍山星空钠电自主研发的世界首条钠离子电池生产线投入运行。

培育创新产业集群。2019年，辽宁明确创新主体，支持更多民营企业走“专精特新”之路，不断提升核心竞争力，打造高质量的产业集群。省财政下达中央专项资金1.6亿元，支持中小企业转型升级。机器人及智能制造产业入选国家先进制造业产业集群，生物医药和健康医疗产业集群获批国家级创新型产业集群试点。2019年前三季度，机器人、航空、生物医药产业产值分别增长10%、7%、18%，新兴产业产值占规上工业比重达到25%。

（五）减税降费不断推进

2019年，辽宁强化逆周期调节，不断推进减税降费，助力经济高质量发展，积极效果不断显现。制定“1+N”工作实施方案，出台指导性落实措施70余条，精准推进政策落实落地。通过扎实推进清理拖欠民营企业中小企业账款工作，全省清偿进度达到52.2%。2019年1~9月（税款所属期），全省累计新增减税降费500.7亿元，其中，减税410.1亿元，社保费降费90.6亿元。小微企业普惠性减税政策，实现新增减税63.7亿元，惠及企业104.1万户；个人所得税专项附加扣除政策，实现新增减税10.6亿元，惠及166.2万纳税人；深化增值税改革政策，实现新增减税169.5亿元，惠及企业28.8万户；民营经济已经成为减税降费的最大受益者。

各地全面落实减税降费。在经济形势复杂多变的情况下，精确落实减税降费政策可充分发挥逆周期的调节作用，更直接有效地惠及企业及广大纳税人。鞍山强力清理拖欠民营中小企业账款16.89亿元。抚顺市加快落实更大规模减税降费措施，深入推进历史遗留问题专项行动。广泛搭建银企、产销、用工、产学研对接平台，鼓励民资进入基础设施、公共服务等重点领域。减免企业税费近10亿元；清理拖欠民营中小企业账款1.9亿元，位列全省第二；清退涉企保证金3.9亿元。本溪将各项减税降费政策落实到位，全市清偿拖欠民营企业中小企业账款2.49亿元。营口制定实施支持实体经济发展25项政策举措，重点加大减税降费力度，全年减少企业负担30.5亿元。盘锦落实支持民营企业发展28条政策惠企业、激活力，清理拖欠民营企业中小企业账款28亿元，为民营经济发展营造更好的发展环境，稳定经济发展预期。

二　辽宁民营经济发展升级的瓶颈及问题

尽管辽宁民营经济已成为经济发展的重要支撑，但仍受制于其天然的滞后性，整体实力始终不强。新常态下，经济从高速增长转为中高速增长，民营经济发展也遭遇严重的发展困境：融资难、创新能力不足，亟待调整结构、转变增长方式等。

（一）整体实力不强

通常而言，民营经济增加值所占GDP比重是衡量区域民营经济发展水平的一个基本指标。区域增长极经验表明，民营经济越发达，区域经济增长越快。

从可获取的数据上看，2018年，浙江省民营经济增加值占GDP的比重为65.4%，江苏省为55%，山东省、广东省均为50%以上，民营经济是区域经济增长的最主要贡献者；而同期辽宁省民营经济增加值占GDP的比重仅为45%，差距显而易见。

一年一度的全国民营企业500强排名也是反映地区民营经济整体发展的重要参考。2019年，尽管辽宁省入围企业数量有所增加，但总量与发达省份相比依然落后：浙江省入围92家，江苏省入围83家，山东省、广东省分别入围61家、60家。辽宁省仅入围11家，省内排名第一的大商集团有限公司位列榜单第13，省内排名第二的大连万达集团股份有限公司位列总榜单第24。从上榜企业主导产业类型分布上看，产业单一，企业劳动密集型产业集群化转移进展缓慢，依然以传统产业为主；多集中于石油加工、炼焦和核燃料加工业、黑色金属冶炼和压延加工业等，整体供给水平还不够高；以微电子、信息产品制造业为代表的技术密集型产业少而不全，生产性服务业发展相对滞后，结构性矛盾较为突出。

（二）融资约束依然存在

尽管各级政府采取各种手段积极化解“融资难”“融资贵”的问题，调研发现，部分民营企业反映融资政策依然难以落地执行，原因如下。

从全省金融领域上看，2019 年，部分地方中小银行机构风险压力依然较大，个别城商行、农信社、村镇银行隐性不良率较高、不良数额大、风险较大。盛京银行、锦州银行受天津渤海钢铁债务违约影响余波未平，丹东银行、铁岭银行不良贷款率高，潜在风险较大。而金融市场对地方中小银行信心不足，同业业务、票据业务受限，流动性风险极易蔓延。全省农合机构中 60% 以上为高风险机构，部分村镇银行资本明显不充足。这就直接导致银行贷款投放越发谨慎，对民营经济融资造成不良外部影响，融资难度及渠道都在加大。

从企业自身来看，辉山乳业、兴隆大家庭、盘锦和运集团等企业债务规模较大，涉及债权银行数量较多且已出现逾期、欠息等情况，实体企业债务违约风险突出。规上企业的资金缺口尚难以补齐，中小企业的境遇可想而知。鉴于此，中小企业的实际融资成本目前为 10% ~15% 。

此外，地方中小银行的无序竞争，银行信贷融资成本依然较高。从融资结构上看，企业融资仍以银行信贷为主，直接融资比例极低。2019 年前三季度，银行信贷占社会融资规模比重达 127% ，而银行表外融资、直接融资等非信贷融资合计为负增长。这就从侧面表明民营企业可以利用的直接债务融资工具较为有限，通常财务负担较重，大量利息等待支付。

（三）创新能力不足

尽管辽宁各级政府意识到科技创新的差距与不足，但创新政策上下整合不足，配套性跟不上时效性。科技创新和经济发展相游离、平台牵动效应不突出等问题始终存在。从创新主体上看，辽宁科技型企业数量明显偏少，难以集中资源和力量攻坚克难。传统支柱产业缺乏自主技术、自主品牌和自主销售渠道，还处于分工固化的标准化制造环节，多呈现“油头大、化身小、产业链短、附加值低”的结构状况，企业研发能力不足，科技成果转换效率较低。当前，全省高技术产业仅占规上工业的7%左右。从企业自身来看，企业往往存在“小富即安”的心理，合作意识不强，企业中长期规划不明，缺乏开疆辟土的勇气和魄力。同时，由于民营企业用人成本相对较高，平台共享机制匮乏，人才培育、技术积累难以形成创新保障。

三　辽宁民营经济发展面临的挑战及机遇

（一）挑战

2019年，国际贸易紧张局势波谲云诡，中美贸易摩擦持续升级，全球经济贸易增速显著放缓，主要经济体经济增速普遍回落是基本趋势。投资信心指数（Sentix）创下近七年新低，市场信心的先行指标持续回落，国际组织纷纷下调对全球经济增长的预期。不稳定、不确定因素增多，在全球经济高度融合的情况下，任何一个独立经济体都无法独善其身，全球性的经济增速强势回升可能难以实现。

从国内来看，2020年是“十三五”的收官之年，国内经济进入高质量发展阶段，经济下行压力依然较大。与此同时，全面深化改革进入攻坚期和深水区，2019年国内经济增长呈逐季递减之势。2020年伊始的新冠肺炎疫情直接导致国内需求和生产骤降，“三驾马车”均受到明显冲击，国内经济下行压力更大，外部发展环境也会更差。工厂复工延迟、企业停工减产，民企受到疫情的冲击首当其冲。尽管部分行业企业复产、复工，但辽宁民营企业多处于产业链末端，既要承受上游行业的用工短缺影响，又要面对原材料短缺、消费需求下降、现金流断链等多重因素影响。特别是在全面复工前景不明的前提下，九成以上中小企业需要正常承担人工、租金等固定成本；从前的资金用于扩张生产，“黑天鹅”却不期而至，现金流消耗殆尽，中小企业的艰难可想而知。

（二）机遇

根据 IMF 的分析报告，2020 年世界主要经济体的增长步调或有分化。法国、意大利经济增速缓慢回升或使欧盟触底反弹，其他新兴经济体或受益于经济刺激政策，中美经贸磋商已取得阶段性进展，这些都会对全球经济发展形成一定支撑，毕竟市场没有永恒的低谷。从国内来看，经济长期向好的基本面没变，稳中求进依然是经济工作的总基调。继续推进供给侧结构性改革、实施宏观调控逆周期调节，国内将迈入以改革求突破、以创新求发展的关键时期。2020 年，辽宁继续主动适应高质量发展的内在要求。“十三五”时期，辽宁已全面完成了“三去一降一补”的重点任务，供给侧结构性改革取得积极成效。营商环境持续优化，为民营企业发展营造更优的法治、竞争和准入环境。民营企业也会紧抓时代机遇和政策红利，坚定企业家发展信心，不断修炼内功，进一步发挥企业微观主体的能动性。通过构建现代化经济体系，倒逼民营企业创新驱动发展，积极发展智能制造，实现产业智慧化和产业融合化，推动实现新旧动能转换。历经疫情冲击，部分行业企业有能力、有动力激发新的增长点，化危为机，修炼内功，继续发挥辽宁省在医药、生物智能等领域的创新领先优势，从而逐步实现辽宁民营经济整体实力的不断提升。

四　促进辽宁民营经济发展的对策建议

时代赋予民营经济新的历史使命，辽宁高质量发展也对民营经济作用的发挥提出更高的要求。对此，提升民营经济发展质量、壮大民营企业整体实力，可从以下几点发力。

（一）进一步打造促进民营经济发展的良好环境

立足体制机制改革、着力创造促进辽宁民营经济发展的营商环境。以全面深化改革为重点，协调并处理好政府和市场的关系。完善营商环境制度，落实政务公开政策，优化经济发展环境，提供制度及政策依靠，通过明确分工、夯实责任、强化问责，为营造良好的营商环境打造制度遵循。推进在线政务服务平台建设，打造“一体化在线政务服务平台”，促进省级平台与国家平台的政务服务事项同步改造和深入对接。聚焦企业群众“办事难、办事慢、多头跑、来回跑”等突出问题，推进简政放权，为各类市场主体提供高效的政府服务，保障各类市场主体皆可依法平等进入市场的权利。全面贯彻落实国家各项惠企政策，通过资金支持、税费减免、互联网金融模式创新等多种手段加大对中小企业的帮扶力度，助力中小企业共克时艰。

（二）降低民营企业生产经营成本

全面掌握税费源情况，强化收入督导。继续执行“1 + N”工作实施方案，完善退税机制，及时为小微企业办理退税。政府要针对全省制造业、民营经济、纳税人获得感等多维度，全面反映减税降费对稳增长、促改革、调结构的影响，着力加强税负变化分析，帮助企业算好收益账，从而进一步减轻税负，促进资本回流、扩展税基。进一步尝试探索降低增值税的税率，扩大增值税抵扣范围，让中小企业感受到实实在在的优惠力度。进一步降低企业所得税。放宽企业所得税优惠的企业标准，加大“小型微利企业所得税优惠政策”的宣讲力度，强化企业所得税汇算事前、事中、事后管理。降低企业融资成本，严禁违规增加收费项目，降低中间环节费用，规范服务收费项目，提升企业市场竞争力。

（三）提升金融服务实体经济的质量和效率

多措并举深化金融服务。优化金融环境，搭建小微企业金融服务基地综合平台和企税银综合智能服务平台，着力解决小微企业融资“痛点”和

“难点”问题。制定防范化解金融风险攻坚战三年行动实施方案，持续完善风险防控。加强对重点企业名单制管理，完善风险研判、风险防控协同机制，推动形成地方政府、银企、监管、司法和新闻媒体等多部门共同参与的风险联动处置机制，进一步扩大资金供给，在资金供给、产品创新应用以及民营企业等重点领域给予更多金融支持，提升企业利用多渠道融资的能力。

（四）以创新推动民营企业转型升级

传统经济增长方式和动力已无法适应新常态发展需要，面对经济下行的压力，辽宁必须把握经济发展质量，在产业转型升级的同时加强创新技术研发，加速科技成果转换。辽宁民营企业的转型升级要更加注重创新驱动，注重创新在企业发展中的带动作用，培育壮大科技型中小企业规模。民营企业特别是科技型中小企业要深耕信息技术、智能制造、新能源、新材料、生物医药等传统优势产业和战略新兴产业，遵循产业规律，将创新与传统合二为一，促进企业升级转型。实施新兴发展战略，推动产业布局优化，实现民营企业的高质量发展。

参考文献

曹立等《加快推动民营经济高质量发展——关于江苏省民营经济发展的调查与思考》，《江苏社会主义学院学报》2019 年 11 月。

郭敬生：《论民营经济高质量发展：价值、遵循、机遇和路径》，《经济问题》2019 年 3 月。

刘佳杰：《东北三省民营经济发展现状及展望》，《2019 年东北经济形势分析与预测》。

孙敬红：《新时期促进民营经济健康发展的政策建议——以广州市为例》，《财经理论研究》2018 年 5 月。

B.7

2019年辽宁财政运行分析、展望及政策建议*

郭　矜**

摘　要： 2019年，辽宁省财政收入增速放缓，财政收入面临较大压力，财政支出保持刚性增长态势，财政运行总体平稳。2020年伊始的新冠肺炎疫情及其防控工作进展对经济的影响不容低估，需要政府做好特定宏观政策来应对疫情对经济的短期冲击。2020年应继续坚持提质增效的积极财政政策，在合理评估政策效果的基础上，不断完善减税降费政策；不断深化省以下财政体制改革，激发县乡活力；加强地方债管理，防范重大财政风险；将现代财政制度与财政政策改革相结合，推进国家治理体系和治理能力的现代化。

关键词： 财政收入　减税降费　积极财政政策　支出结构

一　2019年辽宁财政运行分析

（一）财政收入增速放缓，收入增长面临较大压力

2019年辽宁省一般公共预算收入达到2652亿元，同比增长1.4%，考

* 本文是2019年度辽宁社会科学规划基金一般项目（L19BJY002）“公共财政视角下的辽宁县级财政收支矛盾问题研究”阶段性研究成果。

** 郭矜，辽宁社会科学院经济研究所副研究员，经济学博士，研究方向为财政理论与实务。

虑到政策性减收因素，同比增长11.9%。其中各项税收收入1929.2亿元，同比下降2.4%。图1显示了2019年1～12月辽宁省一般公共预算收入的同比增长情况（与2018年相比较）。总体上看，除了年初增速略有上升外，全年同比增速呈下滑趋势。2019年辽宁省一般公共预算收入压力明显加大，年底增速为全年最低。

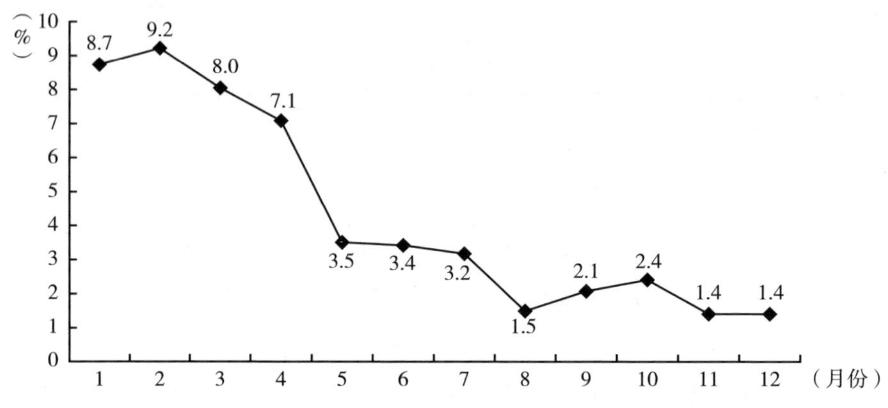

图1　2019年辽宁省一般公共预算收入同比增速

资料来源：辽宁省统计局网站。

回顾2015～2019年，辽宁省公共财政收入与税收收入情况如表1所示。2019年辽宁省公共财政收入占全省GDP比重与2018年相比略有上升，这在贯彻落实各项结构性减税和普遍性降费政策的背景下实属不易。

表1　2015～2019年辽宁省公共财政收入与税收收入情况

单位：亿元，%

类别	2015年	2016年	2017年	2018年	2019年
公共财政收入	2125.6	2199.3	2390.2	2616.0	2652.0
公共财政收入占全省GDP比重	7.40	9.97	9.98	10.33	10.64
税收收入	1650.5	1687.4	1812.0	1976.0	1929.2
税收收入占全国税收收入比重	1.49	1.45	1.25	1.26	1.22

资料来源：辽宁省历年统计公报。

（二）财政支出保持较高增速，支出呈现刚性特征

2019 年，辽宁省一般公共预算支出达到 5761.4 亿元，比上年增长 7.9%。其中教育支出 702.7 亿元，同比增长 7.5%；住房支出 188.8 亿元，同比增长 25.1%；卫生保健支出 363.9 亿元，同比增长 5.8%；节能环保支出 129.2 亿元，同比增加 37.2%。

图 2 显示了 2019 年 1～12 月辽宁省一般公共预算支出同比增长情况。总体上看，全省一般公共预算支出增速一直高于一般公共预算收入增速。

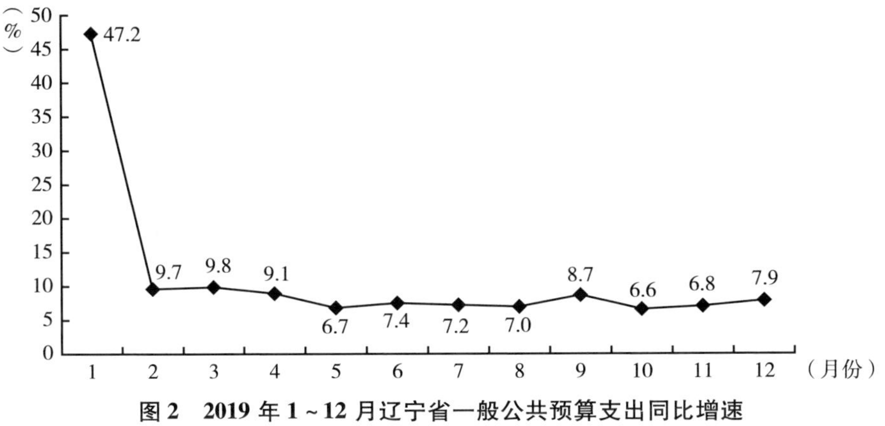

图 2　2019 年 1～12 月辽宁省一般公共预算支出同比增速

资料来源：辽宁省统计局网站。

2019 年，辽宁省不断优化财政支出结构，全年共压缩一般性支出 11.7%，做到了集中财力保民生，全年民生支出占财政支出的比重达到 72.7%，省政府工作报告确定的 10 件民生实事所需资金全部兑现。回顾前三季度，民生支出中教育、城乡社区、农林水利、健康等领域支出增长十分明显，分别增长 14.0%、18.8%、10.3%、6.2%。全面落实了基本医疗、最低生活保障、就业、创业等基本政策。

（三）财政运行总体平稳

2019 年，辽宁省财政整体运行是平稳的，财政收入承受压力较大的原因主要有两方面。一是经济增速放缓。国内经济整体放缓，必然会给财政收

入增长带来不利影响。2019 年我国国内生产总值同比增长 6.1%，可以说在较高基数上保持中高速增长是极为不易的，反映了经济稳中求进的特点。二是减税降费对财政收入有较大的影响。2019 年辽宁省落实减税降费政策近 700 亿元，其中减税 523.9 亿元，降费 171.9 亿元。具体来看，辽宁省第一季度税收收入为 553.9 亿元。其中增值税增长 12.1%，比上年同期回落 5.4 个百分点，个人所得税下降 34.3%，比上年同期回落 53.7 个百分点；上半年税收收入为 1052.5 亿元，同比下降 0.5%；第三季度税收收入 1503.2 亿元，同比下降 1.8%；前 11 个月全省新增减税降费规模共计 588.9 亿元，其中，新增减税规模 475.8 亿元，新增社保费降费规模 109.1 亿元，新增行政事业性收费及政府性基金降费规模达 4 亿元。此外，房地产在辽宁省经济增长中的地位与作用逐渐削弱，也导致土地出让收入增速降低。为了尽量将减收的影响最小化，全省财政部门通过压缩一般支出、盘活存量资产等方式确保全省经济平稳运行。

财政支出保持较高增速是财政政策提质增效的具体体现。在财政收入承压的情况下，一般性预算支出被压缩，财政支出总额保持增长，体现了财政政策逆周期调节的要求。

二　2020年辽宁财政运行展望

2019 年是我国全面建成小康社会的关键之年，也是新中国成立 70 周年。2020 年伴随着以增值税为主的更大规模减税工作的推进，收入下行、支出上行的压力仍然突出，国家宏观整体经济增速下行概率提升，保持财政经济平稳运行的难度也会加大。

2020 年伊始，新冠肺炎疫情及其防控工作的进展和成效对我国经济的影响不容低估。短期来看，疫情对经济的影响可能是阶段性的、暂时性的；长期来看，疫情并不会改变我国经济长期向好的基本面。这次疫情可能使辽宁省经济遭受短期内的显著下行，表现为企业经营压力加大，减产与裁员直接导致失业率提高，进而引发一定范围内的系统性风险。

在宏观债务率偏高的背景下，可能引发实体经济下滑与金融市场收缩的自循环。随着逆周期宏观政策的持续发力，经济增速将不断提高，2020年辽宁省经济将呈现出前低后稳的基本态势。

2020年辽宁省的财政工作应以党的十九大和十九届二中、三中全会精神为指导，全面落实省委、省政府“重实干、强执行、抓落实”的各项任务，积极推进财政政策提质增效、重点支出保障有力、财税改革不断深化，为全省经济运行提供强有力的保障。

（一）疫情对辽宁财政运行的影响

政府采取限制措施并干预经济社会活动，导致人员流动、物资流动和资金流动的萎缩从而引起需求紧缩；在供给方面，企业停工减产，制造业、房地产、建筑业和金融业等短期投资基本停滞，引发生产与投资规模骤降。供给与需求方面呈现出的双向明显下滑将直接导致税基下降。加之政府对受疫情影响较大的行业企业实施减税降费政策，所以预期辽宁省的财政收入在2020年第一季度与第二季度会比往年同期有明显下降，财政收入的减少和相关财政支出的增加将扩大财政收支差额。

（二）财政收入展望

2019年辽宁财政收入虽然承受一定压力，但随着积极财政政策的作用逐渐释放，可以预期2020年全年辽宁财政收入仍可以保持稳定增长。这是因为一方面随着宏观经济日趋稳定，财政收入的支撑力不断增强。另一方面减税降费政策已经开展了几年，特别是2018年与2019年辽宁省减税降费规模迅速扩大，政策合力进一步释放，政策滞后反应会带来更大财政收入增长的基数，加之扣除物价增长，真实的财政收入增长处于很低水平。另外，个人所得税补缴税款可能会带来税收收入一定程度的增加。对于辽宁省2020年的政府性基金收入，预期不会有太大提高，这是由于房地产行业定位的变化，土地出让收入难以有大幅度增长。

2019年10月国务院明确要求对制造业重点行业增加研发费用扣除比

例。且个人所得税综合与分类结合改革将在 2020 年迎来第一个申报期，综合所得的汇算清缴对个人所得税的影响值得关注。

在中央与地方财力格局保持基本稳定的政策导向下，可以预期辽宁地方收入分配格局不会产生太大的变化，针对财政运行中可能遇到的困难，中央财政仍然会通过财政转移支付加以调整。

值得注意的是，自我国 1994 年分税制改革以来，全国范围内税收收入增速超过经济增速的现象已经在 2013 年出现转折，即这种税收收入增速低于经济增速已经成为常态。随着减税降费政策的实施，2020 年及以后税收收入增速仍然会低于经济增速，减税效果继续显现。

（三）财政支出展望

2020 年可以预期辽宁省财政支出将继续保持高于财政收入的扩张力度。2020 年是全面打响三大攻坚战的最后一年，精准脱贫、污染防治、防范化解重大风险攻坚战均离不开强有力的财政支持，我国将更加注重高质量发展。随着社会保险基金预算收入中来自财政补贴的金额越来越多，一般性支出压缩空间越来越小，预计 2020 年辽宁省一般性支出压缩的上限为 15%，部分项目支出会有一定调整，但财政政策仍以扩张性为主，提质增效的积极财政政策仍需要坚持。

在收支压力下，财政赤字扩大是不可避免的。应突破所谓“3% 警戒线”的约束，将防范财政风险落到实处。提高财政赤字率对于规范发展政府和社会资本合作（PPP）而言有益。PPP 野蛮式发展的部分原因是一些地方财力不足，进而采取了不规范的融资方式，但也损害到 PPP 的规范发展。

三　财政改革的政策建议

（一）积极财税政策提质增效，为抗击疫情注入力量

短期来看，在辽宁省经济下行的约束条件下，应充分考虑市场出清的作

用，继续坚持积极财政政策，政策干预应致力于社会公平与稳定，适时推出针对相关行业的救助方案；从中长期来看，若疫情持续三个月以上，大部分企业将面临更大压力，这要求政府从经济与金融稳定的角度做好防范，出台新的财税政策工具。具体来说包括以下措施。

第一，减税降费。2020 年 2 月 18 日，国务院为了减轻疫情对企业的影响、延长企业恢复期，对于除湖北外的各个省份，大型企业减半征收 2 月到 4 月的企业养老、失业等单位缴费，中小企业则免征 2020 年上半年的企业养老、失业等单位缴费。3 月 3 日的国务院常务会议还指出要阶段性加大减税降费力度，包括在一定期限内继续实施大宗商品仓储用地城镇土地使用税减半征收政策；6 月底前免收进出口货物港口建设费并降低港口设施保安费等收费标准；6 月底前减半收取货车滞留、铁路保价、集装箱延期使用等费用。辽宁应加快落实积极财政政策，对于受疫情影响较为严重的行业，如对住宿、旅游、餐饮、民航、公路客运、出租汽车、水路客运等行业减免上半年的增值税、土地使用税、房产税，并降低所得税税率，减轻行业负担；为了减缓企业压力，社保、医疗、养老缴费率可适当降低 1 ~ 2 个百分点，纳税申报可以适时延期，在疫情解除后进行补充申报，开放企业税费减缓的绿色通道；对参与捐赠的企业与个人行为给予所得税抵扣政策，鼓励社会捐赠；疫情结束后，出台促进消费的财税政策，以促进服务消费的恢复。

第二，加大财政补贴力度。从政策效果来看，财政补贴较之减税降费更为直接。对于生产防控疫情相关物资的企业可以给予直接财政补贴，如对企业的资金链、设备投资额进行一次性补贴，从而降低企业复工成本、维持就业稳定；对于疫情防控期间执行交通运输工作的物流企业要给予财政补偿；对受疫情影响严重的企业新增贷款给予财政贴息或融资担保费补贴，充分发挥财政政策在稳定企业资金链方面的关键性作用。

第三，优化财政支出结构。应对疫情公共危机事件要适度扩大财政支出总量，建议不要死守 3% 的底线。目前辽宁省的新冠肺炎疫情还没有达到需

要大幅度提高财政赤字率的程度，政府可以根据需要适当提高财政医疗卫生支出的占比。如加大疫情相关财政支出，给予从事一线医疗医药、疫情防控等特殊人群特别支持。在特殊阶段，抗击疫情支出的重要性应该排在“三保”支出之前，其他支出应该位居其后。

第四，加快落实地方债向基建领域的投放进度。受疫情影响，专项债对基建领域的资金进度有所放缓，待疫情有所缓解，应加快落实地方债向基建领域的投放进度，尤其是加快专项债的发行进度，使基建托底作用尽快凸显，以刺激需求、稳定就业，提高潜在经济增长率。与之相配合的货币政策应更加注重结构性调整，增加降准次数并提前降准时间，提高资金的市场流动性，给予特殊时期还本付息延期支持，为企业恢复生产提供资金保障。

第五，落实以县域为单位的分类防控措施。加强财政对辽宁省贫困县、贫困人口的精准扶贫力度，鼓励各个县根据实际情况细化分类防控措施，科学评估疫情对脱贫攻坚的影响，落实以县域为单位的分类防控措施。在此过程中，既要看到向下分权的必要性，也要坚持中央、省级财政的协调统一。中央已有文件指出要提高地方财政留用比例，即从 3 月至 6 月底，在已核定的各省份当年留用比例的基础上统一提高 5%，全部留给县级使用。

第六，建立财政疫情事前、事后防控保障机制。建立财政专项公共卫生健康疫情“救扶资金”，专门用于疫情事前和事后防控工作的各项支出。通过疫情防控使我们更加清楚地认识到，各级政府预算要进一步强化建立公共卫生健康领域专项预备支出，在第一时间确保疫情防控各项工作的顺利开展，以减轻过度依赖疫情防控的事中、事后财政支出。

新冠肺炎疫情防疫对经济的冲击需要足够重视，但制度优势是我国最大的优势，也是战胜疫情的根本保证。只要坚持科学防治、统筹实施，形成“市场与政府”的合力，就可以运用财税政策应对新冠肺炎疫情带来的经济冲击。

（二）将财政运行与建立现代财政制度紧密结合

2019年党的十九届四中全会通过的《中共中央关于坚持和完善中国特色社会主义制度 推进国家治理体系和治理能力现代化若干重大问题的决定》，给现代财政制度的完善指明了方向。财政运行是推进国家治理体系和治理能力现代化的基础，2020年是“十三五”规划的收官之年，财政平稳运行对经济社会发展目标的实现具有非常重要的意义。考虑到国内外经济形势依旧复杂，财政运行还应充分考虑全球经济的因素，在全球化背景下制定合理的财政政策，并推进相应的改革。具体说，建立现代财政制度的目标之一就是建立有效的激励相容约束及预算硬约束机制，使地方政府行为更加符合中央政府预期。首先，贯彻落实国家“全面实施预算绩效管理”的具体实施办法。提高政府预算绩效管理能力，不断优化预算支出结构，提高财政资金使用效率，将全覆盖的预算绩效管理体系作为阶段性目标。其次，改变现有的预算编制方法，坚持零基预算理念。运用大数据系统分析部门支出规律，建立科学合理的项目支出标准体系，提高预算编制的科学性。最后，建立预算动态监控机制。依托全覆盖的预算绩效体系，建立预算监控机制并进行实时跟踪。推进绩效评价，将评价重点由项目拓展到管理和制度层面。建立绩效信息公开机制，扩大公开范围，推进预算绩效向纵深发展。

（三）积极财政政策中减税降费仍是主角

在当前国际国内错综复杂的经济背景下，加大减税降费力度，可以进一步激发市场活力、降低企业负担、促进经济高质量发展。对于减税降费政策，首先，应该将减税与税制改革协调起来。如增值税税率下调幅度不同，16%下降3个百分点，10%下降1个百分点，带来的进项税额下降相对较少从而税负上升问题，需要结合税制改革来加以应对。实现增值税税率三档合并两档，减少多税率所带来的增值税扭曲效应，从而最大限度地巩固政策效果。其次，减税降费政策的传导机制必须进一步畅通。积极的财政政策应加大创新力度，市场在资源配置中的决定性作用尚未得到充分发挥时，仍需要进一步畅通财政政策传导机制，让减税降费政策带来更多的市场活力，并与稳健的货币政策协调配合，确保市场上有充分的资金供应。再次，未来减税降费措施的着力点应更加精准。减税降费应聚焦增值税和社保费，并向劳动密集型的实体经济、小微企业、民营企业倾斜。重点评估减税降费政策对增加研发投入、扩大投资和促进消费等的作用，以此为基础对减税降费具体措施进行适时调整优化。最后，减税降费政策要处理好逆周期调节与中长期税费制度优化的关系。要将集中于解决短期、周期性问题的临时性大规模减税降费措施与着力解决中长期、体制性、结构性问题的永久性税费制度优化措施有机结合，提高各项政策之间的协调配合水平。此外，还要密切关注减税降费对基层财政的影响，针对不同县区制定不同应对方案，高度关注地方政府财税法治建设情况，避免出现增加社会非税负担和通过加强国有企业行政性垄断谋取超额利润的情况。

伴随着辽宁省未来支出刚性增长的态势和积极财政政策中减税降费力度的加大，收支矛盾进一步尖锐，财政风险无形中也会加大。因此，还须做好公共风险与财政风险的管理与权衡。政府拥有的资源流量及政府行为的可预见性有助于财政风险与公共风险的识别、确认和管理。

（四）加强地方债管理，防范重大财政风险

随着新《预算法》的实施，存量隐性地方债的显性化、地方债置换为地方债风险防范打下了坚实的基础。根据显性债务计算，赤字率和债务率都不是大问题，而隐性债务与或有债务才应该最受关注，充分发挥政府资产变现能力，发挥现金流、资产规模在地方债风险应对中的作用。存量地方债很难通过未来的地方收入流量来解决，可以考虑采取将当年地方债资金形成的地方政府资产变现的方式，为地方债偿还积极拓展有效的资金来源渠道。合理确定地方一般债券与专项债券的比例，高度防范专项债券一般化的风险，不能带来充分现金流的项目不宜通过专项债券进行融资。在

化解隐性存量方面，要坚持三个原则。第一，谁举债谁负责。做到谁借谁还、责任自担。对于政府与社会资本合作（PPP）项目，要按合同约定依法承担各自责任。第二，地方政府隐性债务需要协同推进。对于隐性债务的监管，需要在属地化原则的基础上，在地方党委领导下，由地方政府出面协调多个政府职能部门发挥各自的监管优势，实现基础信息共享、监管信息互联。第三，分类、分阶段逐步化解。不同类型的隐性债务成因不同，表现形式不同，债务期限、偿债方式等亦不同，隐性债务风险化解方式绝不能“一刀切”，要在相关的划分标准基础上给予各类别债务相应的处置方案。

地方政府隐性债务产生的根源在于财税、投融资及行政体制的不健全。因此，隐性债务风险化解的根本在于财税、投融资、行政体制的改革。只有从制度上消除隐性债务滋生的土壤，才能让隐性债务无处遁形。且隐性债务控制不能急刹车，允许地方保留一定程度的融资创新空间，否则风险防控可能引发更大的风险，所谓“堵不如疏”，应鼓励地方在合法合规的框架下大胆创新，推动地方经济社会健康发展。

（五）涵养税源、增收节支

未来一段时间，财政仍将面对“紧平衡”状态，在这种情况下，单纯靠扩大财政支出规模来实施积极财政政策是行不通的，必须坚持优化结构、向内挖潜、盘活存量、用好增量，确保财政的可持续发展。

在财政收入方面，当前的迫切任务就是在贯彻落实国家各项减税降费政策的基础上，充分整合资金挖掘收入潜力，深入开展税源调查，准确掌握重点税源企业情况，实现收入的应收尽收。对于税源的培养，要从调整产业结构入手，用好专项奖补资金，加快过剩产能出清。考虑到国有企业是辽宁省的经济命脉，所以要充分抓住东北全方位振兴和“一带一路”建设机遇，加快推进国有企业改革，通过产业结构优化升级来培养税源，达到增收的目的。

在财政支出方面，努力盘活存量资金，除刚性和重点支出外，一般性支出与三公经费要严格缩减，做到资源用在“刀刃”上，这也是“内涵式财政政策”的体现。首先，对教育、医疗、养老、社保等民生支出进行安全预测，注重政策的针对性和可持续性，集中财力保障中央重大决策部署落地，切实保障民生支出底线，落实“先生活、后生产”的要求，不折不扣地落实民生实事、保质保量地兑现承诺，不断提升老百姓的幸福感、获得感、安全感。其次，从供给方面切入，不断推动消费潜能的有序释放。具体包括：加大基础设施等领域补短板力度；支持产业结构调整与升级；综合运用政府投资基金、风险补偿、后补助等手段提升产业链水平，促进新产业集群培育和发展；支持推进乡村振兴战略，构建支持乡村振兴战略的财政政策体系；支持污染防治，统筹山水林田湖草治理等。

（六）深化省以下财政体制改革，激发县乡活力

在不断推进中央与地方事权、支出责任划分界限的同时，不断深化省以下财政体制改革进程，提升省以下地方政府抗风险能力，激发县乡财政活力，形成清晰框架，强化政策叠加效果；牢固树立底线思维，把“三保”作为重大政治责任，确保基层财政平稳运行。对于出现“三保”不到位的市县，按照国家确定的保障范围和标准，对其“三保”支出预算进行审核，确保“三保”支出得到及时足额安排，充分发挥预算事前审核机制和备案审查机制的作用；此外，加大扶贫资金的专项转移支付力度，对扶贫资金施行动态监管，对违规行为发现一起、曝光一起，坚决制止扶贫资金被挤占挪用的现象发生。构建基层脱贫长效机制，增强“造血功能”。

参考文献

刘尚希：《中国财政政策报告（2019）》，社会科学文献出版社，2019。

谢伏瞻主编《2020 年中国经济形势分析与预测》，社会科学文献出版社，2020。

杨杰：《经济下行背景下的财政运行及对策研究》，《当代经济》2019 年第 2 期。

寇明风：《国家治理视角下的基层财政解困》，《地方财政研究》2019 年第 11 期。

杜红博：《浅谈经济下行背景下的财政经济运行及对策》，《中国市场》2020 年第 1 期。

产业发展篇

Industrial Development Articles

B.8 2019年辽宁工业经济运行分析及2020年展望

李佳薇　王璐宁*

摘　要： 2019年以来，辽宁省工业经济随着新兴产业的培育壮大和传统产业的升级改造，工业结构持续优化升级。但由于受中美贸易摩擦升级、内需不足、工业品价格降幅扩大等因素影响，辽宁省工业经济呈现生产放缓、利润回落的态势。2020年辽宁省要在加快科技创新体系建设、提升产业基础能力、优化提升传统产业、培育发展新动能、激发民营经济活力、推动工业经济开放合作等方面促进工业经济向好发展。

* 李佳薇，辽宁社会科学院产业经济研究所副研究员，主要研究方向为产业经济；王璐宁，辽宁社会科学院产业经济研究所副研究员，主要研究方向为产业经济。

关键词： 工业经济　结构优化　转型升级　工业结构　供给侧改革

一　2019年辽宁工业经济运行分析

受中美贸易摩擦升级、内需不足、工业品价格降幅扩大等因素影响，2019年以来，辽宁省工业经济呈现生产放缓、利润回落态势。但是，随着新兴产业的培育壮大和传统产业的升级改造，装备制造业、高技术制造业、战略性新兴产业加快发展，新产品产量高速增长，新动能引领作用不断增强，工业结构持续优化升级。

（一）供给侧缓慢调整，工业企业生产经营难度加大

1. 工业生产整体放缓

2019年辽宁规模以上工业企业增加值增速为6.7%[①]，较2018年下降了3.1个百分点，高于全国增速1个百分点，列全国第12位。从2019年前三季度来看，全省14个市中只有盘锦、朝阳、阜新、本溪4个市增速超过2018年同期增速，而锦州、抚顺、丹东、铁岭4个市增速为负。从近两年的月度数值变化情况来看，2019年辽宁省规模以上工业企业增加值增速整体低于2018年，差距最大的月份是5月（见图1）。从2～11月辽宁省工业用电量及货运量累计增速来看，2019年较2018年有不同程度的放缓（见图2）。

2. 工业企业生产经营难度加大

2019年12月末，辽宁省规模以上工业企业共有7270家，较2018年同期增加649家；亏损企业2061家，同比增长6.3%；亏损企业亏损额为425.9亿元，同比增长23.8%。

① 本研究报告数据来源于国家统计局网站、辽宁统计信息网、辽宁统计年鉴、沈阳海关网和辽宁统计月报。

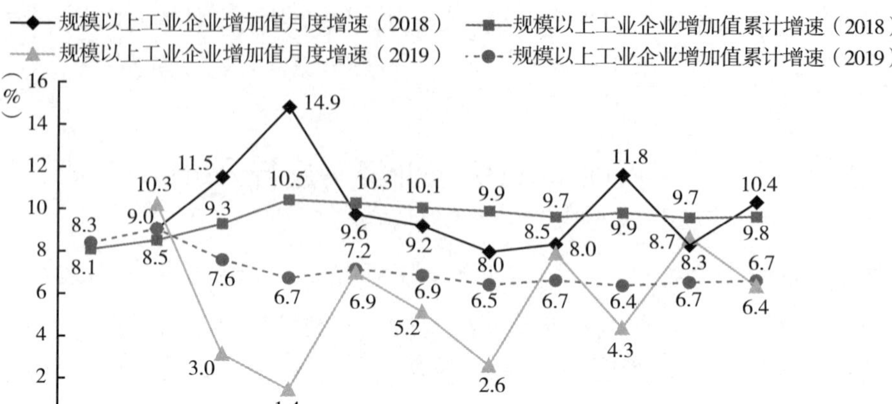

图 1　辽宁规模以上工业企业增加值累计增速和月度增速

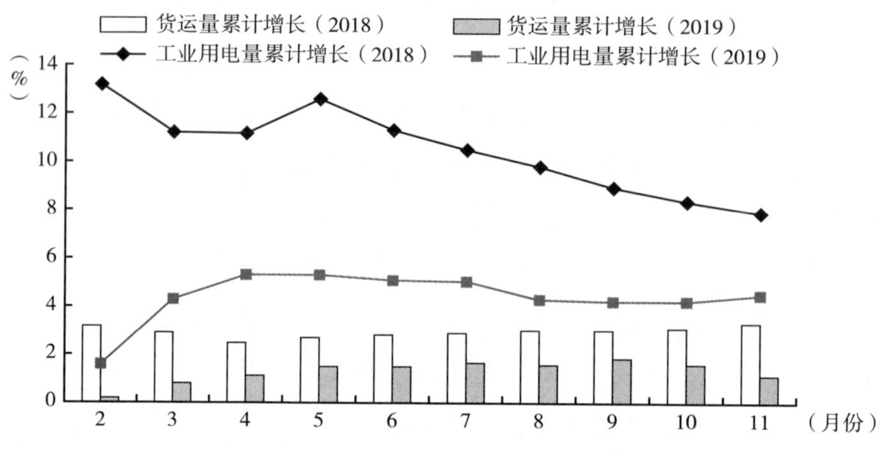

图 2　辽宁省工业用电量及货运量累计增速对比情况

一是企业运营能力减弱。2019 年辽宁省规模以上工业企业营业成本为 25783.7 亿元，较 2018 年增长 9.3%；2019 年（1～11 月）规模以上工业企业每百元营业收入中的成本费用合计为 92.81 元，同比增加 0.95 元；应收票据及应收账款平均回收期为 57.8 天，同比增加 10 天（2018 年只有应收账款数据）。

二是企业获利能力下降。2019 年辽宁省规模以上工业企业利润总额为

1332 亿元，较上年同期减少 481.7 亿元，同比下降 26.6%；营业收入利润率为 4.4%，同比下降 2 个百分点。虽然 2019 年各月工业生产者购进价格指数均低于 2018 年，但增速仍均为正向；2019 年各月工业生产者出厂价格指数也均低于 2018 年（见图 3）。

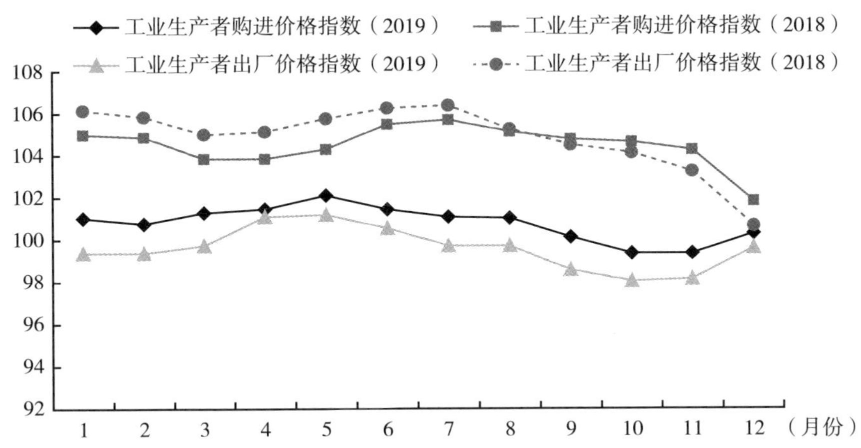

图 3　2018～2019 年辽宁工业生产者购进及出厂价格月度指数对比情况

注：上年同月 =100。

3. 供给侧结构缓慢调整

从生产结构来看，2019 年（1～11 月），辽宁省采矿业增加值同比增长 1.9%，较全国数值低 3 个百分点；制造业增加值同比增长 7.5%，较全国数值高 1.6 个百分点；电力、热力、燃气及水生产和供应业增加值增长 4.6%，较全国数值低 2.4 个百分点。辽宁省 41 个大类行业有 24 个行业保持增长，增长面为 58.5%。与 2018 年相比较，2019 年主要行业增加值增速的主要特点：增长的行业中大部分行业增加值增速较 2018 年同期有所减缓（见图 4）。

从利润结构来看，2019 年（1～11 月）辽宁省 41 个工业大类行业中，有 20 个行业利润总额同比增加，2 个行业持平，19 个行业减少，

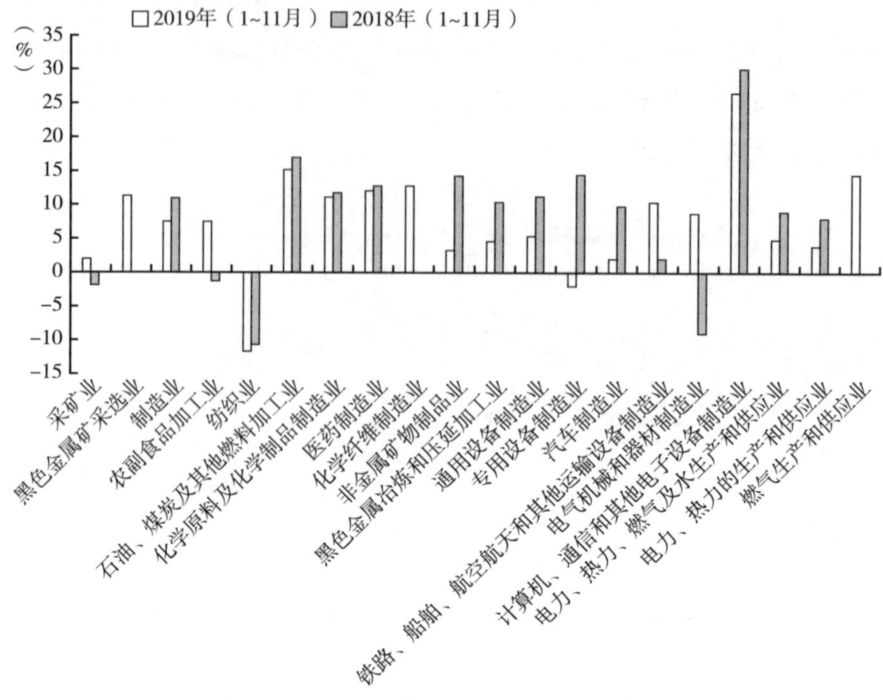

图4　辽宁省主要行业增加值增速对比情况

占全省规模以上工业利润总额61.1%的五大类行业中有三大类同比减少。汽车制造业实现利润总额305.0亿元，同比增加7.2亿元；石油、煤炭及其他燃料加工业实现利润总额140.5亿元，同比减少87.6亿元；黑色金属冶炼和压延加工业利润总额为126.3亿元，同比减少425.3亿元；医药制造业实现利润总额71.6亿元，同比减少7.8亿元；计算机、通信和其他电子设备制造业实现利润总额129.4亿元，同比增加10.8亿元。

（二）外需走弱叠加内需不足，工业企业生产经营动力减弱

2019年（1~11月），辽宁省规模以上工业企业产品销售率为98.5%，较2018年同期下降了0.1个百分点。

1. 工业产品出口大幅减缓

2019 年（1～11 月），辽宁省规模以上工业企业实现出口交货值 2296.6 亿元，比上年同期增长 1.9%，较上年增速下降了 10.2 个百分点。由于中美贸易摩擦不断升级，对美出口遭受较大影响，2019 年辽宁省对美出口金额同比下降了 20.3%。

2. 工业固定资产投资大幅下滑

2019 年前三季度，全省固定资产投资同比下降 1.7%，降幅比上半年收窄 3.5 个百分点；其中工业固定资产投资同比下降 7.2%，降幅比上半年收窄 1.7 个百分点。从各月累计增速情况来看，工业固定资产投资下降速度快于全部固定资产投资（见图 5）。

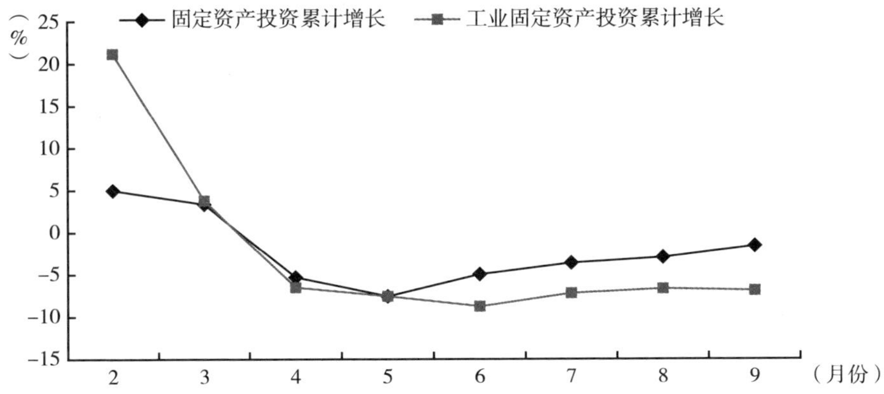

图 5　2019 年前三季度辽宁省固定资产投资和工业固定资产投资累计增长情况

3. 内需增速放缓

2019 年辽宁省社会消费品零售总额较 2018 年增长 6.1%，比 2018 年增速降低了 0.6 个百分点。从各月度累计情况来看，2019 年辽宁省社会消费品零售总额各月累计增速均低于 2018 年同期（见图 6）。

（三）工业结构优化继续推进，新动能渐序增长

2019 年，辽宁省高端装备、电子信息、生物医药等新兴产业加快发展，

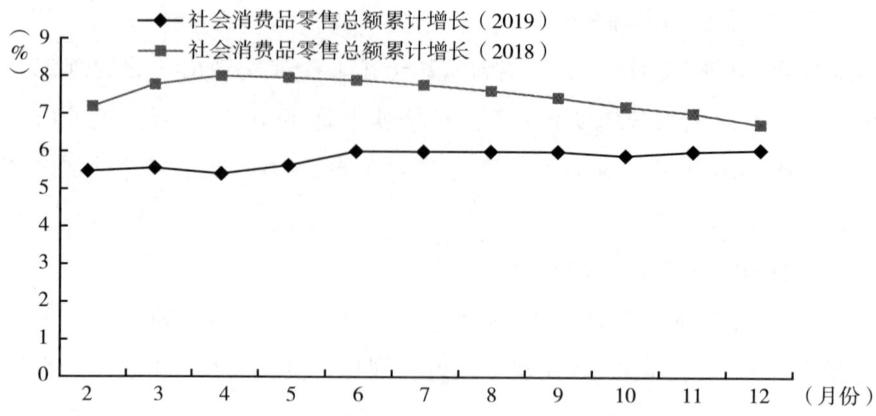

图6　2018年与2019年辽宁省社会消费品零售总额累计增长情况比较

省内转移转化科技成果超3000项，高新技术企业超5000户，科技型中小企业突破7500户，瞪羚、独角兽企业达到134户，新旧动能转换迈出坚实步伐。

1. 高新技术制造业稳步发展

从高技术制造业来看，2019年辽宁省规模以上高技术制造业增加值增长18.7%，虽然较2018年增幅收窄1.1个百分点，但其高于规模以上工业增加值增速12个百分点，较2018年的数值提高了2个百分点。从高新技术产品来看，2019年（1～11月）辽宁省集成电路产量增长1.7倍，新能源汽车产量增长53.3%，服务器产量增长53.2%，工业机器人产量增长8.9%（1～10月），智能手机产量增长9.6%（1～9月）。

2. 制造业投资转型升级步伐持续

2019年（1～11月），全省固定资产投资同比增长0.2%。其中，改建和技术改造投资增长36.8%，占固定资产投资的比重为7.5%，同比提高2个百分点。2019年前三季度，高技术制造业投资中，航空、航天器及设备制造业投资增长35.6%，医药制造业投资增长19.9%，计算机及办公设备制造业投资增长19.7%。

3. 高新技术产品出口增长稳定

2019年，辽宁省高新技术产品出口总额达到607亿元，较2018年增长

27.5%，高于2018年增速0.8个百分点；高新技术产品出口额占全部出口商品额比重为19.4%，较2018年比重提高了2.9个百分点。

4. 消费新动能呈现积极态势

2019年，辽宁省实物商品网上零售额增长25.0%；限额以上单位网上零售额406.3亿元（1~11月），增长51.4%；汽车类零售额下降8.1%，但新能源汽车零售额增长2倍（1~11月）。

二 2019年辽宁工业经济运行存在的问题

（一）工业运行效益不高

2019年辽宁省规模以上工业企业利润总额为1332亿元，较上年同期减少481.7亿元，同比下降26.6%。规模以上工业企业利润分布不均衡，主要集中在汽车制造业，石油、煤炭及其他燃料加工业，黑色金属冶炼和压延加工业，计算机、通信和其他电子设备制造业，且集中在少数几个大型骨干企业。这表明在辽宁上述产业虽然具有一定规模，但盈利能力欠佳，与国内其他地区相比缺乏竞争优势，并且反映出辽宁工业发展对大型企业依赖程度较高。

（二）科技创新能力不足

目前，核心技术和前沿技术缺乏、自主创新成果少是辽宁省工业发展的显著短板。从全省R&D经费投入额来看，辽宁省R&D经费支出总额为300.6亿元，居全国第13位，处于全国中游水平。虽然近年来辽宁通过不断努力，R&D经费支出总量快速增长，但与东部沿海发达省份相比，还有很大差距。在辽宁规模以上工业企业中，R&D人员共有79365人，R&D人员全时当量53133人/年，在全国31个省份中分别排名第15位、第16位。辽宁规模以上工业企业R&D人员投入维持在全国中游水平，与东部沿海发达省份之间还有不小差距。辽宁省的高校和科研院所数量较多，但仍然缺乏科技创新领军人才，中小企业技术人才更是短缺。原始创新能力不强，有突破性和较强带动能力的重大创新成果较少。科技型企业数量少、规模小，企业对科技创新投入的动力和能力有限。工业软件研发投入不足，高端研发设备和仪器等仍多数需要进口。创新环境不佳，支持激励创新的政策体系不完善。产业关键、共性技术创新平台运行效果有限，市场化创新服务供给不足，生产性服务业对创新的支撑作用发挥不够。创新投融资体系不健全，产业链、创新链、资金链融合程度不够。

（三）工业结构调整缓慢

2019 年，辽宁省工业内部结构有所改善，高技术制造业增长较快，战略性新兴产业占比不断提升。但是，辽宁省工业结构和产品结构依然偏资源型、传统型、重化型，消费品工业是弱项。石油、煤炭及其他燃料加工业，化学原料及化学制品制造业等行业仍保持支柱产业的地位，竞争优势却不明显。除计算机、通信和其他电子设备制造业增长较快外，其他新兴产业增速较慢。在工业企业，中国有经济比重较大但是经济效益较低，国有企业的产业结构不平衡，煤炭、钢铁、特殊装备等传统行业的比重大，生物医药、新能源、新材料、电子信息技术等新兴产业的占比小。非国有工业企业发育不足，民营企业总体规模、聚集程度和竞争力与南方民营经济发达省份有较大差距，民营经济发展的整体环境还不够完善。

三　2020年辽宁工业经济运行面临的形势分析及展望

（一）2020年辽宁工业经济运行面临的形势分析

1. 面临的机遇

一是经济利好信号微弱显现。从国外来看，新兴经济体在 2020 年增长动能有望增强，支撑对东盟等新兴经济体出口增速加快。当前中美贸易摩擦出现缓和，第十三轮中美经贸磋商取得实质进展，有望达成阶段性贸易协议。未来中美贸易摩擦对辽宁省外贸出口的影响大概率不会恶化，并有可能随着美方对已加征关税商品的排除得到缓解。从国内看，党的十九届四中全会明确提出要“健全劳动、资本、土地、知识、技术、管理、数据等生产要素由市场评价贡献、按贡献决定报酬的机制”，数据等新型生产要素的充分利用必将为工业发展带来新机遇。工业投资增速有望触底回升，工业品出口将实现小幅增长，工业品消费将趋稳向好，市场需求总体将有所改善。2020 年消费有望在政策效果发挥较好的情况下实现企稳。一是 2019 年导致汽车消费剧烈波动的政策冲击将在 2020 年逐渐减退。2020 年政策有望逐步推进破除汽车消费限制，出台放宽或取消限购的具体措施，并逐步由汽车限购政策向引导使用政策转变，利好汽车消费。二是 2019 年下半年出台的多项“稳消费”措施在 2020 年将继续显效，有利于信息智能消费、农村消费、绿色消费等增速企稳回升。三是消费升级趋势并未改变。未来，互联网消费、体验式消费、个性化消费更加普及，新消费领域、新消费模式、新消费场景不断涌现。

二是新动能将逐步释放。从供给侧看，辽宁省依法依规淘汰落后产能和化解过剩产能，推动产业链向高端化延伸，持续调整优化产业结构。推动创新链与产业链融合，聚焦先进材料、智能制造、精细化工与催化等领域，集中力量攻克一批“卡脖子”关键技术。打好产业基础高级化、产业链现代化攻坚战，实施产业基础能力提升工程。实施产业链发展工程，推动装备制造业向智能化方向发展，培育壮大 IC 装备、航空装备、机器人等产业链。大力发展工业互联网，实施智能制造工程和制造业数字化转型行动，培育壮大新一代信息技术、高端装备、生物医药、节能环保、新能源、新材料、新能源汽车等新兴产业集群。大力发展数字经济，稳步推进 5G 通信网络建设，推动人工智能、物联网、大数据、区块链等技术创新与产业应用。推进军民融合深度发展，促进“军转民、民参军”，抓好自主化燃气轮机、渤海重工海洋核动力平台等重大项目。从需求侧看，一是辽宁省将千方百计扩大有效投资：加快实施一批补短板、调结构、惠民生重大项目，做好交通强国试点工作，完善市政管网、城市停车场和充电桩、冷链物流等设施建设；二是辽宁省将推动消费稳定增长：积极培育消费热点，重点扩大实物商品消费、新能源汽车消费，完善便利店、社区菜市场等便民消费设施，改造提升商业步行街功能，大力发展夜间经济，加快培育“小店经济”，持续扩大文化、体育等领域消费，积极发展农村电商，繁荣活跃农村市场；三是辽宁省将促进外贸外资稳中提质：积极开拓多元化市场，实施“双量增长”计划，支持外贸综合服务企业转型升级，做大做强外贸基地，完善国际贸易“单一窗口”，优化通关环境。这些新动能的不断释放，将进一步激活存量、牵动增量，增强工业发展活力。

2. 面临的挑战

一是全球经济普遍放缓。展望2020年，国际经贸形势不确定性和不稳定性仍在增强，工业经济面临的下行压力有增无减。主要经济体中，美国经济有所下行，欧盟增长动力不足，日本也仅有1%左右的增长，金砖国家表现不尽如人意，且中美经贸摩擦还存在较大的不确定性。需求面总体仍然疲软，工业生产依然曲折前行。2020年辽宁外贸出口所面临的外部环境不会发生方向性变化，全球经济低迷、贸易保护主义延续、全球产业链分工调整等因素将继续制约外贸增长；制造业投资下行压力依然较大；国内需求依然疲弱，消费能否企稳仍存在不确定性。从结构转换来看，2020年辽宁省依然将延续优化升级的趋势，高技术制造业增速会快于工业整体增速，但其对工业经济的拉动作用仍然有限。受需求放缓、贸易摩擦等影响，虽然高技术产业增加值增速快于工业，但增速也在逐步放缓。大宗产品价格受整体需求影响，将稳中有降。

二是特殊时期带来不确定影响。辽宁省依然面临着新增长点不足、产业结构调整有待提速、产业基础能力和产业链水平仍需提升的压力。同时2020年部分企业生产也有一些减量因素。受新冠肺炎疫情的影响，辽宁省工业运行在第一季度会有所波动，但随着工业领域复工复产率不断提高，辽宁省工业经济或将迎来稳中向好态势。

三是政策环境将进一步改善。国家政策支持力度不断加大。2020年，积极财政政策和稳健货币政策的不断推出，将持续推动资金流向制造业等实体经济领域。在财政政策方面，2019 年 10 月国务院发文调整中央与地方财政收入分配关系，提出要后移消费税征收环节并稳步下划地方，此举无疑会调动中央和地方的积极性；在货币政策方面，央行定向降准于 2019 年 10 月和 11 月分两次实施到位，以降低小微企业融资成本。在深化改革开放方面，自 2020 年 1 月 1 日起施行《优化营商环境条例》，进一步坚定众多企业对未来发展的信心。在扩大内需方面，促消费 20 条政策逐步落地，政策重点扶持的信息智能消费、农村消费、绿色消费等领域，以及城市旧改、重点建设项目等都有较大的增长空间。

全省政策环境逐步优化。中发 37 号文、中发 26 号文件提出了一系列推动东北、辽宁振兴发展的重大政策举措，2019 年辽宁省成功举办的工业互联网全球峰会都将为全省实现工业高质量发展注入强大动力。辽宁省将落实《优化营商环境条例》，深化“放管服”改革，加强数字政府建设，推进“一网一门一次”改革，强化全省一体化政务服务平台功能，政务服务事项实现“应上尽上”。辽宁省将激发民营企业发展活力，落实支持民营经济改革发展政策措施，在准入许可、经营运行、招投标等方面一视同仁、平等对待。全面放开经营性电力用户市场准入，切实降低企业生产经营成本，支持直接融资，完善担保及再担保体系，有效缓解企业融资难、融资贵问题。

（二）2020年辽宁工业高质量发展形势展望

综上所述，辽宁工业经济发展既有机遇，也有挑战。同时，2020 年是“十三五”规划的收官之年，也是实现“两个翻番”目标、全面建成小康社会的攻坚之年，经济发展任务繁重，而面临的风险和挑战众多；但在新发展理念和新技术新产业的指引和带动下，辽宁工业经济将在高质量发展的道路上行稳致远，为实现全面振兴、全方位振兴提供坚实的经济支撑。随着各项稳增长、调结构举措系统发力，辽宁省工业经济增速有望逐步企稳，向高质量发展方向迈进。

四　推动辽宁工业经济高质量发展的对策建议

（一）加快科技创新体系建设

政府应通过税收优惠政策等手段，鼓励企业加大创新研发投入力度，鼓励有条件的企业围绕市场需求和长远发展建立各类企业研发部门和重点实验室，形成基础研究、应用研究、工艺及技术开发相配套的梯度创新研发体系。提高科技成果转化水平，在生物、适用航空动力、海洋装备研发、新材料等技术上集中攻关。打造科技成果转化的平台，加快培育科技中介服务机构，不断提高服务能力。全面升级人才政策，加快引进一大批技能人才、高端人才、前沿人才。进一步优化高等院校的专业设置，建设一批高质量发展急需的新兴工科专业；加强技术学院建设，培养一批高素质的蓝领工人。

（二）提升产业基础能力

提升产业基础能力是辽宁工业可持续发展和提高竞争力的根本，要抓紧补齐辽宁工业在基础零部件、基础工艺、基础材料和产业技术基础方面的短板，提升基础配套能力。组织生产核心基础零部件及关键基础材料，推广先进基础工艺，提升产品可靠性和稳定性。创建公共服务平台，建立产业技术基础服务体系，开展重点产品示范应用，推进首台套重大技术装备项目建设。同时，推动市场应用自主创新产品，为基础材料、基础零部件、基础软件的成长提供应用机会。

（三）优化提升传统产业

辽宁新动能不仅来自新兴产业，也来自传统产业的改造升级。辽宁应以制造业为突破口，用数字化、网络化、智能化、服务化技术改造升级装备制造业，大力发展高端机床、工业机器人、民用航空、环保装备、高端医疗装备等产业。充分发挥数字技术在传统产业升级中的作用，通过推动产品的智能化、满足消费需求的个性化以及实现企业服务的在线化等，有效提升产品和服务的质量和效率，充分激发传统产业的新活力。推动材料产业精深发展，重点发展化工新材料和专用化学品。推动冶金建材行业发展先进钢铁、有色金属和无机非金属新材料。

（四）培育发展新动能

辽宁省应以5G为基础，深入推进“互联网+先进制造业”，大力发展数字经济。加快5G基础设施建设和商用部署，培育一批“5G+工业互联网”示范工厂，实现全省重点区域和重点产业园区5G网络覆盖。全面推进辽宁省与华为、腾讯的战略合作，加快重点项目建设。推动制造业和服务业进一步深度融合，培育创新能力强、知名度高的“产品+服务”型制造示范企业。提升轻工业中高端消费品供给能力，顺应消费结构升级趋势，瞄准细分市场，加快品牌建设，积极发展市场前景好、社会需求大、经济效益高、环境污染小的高端电子产品、食品加工等产业，满足消费者追求个性化、定制化需求，提供多元高质的中高端制成品。

（五）激发民营经济活力

辽宁应加快国有企业改革，营造公平的市场竞争环境。在深化国企改革的同时，要积极支持民营经济集聚发展，激发民营经济在发展工业经济中的活力。优化民营经济营商环境，提高政府部门的服务效率。加强民营经济发展所需的土地、厂房、创新创业基地等公共服务设施保障。落实促进民营经济发展的税费优惠，降低民营经济发展成本。切实解决民营企业融资难题，为不同所有制的企业提供平等的融资渠道。加大银行融资力度，集中资金资源对重大攻关项目与重点投资领域给予信贷支持，尤其是对中小企业发展战略性新兴产业提供资金支持。在公平竞争环境中促进不同所有制企业通过资本运作或者共同立项等方式加强合作。

（六）推动工业经济开放合作

改善辽宁投资环境，对标高标准国际经贸规则，建设公平透明、法治化、便利化、可预期的国际一流营商环境。加强招商政策调整和项目推介力度，制定优先发展产业目录，开展全链条、集群式精准招商，引进一批引领性、标志性大项目。在电子信息产业、医药制造、汽车制造等优势产业领域，推动与外资企业共建高质量的地方合作产业园。加强对外技术合作，鼓励企业通过投资、参股、并购等方式引进先进技术。发挥中国国际装备制造业博览会、中国国际数字和软件服务交易会、大连夏季达沃斯年会等国家级展会、论坛优势，不断提升面向东北亚国家的服务功能。充分利用“一带一路”通道的区位优势，为发展中国家提供工业装备和进行产能合作。

参考文献

吕铁：《传统产业数字化转型的主要趋向、挑战及对策》，《经济日报》2020 年 2 月 4 日。

于玲玲、白福生：《对振兴辽宁老工业基地的思考》，《中国统计》2019 年第 3 期。

裴沛、王福君：《辽宁老工业基地经济振兴新动能的培育》，《鞍山师范学院学报》2019 年第 3 期。

盛朝迅：《推进我国产业链现代化的思路与方略》，《改革》2019 年第 10 期。

胡大立、付毅、胡承嘉：《我国企业关键核心技术创新动力机制研究》，《经营管理》2019 年第 30 期。

B.9
辽宁省战略性新兴产业发展现状及对策研究

曹颖杰*

摘　要： 2019年辽宁省战略性新兴产业快速发展，实力稳中有进，创新能力持续提升，重点项目和产业集群建设大力推进，呈现出良好的发展态势。但是，辽宁省战略性新兴产业仍存在规模小、发展不平衡、龙头领军企业缺乏、创新环境不优等问题。2020年辽宁省战略性新兴产业受内外环境影响，将面临以下机遇和挑战：加大科技创新力度，推进产业高端化；培育龙头企业，带动产业整体升级；优化产业结构，促进区域协调发展；优化营商环境，提升产业发展空间。

关键词： 科技创新　产业集群　营商环境

2019年是决胜全面建成小康社会的攻坚之年，辽宁省深入贯彻新发展理念，落实高质量发展要求，经济社会保持平稳发展。在新一轮振兴发展中，辽宁省加快推进创新，大力发展战略性新兴产业，为经济发展提供了强劲的动力。

---

* 曹颖杰，辽宁社会科学院产业经济研究所副研究员，主要研究方向为产业经济、对外贸易。

一　辽宁省战略性新兴产业发展现状

（一）产业快速发展，实力稳中有进

2019 年 1～9 月，辽宁省高技术产业规模以上工业呈快速发展的态势，高技术制造业增加值同比增长 25.0%，增幅比上年同期高出 8.1 个百分点，高于规模以上工业增加值增速 18.3 个百分点（见图 1）。其中医药制造业增长 18.4%，实现利润总额 66.5 亿元，比上年同期减少 2.1 亿元；计算机、通信和其他电子设备制造业增长 30.3%，实现利润总额 99.5 亿元，比上年同期增加 14.0 亿元；通用设备制造业增长 6.6%；专用设备制造业增长 0.7%；汽车制造业下降 0.1%，实现利润总额 256.6 亿元，比上年同期增加 12.6 亿元。2019 年 1～9 月，高技术产业规模以上服务业稳步发展，营业收入增长较快，其中软件和信息技术服务业增长 19.1%，科技推广和应用服务业增长 27.0%，互联网和相关服务业增长 31.4%。

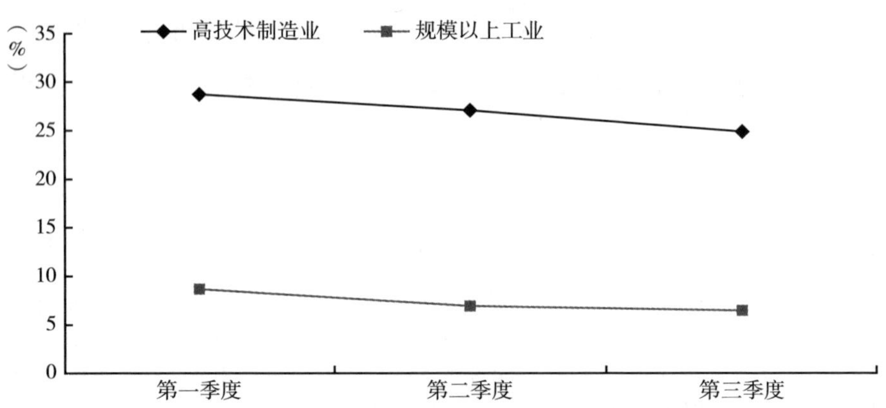

图 1　2019 年前三季度辽宁省高技术制造业累计增速

资料来源：统计局网站。

（二）创新能力持续提升

2019 年，辽宁省着力提升战略性新兴产业科技创新引领能力，实施 39

个省科技重大专项和116个重点研发计划，围绕先进装备、人工智能、生物医药、节能环保等领域开展30个重大科技攻关，突破了一批关键核心技术，为产业发展提供了重大关键技术支撑。辽宁省制定了《辽宁省科技成果转化和技术转移奖励性后补实施细则》等政策，加快了科技成果转移转化，据统计，2019年1~9月，辽宁省科技成果转化2641项，同比增长17%，技术合同成交额达到293.9亿元，同比增长20.5%。目前，辽宁省新增高新技术企业超过1000家，总数超过5000家，科技型中小企业超过7500家；备案173家新型创新主体，包括辽宁壮龙无人机科技有限公司等6家潜在和种子独角兽企业；共培育瞪羚、独角兽企业134家，其中80%的企业集聚在能源、材料与制造和环境领域，企业研发投入增长9.3%；培育一批省级工业技术设计中心31个；建设海洋、人工智能等6个产业技术创新研究院。

（三）重点项目建设加快推进

2019年辽宁省围绕高端装备制造、新一代信息技术、生物医药等战略性新兴产业重点领域引入一批优质项目，总投资2230亿元，高质量发展工业项目达到110项，围绕智能制造、新材料和洁净能源发展12个创新链，推动要素整合，提升产业创新能力。智能网汽车车载安全防护系统等3个项目入选国家网络安全技术应用试点示范项目；新松SAP定制化机器智能制造系统供应商试点示范等7个项目入选2019年制造业与互联网融合试点示范项目；3个项目入选2019年制造业双创平台试点示范项目；6个项目入选2019年新型信息消费示范项目。加快推进100个智能制造及智能服务试点示范项目建设，新松机器人、东软医疗等项目被评为国家级智能制造试点示范项目。恒力石化2000万吨/年炼化一体化项目全面投产；腾讯云启产业基地、华为VR云创新中心、微软中国共性技术服务平台等项目签约；加快5G产业发展，建立5G示范应用及产业化项目库；推进抚顺罕王MEMS等重点集成电路产业项目；上海绿谷971项目建设稳定推进；推进国家智能制造综合标准化与新模式应用项目建设等。辽宁省战略性新兴产业重点领域项目建设顺利推进，为战略性新兴产业发展夯实了坚实的基础。

（四）特色产业集群建设稳步推进

辽宁省把战略性新兴产业作为新旧动能转换的重要抓手，依托辽宁省的产业基础和优势特色，在高端装备制造业、新一代信息技术产业、生物医药等领域培育了一批特色鲜明的战略性新兴产业集群，成为辽宁经济发展的生力军。目前，辽宁省已形成沈阳铁西装备制造、大连湾临港装备制造、丹东仪器仪表、葫芦岛海洋工程等高端装备制造产业集群；沈阳国际软件园、大连国家级电子产业园、抚顺罕王微机电高科技产业园、锦州光伏产业园等新一代信息技术产业集群；沈阳生物医药产业园、大连双D港生物产业基地、国家辽宁（本溪）生物医药科技产业基地等生物医药产业集群。在国家发改委公布的第一批66个国家战略性新兴产业集群名单中，大连市信息技术服务和智能制造两大产业集群成功入选。沈阳机器人与智能制造产业集群入选国家先进制造产业集群培育行列。高新区和沈大自创区建设大力推进，据统计，2019年1～6月辽宁省高新区营业收入实现4502亿元，同比增长10.5%；沈大自创区以智能制造、信息技术、生物医药、民用航空等为代表，战略性新兴产业产值实现2倍增长，高新技术产业产值达到1026亿元，同比增长14.8%。

二 辽宁省战略性新兴产业发展存在的问题

（一）产业规模小

2019年辽宁省战略性新兴产业快速发展，但是战略性新兴产业比重较小，辽宁省高技术产业增长速度高于规模以上工业增速，但是总体规模仍偏小，对经济的带动能力有限。据统计2019年前三季度，辽宁省高技术产业占全省规模以上工业的9.7%，高于上年同期2.7个百分点，低于全国4.4

个百分点；与江苏省、广东省等地相比更是存在较大的差距，对区域经济发展的贡献份额不足（见图2）。

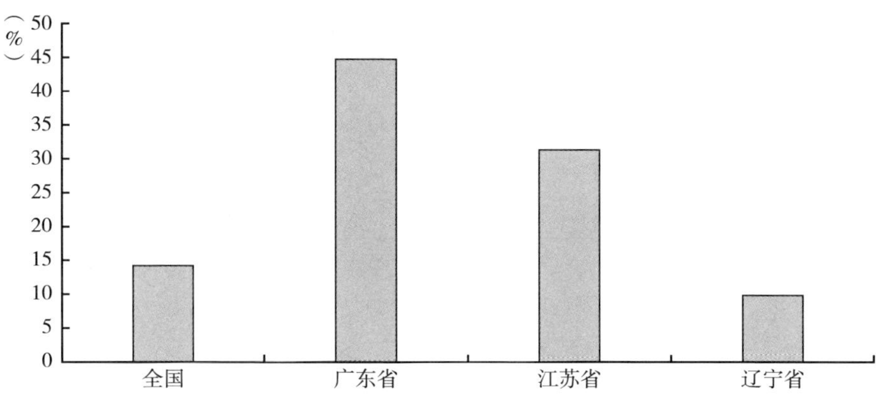

图2　辽宁省与广东省、江苏省高技术产业占比情况对比

资料来源：统计局网站。

（二）产业发展不平衡

2019年辽宁省高技术产品增加值按高技术行业来看，新材料产业和高端装备制造产业发展较快，增加值占全省的比重分别达到49.0%和31.1%，合计占比超过80%；电子信息产业、生物医药与医疗器械产业、新能源与节能环保产业等战略性新兴产业发展也较快，但是整体规模偏小（见图3）。沈阳、大连、锦州、丹东、营口等地区虽出台了新兴产业发展规划，在产业定位方面存在同质现象，发展重点主要集中在高端装备制造、新一代信息技术、生物医药、新能源产业等领域，存在产能过剩、同质竞争现象，造成招商引资的无序竞争，阻碍了完整有效的产业链条的形成与发展，制约了产业竞争力的进一步增强和产业结构的转型升级。

（三）龙头领军企业缺乏

辽宁省战略性新兴产业各领域中具有引领作用的龙头领军企业缺乏，在

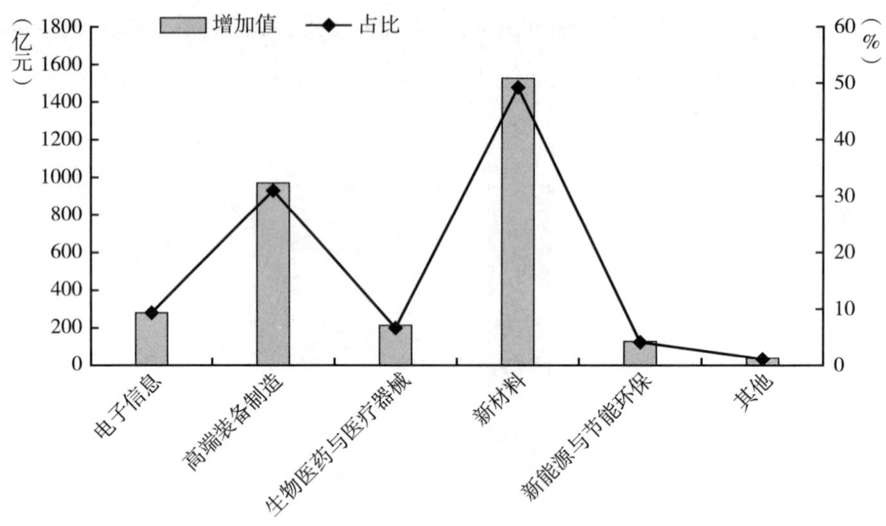

图3　辽宁省高新技术产品增加值行业分布情况

资料来源：2019 年辽宁省高技术产品增加值统计年报。

国内具有影响力和竞争力的龙头企业较少，企业规模和市场影响力偏低，现有大企业的带动远远不够，致使产业的竞争力不强，难以形成强有力的产业集聚。据统计，在 2019 年中国战略性新兴产业领军企业 100 强中，辽宁省没有入围企业，北京和山东合计入围企业 34 家，广东省 19 家，江苏省 12 家，浙江省 9 家。其中华为投资控股有限公司以 7212 亿元战略性新兴产业总收入居于第一位。这表明，辽宁省战略性新兴产业企业的数量和质量与北京、江苏、广东等地相比，还存在很大的差距，对产业链的影响也是无法相比的。辽宁省缺乏龙头领军企业和品牌支撑，制约了辽宁省战略性新兴产业的发展。

（四）产业创新环境不优

辽宁省围绕战略性新兴产业发展加大创新驱动，把优化营商环境作为高质量发展的突破口，修订《辽宁省优化营商环境条例》，出台了一系列优化营商环境的方案和举措，营商环境有了明显改善，进一步优化产业发展环境，提升了产业发展空间。在《2019年中国城市营商环境指数评价报告》中，在全国经济总量前100城市营商环境指数排名中，辽宁省的大连市和沈阳市入围，分别居第19位和第23位，但是与发达城市相比差距还很大，在营商环境实际推进过程中仍存在政务环境、市场环境、创新创业环境不优等问题，辽宁省营商环境亟待进一步优化和提升（见表1）。

表1 辽宁省部分城市与上海市、北京市等城市营商环境指数情况对比

单位：分

排名	城市	营商环境指数
1	上海市	86.73
2	北京市	84.63
3	深圳市	84.48
4	广州市	83.32
19	大连市	71.22
23	沈阳市	66.87

资料来源：《2019年中国城市营商环境指数评价报告》。

三 辽宁省战略性新兴产业发展趋势分析与预测

（一）发展机遇

在复杂多变的外部形势下，战略性新兴产业也面临着新的发展机遇。从国际来看，全球新兴产业持续发展，成为拉动全球经济增长的新动能。在全球经济一体化的背景下，新兴产业领域的竞争也日益激烈，世界各国新兴产业布局不断进行调整，战略性新兴产业企业往往集中在创新资源的集聚区。从国内来看，我国经济运行呈现出总体平稳、稳中有进的发展态势，发展质量不断提升，经济发展从中高速增长转为高质量发展阶段。技术创新不断突破，产业投资企稳回升，新型基础设施建设加快推进、产业集群试点稳步推进、对外开放力度不断加大，将推动战略性新兴产业发展。政府加大对战略性新兴产业发展的政策支持，产业发展环境进一步优化，为战略性新兴产业发展带来了重大的发展机遇。

预计2020年辽宁省战略性新兴产业发展环境持续优化，技术创新将不断推进。工业机器人及智能装备、集成电路装备、通用航空、新材料、生物医药以及新一代信息技术等战略性新兴产业领域仍将保持稳定增长的发展态势。集成电路、工业机器人、硬盘存储器等高技术产品产量将保持较快增长。工业互联网、物联网、数字经济、平台经济将持续发展，5G示范应用和产业化进程将加快，为战略性新兴产业发展注入新的动力。

（二）面临的挑战

从国际来看，在全球贸易保护主义、中美贸易摩擦等影响下，国外发达国家与我国的贸易摩擦扩展到科技、投资、金融等领域，特别是不断对我国高科技产品出口加以限制，这在很大程度上不利于新兴产业向外开拓市场，同时也对新兴产业国际合作产生阻碍。全球经济普遍低迷，全球疫情正在蔓延，国际贸易环境的不确定性和不平衡性持续加剧，战略性新兴产业发展的市场环境也将有所趋紧。从国内来看，受新冠肺炎疫情影响，我国经济下行压力持续加大，工业生产持续放缓，内外需求依旧不足。基础研究投入力度不足，关键设备、核心基础零部件、先进基础工艺等仍落后于国际领先水平并基本依赖进口，技术制约对战略性新兴产业发展影响加大。产业创新能力和核心竞争力的短板，为战略性新兴产业的发展带来很大的挑战。

预计2020年辽宁省战略性新兴产业面临的内外部环境依然严峻。战略性新兴产业虽保持稳定发展，但短时间内难以成为经济社会发展的强大支撑力量。战略性新兴产业出口贸易、企业投资、市场信心等受贸易摩擦、疫情的影响仍会存在，战略性新兴产业整体出口增速将会持续放缓。产业结构优化升级依然严峻，技术创新实力仍然有限，研究开发面临较大的不确定性，关键核心技术的研发压力仍然较大。未来辽宁省需要通过大力深化改革、加大创新研发投入，优化营商环境，加大对新产业、新业态、新模式的培育力度，激发市场主体的活力，以赢得更好的发展机遇。

四　促进辽宁省战略性新兴产业发展的对策建议

（一）加大科技创新力度，推进产业高端化

要实现战略性新兴产业创新发展、高质量发展就必须加大产业科技创新力度，提升产业自主创新能力。持续加大科技投入力度，围绕战略性新兴产业重点领域，加大政府财政投入，对基础研究、应用研究和技术研究开发等方面加大资金倾斜，出台自主创新政策和税收优惠政策。加大企业科技项目投入，以有效促进产业在研发设计、技术转移、检验检测等领域的发展，以创新带动产业发展，以研发促进产品升级。瞄准战略性新兴产业技术前沿，围绕产业发展优势领域，引导企业成为技术创新投入的主体，鼓励企业加大研发投入，建设研发中心和实验室，扶持现有企业研发中心提档升级，支持新产品研发及产业化，建立一批具有自主知识产权的核心技术，以促进产业向高端化发展、产品向高附加值延伸，不断推动战略性新兴产业的核心竞争力和高端化发展。加大关键技术攻关力度，重点强化高端装备制造、新一代信息技术、生物医药等战略性新兴产业领域创新发展，加强关键核心技术、共性技术、核心装备、基础零部件、关键材料以及重大产品的技术攻关，突破一批关键核心技术、共性技术和薄弱环节，推动产业从低端制造向研发设计、高端制造延伸，提高产业和产品的附加值，向产业链、创新链的高端发展，提升产业能级和核心竞争力，形成产业发展优势和发展后劲。

（二）培育龙头企业，带动产业整体升级

立足辽宁省资源优势、产业优势和产品优势，以龙头企业为依托，以重点项目为抓手，围绕产业链条，加大项目实施带动力度，发展高端高效高质

项目，充分发挥龙头企业的辐射带动作用，打造产业品牌，提升产业发展优势，不断提升市场竞争力，进一步做大做强。鼓励和引导企业加大驱动创新。企业是创新的主体，要积极引导企业提高自主创新能力，开展科技成果产业化技术改造项目、新技术新产品开发和引进项目等；推动企业与科研院所建立“产学研”协同创新机制，通过科技人才对接、共建创新载体、引进高新技术项目等，加快推进关键核心技术和关键技术的联合攻关和推广应用，提升产业和企业的核心竞争力，壮大区域经济实力。培育相关配套产业链，促进产业集群发展。支持战略性新兴产业重点龙头企业、小巨人领军企业等通过项目开发、兼并重组等方式，加快产业专业化、集群化发展，形成一批综合竞争力强、辐射带动效应突出的龙头企业。推动各类创新资源向产业链较为完备、产业优势突出的重点骨干企业集聚，延伸上下游产业链，推进主导产业特色化、规模化和集群化发展，培育和发展特色鲜明、配套完备、竞争力强的优势特色产业链。支持创新型企业发展。发挥政府的政策引领作用，出台扶持政策，促进一批技术含量高、创新活力强、市场潜力大的战略性新兴产业重点企业发展，在企业融资、产业配套、技术改造投资、人才队伍建设、产品推广应用等方面予以重点扶持，促进企业进一步做大做强做精，成长为战略性新兴产业龙头企业。

（三）优化产业结构，促进区域协调发展

要以区域竞争力为目标，打造重点突出、整体协同并进的战略性新兴产业发展模式。在经济新常态背景下，要充分发挥辽宁省的比较优势发展战略性新兴产业，主动与国家战略性新兴产业发展方向相衔接，与传统优势产业、市场主体相衔接，加快战略性新兴产业重点领域的梯次错位发展，同时要扶持产业链中薄弱环节，促进产业链各环节的协调和平衡发展，以推动战略性新兴产业的发展。在战略性新兴产业空间布局上要体现区域比较优势，充分考虑辽宁省各地的资源优势、产业优势、人才和科技优势等，注重提高创新力、竞争力等，围绕重点产业、重点项目、关键技术等加大扶持力度，对本地区有产业基础、能够取得率先突破的细分产业进行优先发展，做精做

细产业以打造产业优势。战略性新兴产业发展中存在一定的地区间或地区内趋同性问题，要结合辽宁省区域产业发展特色，分类指导与优化产业布局，理顺产业发展链条，避免重复建设，注重各个领域、各个区域之间的统筹兼顾，促进区域内产业合理布局和上下游联动，在产业转移、资源配置、招商引资等方面制定和落实有利于产业空间布局优化的产业政策，完善政策和制度的相互配套和衔接，加快协同联动以形成整体效能。以协同招商、园区共建、项目合作等多种方式推动区域间产业合作，发挥区域优势互补，激发产业联动活力，提升区域产业核心竞争力，以产业协调带动区域协同，实现区域间的联动发展和互补发展以形成发展的合力，为战略性新兴产业高质量发展注入新的动力。

（四）优化营商环境，提升产业发展空间

营商环境决定了一个国家或地区经济发展的质量和速度，是综合竞争力的重要方面，打造优质的营商环境，能够激发市场主体的活力，增强经济内生动力，为战略性新兴产业转型发展、高质量发展提供坚强的保障。打造优质的营商环境，就要打造高效的政务环境。要把优化政务服务作为提升营商环境的突破口，以体制机制创新为关键，强化服务意识，深化“放管服”改革，简化行政审批环节，提升行政审批效率，向基层下放更多的审批权限。要建立行政服务数据库，推行“互联网+政务服务”，实现部门横向之间的数据和信息共享。推动重大项目审批流程提速，为企业发展提供更高效的服务，进一步激发市场主体的活力，以优质服务持续改善战略性新兴产业的投资和市场环境，推动战略性新兴产业的快速发展。打造优质的营商环境，就要打造公平竞争的市场环境。加大体制机制创新力度，加快市场化改革，在市场准入、招投标、经营运行、监管等多方面持续优化公平竞争的环境，激发各类市场主体的竞争力和活力，鼓励和支持民营经济的发展，增强战略性新兴产业的吸聚力，促进资金、技术、服务、人才等要素的流入和集聚，以有力地推动战略性新兴产业的发展。要打造优质的营商环境，就要打造鼓励创新创业的创新环境。加快创新创业平台建设，推动产业孵化机构和

众创空间基地建设，提升服务和质量管理水平；加快大中小企业融资发展平台、创新创业平台和公共服务示范平台建设，形成产业专业化分工协作的产业供应链体系。加快人才项目科技平台建设，创新人才引进机制，围绕产业链打造人才链，制定高层次人才引进、培养、服务、发展环境等方面政策，激发人才创新创业活力，推动产业、人才、科技相结合，以人才集聚推进战略性新兴产业发展。

参考文献

《国务院关于推动创新创业高质发展打造“双创”升级版的意见》，2018 年 9 月 26 日。

李金华：《中国高新技术企业、产业集群、企业孵化器的发展及政策思考》，《经济与管理研究》2019 年第 7 期。

黄亚楠：《创新引领经济可持续发展》，《中国社会科学报》2019 年 4 月 22 日。

何玉长、潘超：《经济发展高质量重在实体经济高质量》，《学术月刊》2019 年第 9 期。

赵晓男、代茂兵、郭正权：《科技创新与中国产业结构调整》，《经济与管理研究》2019 年第 7 期。

B.10 辽宁现代服务业发展情况分析

杨冬梅*

摘　要： 现代服务业，依托现代化的新技术、新业态、新方式，创造需求，引导消费。它既包括新兴服务业，又包括升级改造的传统服务业。现代服务业发达与否，已经成为衡量经济现代化水平高低、区域综合竞争力强弱的重要指标。大力发展现代服务业，是振兴辽宁的战略选择。

关键词： 现代服务业　供给侧结构性改革　辽宁省

一　辽宁现代服务业发展现状

2019年，辽宁省经济运行稳中有进、持续向好，发展质量稳步提升①，地区GDP增长5.8%左右。其中，服务业总体运行平稳，1～11月，全省3951家规模以上服务业调查单位共实现营业收入3623.6亿元，比上年同期增长0.5%；实现税金及附加24.5亿元，比上年同期增长0.4%；实现应付职工薪酬865.8亿元，比上年同期增长6.4%②。

坚持大力发展现代服务业，积极转方式、调结构、蓄动能、求发展。实施服务业质量提升专项行动，软件信息技术服务业营业收入增长19%，大商所新增4个交易品种，腾讯东北地区结算中心落地沈阳，企业科创板上市

* 杨冬梅，毕业于东北师范大学，研究领域为区域经济。

① 《2019年辽宁省政府工作报告》。

② 东方财富网。

取得突破，芯源微电子成功挂牌，营口获批港口型国家物流枢纽，新增 ETC 用户 432 万户，实物网上零售额增长 25%①。

（一）重点行业发展稳中有进

2019 年，全省邮政行业业务总量完成 189.6 亿元，同比增长 18%；业务收入预计完成 152.4 亿元，同比增长 10%。邮政、快递服务满意度继续保持优秀水平。交通运输业重大项目加快建设，启动沈白高铁建设项目，加快推进桃仙机场二跑道、大连新机场、沈阳地铁建设，稳步推进大连湾海底隧道建设。成功创建首批国家区域医疗中心，中国医大一院成为国家肿瘤区域医疗中心试点。实施“大病不出县”两年行动计划，建设医联体 388 个。开展中医药振兴行动②。新型农村社会化服务体系不断健全，取得显著成绩，2019 年全省供销社系统可实现销售总额 552 亿元，同比增长 10%，其中：实现消费品零售额 233 亿元，增长 10%；实现农产品市场交易额 290 亿元，增长 5.8%；汇总利润 3.03 亿元，增长 5.2%。

（二）供给侧结构性改革迈出新步伐

服务业涵盖行业众多，市场主体散、小、弱，触发其新的增长动力、激活新的竞争优势，必须聚焦供给侧发力，着眼于顶层设计，聚力金融、旅游、现代物流、商贸流通、文化体育、科技和信息技术、房地产、养老服务、家庭服务、教育培训等十大重点产业，推进结构性改革，补齐发展短板。以创新的思维，着力构建“1 + N”制度体系，制定促进服务业发展的时间表、路线图，积蓄发展后劲。

（三）新兴服务业持续向好

坚持文化和旅游事业融合发展，旅游项目投资势头良好。截至 2019 年

---

① 《2019 年辽宁省政府工作报告》。

② 《2019 年辽宁省政府工作报告》。

10月，全省完成旅游总收入5240.8亿元，同比增长15.9%；接待国内人数53669.9万人次，同比增长13.6%；累计完成投资211亿元，同比增幅16%。贴近群众开展艺术创作和演出，电影《黄玫瑰》等4部作品获全国“五个一”工程优秀作品奖。推进实施文化惠民，村文化广场建设完成976个。持续推进金融创新，建设多元化融资体系，2019年，企业科创板上市取得突破，大商所新增4个交易品种，芯源微电子成功挂牌。以云服务、物联网等为代表的科技和信息技术服务业持续发力，2019年营业收入增长19%，腾讯东北地区结算中心落地沈阳，华为锦州云计算数据中心启动运行，云企业达3万多户。家政服务业呈现出蓬勃发展的良好态势，家政服务的新兴业态不断涌现，行业规范化、标准化、规模化、品牌化建设逐步加快，信用体系建设深入推动实施，累计录入平台209家企业，实现人员人证合一审核通过12542人。

二　辽宁现代服务业面临的挑战与发展机遇分析

（一）挑战

1. 辽宁现代服务业发展存在的问题

近年来，辽宁现代服务业发展势头良好，成为辽宁经济恢复性增长的主体力量，但结构不合理，发展不尽如人意。以交通运输、仓储和邮政业、批发和零售业以及住宿和餐饮业为代表的传统服务业比重较大，高于全国水平，而新兴服务业发展较为滞后。与发达地区相比，辽宁的生产性服务业明显滞后，主要差距体现在信息技术服务业、金融业、租赁和商务服务业以及科学研究和技术服务业。在经济新常态的背景下，加快生产性服务业创新发展，鼓励制造业向产业链两端延伸，推动生产性服务业与制造业相互促进融合发展，是辽宁产业结构升级转换、经济稳定增长的必然途径①。

① 张万强、赵玉红、宋帅官等《新中国成立70年辽宁的探索与实践》，中国经济出版社，2019。

2. 突如其来的疫情影响较大

2020 年伊始，新冠肺炎疫情暴发，扰乱了正常的经济运行节奏，对中国经济造成冲击，特别是与大众息息相关的消费领域受到疫情影响较大，如批发零售、住宿餐饮、物流仓储、交通运输、旅游、娱乐文教等服务业。据专家预测，服务业受疫情冲击最大，且恢复速度慢，有些损失得不到弥补。

批发和零售业受冲击最大。传统批发和零售业第一季度明显表现为负增长，据中国连锁经营协会调查，其旗下购物中心总体开业率不足 40%，开业的购物中心春节期间客流量平均下降 70% ~80%；但是，新零售行业迅速发展壮大，大量消费转移到线上，据各大电商平台披露，第一季度，京东生鲜蔬菜产品销售量同比增长 900%，肉禽蛋同比增长 750%，冷藏冷冻食品销量同比增长超过 700%；苏宁菜场订单环比增长 650%，医药电商春节期间活跃人数平均增长 5% 以上，这种替代性增长拉动了整个批发零售业的发展。

旅游、住宿、餐饮业损失巨大。与往年春节相比，疫情期间，全国各地以各种形式禁止聚餐或不鼓励聚餐，约 80% 的餐饮企业营收损失达 100%，约 70% 的酒店停止营业。2020 年第一季度，住宿、餐饮业增加值损失近半。受疫情影响，2020 年春节黄金周旅游基本停滞，直接损失超过 5500 亿元。即便疫情结束，旅游、住宿餐饮业也将持续受到影响。

据交通运输部统计，受疫情影响，预计 2020 年第一季度交通运输行业产值同比增长 -1%，客运影响大于货运。预计 2020 年第二季度开始交通运输业将逐渐恢复：客运方面刚性需求恢复较快，而旅行、商务需求恢复较慢，货运方面恢复正常，快递业快速增长。

其他服务业负面冲击有限。在科学研究和技术服务业，水利、环境和公共设施管理业，居民服务、教育、卫生、社会工作、文化、体育和娱乐业等其他服务业中，线下服务受疫情冲击较大，如贺岁电影全部撤档，课外培训机构全部休息，等等；但电子游戏、在线影视、在线教育出现较大增长，这在一定程度上弥补了损失。2020 年春节后，房地产业开发业务复工进度缓慢，销售基本处于停顿状态，第二季度开始，房地产业经济运转将恢复正常。疫情对金融行业的影响有限，证券业增加值会较好增长，银行主营业收入增加值基本保证稳定。信息传输、软件和信息技术服务业不但受冲击较小，而且有很多创新性增长。

据《经济日报》报道，疫情对中国经济的影响是暂时的、有限的，中国经济长期向好、高质量增长的基本面没有变化，中国有充足的政策工具应对经济下行压力。澎湃新闻认为，新冠肺炎疫情对中国经济短期影响巨大，但长期影响主导权在自己手中。新冠肺炎疫情对经济造成的负面影响将集中于第一季度，部分行业将绵延至第二季度。辽宁省通过有效的政策引导渡过经济难关，同时打好疫情阻击战和全面小康年建成。

此外，面对疫情冲击，很多企业加快了产品创新、商业模式创新和组织管理模式创新，中央和地方政府积极出台各项稳增长措施，可以从一定程度上弥补疫情造成的经济增长损失。

（二）机遇

2020 年是全面建成小康社会和“十三五”规划的收官之年。中国经济运行稳中向好的基本趋势不会改变，消费、就业、物价保持基本稳定，产业结构持续优化、增长质量不断提高。固定资产投资将呈现基本平稳态势，基建投资增速有所提高，制造业投资基本平稳，房地产投资增长有所回落，但高技术服务业、工业技术改造以及教育等补短板投资将快速增长。

“十三五”时期，中国经济增长的动力机制发生历史性变化，增长格局由工业主导型向服务业主导型、消费拉动型转化。加快推动服务业创新发展，是应对短期增长压力、走向中长期公平可持续发展的关键所在。

生产性服务业发展空间巨大。从“中国制造”走向“中国智造”，工业转型升级离不开研发、物流、销售、信息等生产性服务业的快速发展。国际经验表明，先进制造业强国的生产性服务业占 GDP 的比重一般超过 40%，而中国不到 20%。到 2020 年，中国要完成从工业 2.0 向工业 3.0 的升级，并奠定工业 4.0 的重要基础，关键在于走出一条以生产性服务业带动制造业

高端化的新路子。

生活性服务业发展前景可观。“十三五”以来，消费对经济增长的拉动逐渐增强，中国居民的消费总量不断扩大，消费结构快速从物质型向服务型升级。居民对教育、医疗、文化、健康、养老等服务的需求巨大。把握经济转型升级趋势带来的历史性发展机遇，关键在于加快形成服务业主导的产业结构。

2020年，辽宁省基本形成以服务业为主导的经济结构是有条件、有可能的，但也对结构性改革提出了新的要求。国家发展改革委印发并实施《服务业创新发展大纲（2017～2025年）》（以下简称《大纲》），统筹规划未来一个时期中国服务业的发展，释放经济增长新动能。《大纲》提出，加快服务业发展，必须深化改革，创建服务业发展的良好环境；必须扩大开放，培育服务业国际竞争新优势。中国服务业市场开放政策密集出台，重点在于激活社会资本，着力破除垄断，放宽市场准入，改善市场环境。推进“一带一路”沿线自由贸易区的网络建设，带动服务贸易升级发展。推进服务业主导的结构性改革，全面启动财税体制改革、加快金融体制改革、推动教育结构调整等，以破解服务业发展中的诸多结构性矛盾。

展望2020年，工业生产依然曲折前行，总体需求疲弱制约服务业增长。2020年，全球经济依然不景气，中美贸易摩擦不确定性也仍然存在，出口改善有限。国内需求依然疲弱，刺激消费政策能否生效不好确定，房地产投资将继续放缓，意味着下游消费品制造业增速难有回升。2020年，结构优化升级依然延续，但高技术制造业对经济的拉动作用仍然有限。

预计2020年，服务业增加值增速将小幅放缓。房地产市场严调控方向不变，房地产销售或小幅改善，房地产业增加值增速继续保持低位。生产性服务业中，工业生产的小幅放缓或带动交通运输、仓储和邮政业继续放缓；金融业增加值增速将略有放缓。

2020年，抓住机遇，直面挑战，围绕疫情造成的创新性增长、补偿性增长，或政府以改革促增长方面的超预期举措做文章，促进辽宁现代服务业繁荣发展。

三　对策与建议

党的十九大报告指出：中国特色社会主义进入新时代，“我国经济已由高速增长阶段转向高质量发展阶段，正处在转变发展方式、优化经济结构、转换增长动力的攻关期”，现代服务业发展的环境、条件、方式、目标正在发生深刻变化。下一步，促进辽宁服务业创新发展，必须全面深化服务业供给侧结构性改革，持续改善服务业营商环境，提升实体经济的质量和效益。紧紧抓住新一轮科技革命和产业变革的机遇，积极促使现代服务业适应社会结构变革和人民日益增长的精神文化需求。

服务业一头连着民生福祉，一头连着经济发展。围绕结构调整和优化升级，重点发展与制造业密切相关的信息技术服务和科技服务、研发设计与中介服务等生产性服务业。加快传统产业的战略重组和战略性新兴产业的发展，以制造业升级带动生产型服务业升级。深化服务业供给侧结构性改革，必须培育旅游、文化、养老、家政、健康、休闲娱乐等行业，使其成为新的增长点，保障医疗、教育、卫生等基本公共服务实现城乡均等化。必须提高供给体系质量和效率，形成生产性服务业聚集化、生活性服务业便利化、现代服务业和传统服务业相互促进的新格局。

科学把握消费领域的深刻变革，创新优化商品和服务供给。进一步放宽服务消费领域市场准入，着力破除垄断，简化资质条件和审批流程，清理废除妨碍公平竞争的制度、规定。大力推动各项稳消费、促消费措施的有效实施，支持居民消费绿色化、智能化、健康化的潮流，积极培育新业态，发展新模式，推动旅游、文化、育婴、托幼、健康、养老、体育、教育培训等服务消费高质量发展，增加多样化、精细化商品与服务供给。加快完善城市商业设施，规划和布局新型消费载体建设，拓展新型消费、服务型消费产业的发展空间，促进传统商圈向消费体验、文创时尚、产品定制设计等新型消费中心转变。加强信息网络设施建设，加强社会信用体系建设，加大市场监管效能和综合治理力度，持续优化消费环境。

强化公共服务职能，拓展公共服务领域服务业的发展。以人为本，提高公共服务的质量，扩大公共服务供给。完善政府购买公共服务制度，加快公共服务业市场开放，形成多元化公共服务供给格局。以发展职业教育为重点加快调整教育结构，实质性降低社会资本进入中等职业与高等职业教育领域的门槛。简化设立职业教育学院的审批，给予民办职业教育机构和公办机构同等的地位和待遇，为服务业发展提供急需人才。建立适应新形势要求的卫生服务体系和医疗保健体系，着力改善农村医疗卫生状况，提高城乡居民的医疗保健水平；建立多层次的技术服务体系，特别是建立面向中小企业、面向农村的技术服务体系等。

加强战略性、网络型基础设施建设。加快“5G＋”商业化运用，大力发展智能立体交通体系、城际综合交通网络、电子货币应用、交易安全保障、网络服务、信用体系等新型支持体系。加快已规划的轨道交通、城际铁路项目开工建设，加快自然灾害防治重大工程实施，加强市政管网、城市停车场、冷链物流等建设。加大教育和医疗等服务业领域对社会资本和外资的开放力度，放松民间资本和外资参与教育和医疗领域投资的限制。加快管理咨询服务等知识密集型的服务产业发展。

进一步推动高水平对外开放。扩大利用外资，加大市场开放力度，高质量共建“一带一路”，进一步提升跨境贸易、投资的便利化水平，推动外贸商务高质量发展。继续支持自贸试验区建设，大力推进金融服务业高水平开放、高质量发展，推动金融业在更大范围、更宽领域、更深层次的有序开放。发挥对内、对外开放的“鲇鱼效应”，倒逼经济效率和经济活力的提升。有序推进知识产权保护、转让技术、市场开放、产业政策等方面的改革措施。

进一步改革完善资本市场，加快服务业领域投资便利化改革。做大做强金融服务业，持续推进金融创新，加快互联网金融等新业态发展，鼓励和支持基于大数据、云计算的创新。重点激活社会资本，加大创新型企业利用资本市场的融资力度。完善股权交易中心的服务体系，拓宽企业融资渠道，增强金融服务对实体经济的推动作用；加快建立普惠金融体系，解决传统产业融资难题。坚持“一行一策、分类监管”的思路，增强中小银行对风险的抵御能力，加强预期管理，防范金融市场异常波动和外部冲击风险。加快完善价格机制，对于竞争性领域和环节的服务价格，交给市场决定。

加大研发投入，提升科技实力和创新能力。加大基础研究投入力度，健全支持基础研究、原始创新的体制机制，尤其是要加强基础理论、颠覆性技术的探索研究。大力弘扬科学精神和工匠精神，加快建设创新型国家，强化国家战略科技力量，健全国家实验室体系，构建社会主义市场经济条件下关键核心技术攻关的新型举国体制。支持大中小企业和各类主体融通创新，创新促进科技成果转化机制，严格知识产权领域的保护，强化标准引领，提升产业基础能力和产业链现代化水平，营造有助于创新发展的创新文化和创新生态。

认真贯彻落实党中央各项防控疫情促发展决策部署。2020 年 2 月 23 日，中央召开统筹推进新冠肺炎疫情防控和经济社会发展工作部署会议，习近平总书记发表重要讲话指出，在确保疫情防控到位的前提下，推动非疫情防控重点地区企事业单位复工复产，恢复生产生活秩序。要认真贯彻落实习近平总书记重要讲话、重要指示精神和党中央决策部署，坚持精准施策，科学应对疫情对生产、贸易、交通、财政、金融、税务等方面的不利影响，保障经济社会持续健康发展。既要精准救助受疫情影响较大的行业和企业，也要积极推进供给侧结构性改革，补齐短板。对于物流、急需的医药防护用品等产业，通过阶段性减免税、政府补贴、鼓励市场竞争等手段，促进其健康发展。对于旅游、餐饮等受疫情影响较大的产业，采取阶段性减免税、贴息贷款等措施，防止资金链断裂导致企业经营和用工困难。切实保障基本民生，做好居民生活必需品保供调度，防止物价过快上涨；积极组织蔬菜等副食品生产，加强物资调配，确保生活必需品的市场供应；做好煤电油气重点供应，保证居民用能需求。加快释放新兴消费潜力，大力促进新的工作方式、生活方式和商业模式发展，加快机器人、远程办公平台等的运用，推动电子商务、网络教育、网络娱乐等方面消费。①

① 许晓东：《新知新觉：把疫情对经济社会发展的影响降到最低》，《人民日报》2020 年 3 月 4 日，第 9 版。

B.11
辽宁省文化产业发展现状与对策研究

田雨　张雅婧*

摘　要： 文化是一个国家、一个民族的灵魂，文化产业的兴盛会更加有利于文化事业蓬勃发展、文化自信全力笃定。辽宁省文化产业总体情况平稳，文化产业种类繁多、业态丰富，规模持续壮大。辽宁省也对文化产业出台若干意见予以扶持。然而，辽宁省文化产业仍面临诸多困难和挑战，主要表现在：文化资源开发利用不足，产业分布不均、发展不足，产业化程度欠缺以及缺少行业知名品牌等。面对这些困难和挑战，辽宁省应明晰文化及产业内涵，明确辽宁省文化定位；培育优质文化产业，兼顾调配产业要素；增强文化产业关联，发展产业联动效应；打造优势文化品牌，确立竞争文化项目。

关键词： 文化产业　产业联动　文化品牌

习近平总书记明确指出："没有高度的文化自信，没有文化的繁荣兴盛，就没有中华民族伟大复兴。"文化是一个国家、一个民族的灵魂，文化产业的兴盛会更加有利于文化事业蓬勃发展、文化自信全力笃定。新时代中国特色社会主义需要给予充裕丰富的精神食粮来满足人民对美好生活的向往。我国文化产业总体规模稳步提升，产业结构逐渐趋于优化，显然已经成

---

* 田雨，辽宁社会科学院文学文化学研究所助理研究员，博士；张雅婧，沈阳农业大学马克思主义学院，博士。

为经济发展的动力之一。辽宁省也正在将文化产业高质量发展放在显著位置，并不断完善政策法规，创新体制机制，致力于把文化产业打造成全省重要的支柱产业，力求在全国文化产业发展格局中占有一席之地。辽宁省文化产业建设发展应借此东风、乘势而为，在深入贯彻落实党的十九大精神和习近平总书记关于文化建设工作的重要论述的基础上，培养新型文化产业和文化消费模式，使各类文化产业主体持续发展壮大，激发传统民族民俗文化产业的创造活力，力争将辽宁省文化产业高质量发展进一步推向高峰。

一　辽宁省文化产业发展的基本态势

1. 文化产业总体情况平稳

辽宁省公共文化管理体制逐步齐备，公共服务平台日趋完善，行政管理服务有所改善，文化市场趋于稳定，全省文化产业发展呈现出在平稳发展中健康向上的基本态势。2019 年，辽宁省有文化馆、艺术馆 125 个，公共图书馆 130 个，博物馆 65 个，档案馆 136 个；有线电视用户 677.5 万户，其中数字电视用户 626.4 万户；广播人口覆盖率达 99.24%，电视人口覆盖率达 99.27%；出版报纸 66 种（不含校报），出版量为 6.8 亿份；期刊 313 种，出版量为 0.7 亿册；图书 1.1 万种，出版量为 1.7 亿册。2018 年，全省有文化及相关产业法人单位 4.4 万个，从业人员 31.6 万人，资产总计 2971.0 亿元。另外，辽宁省从事文化产业的单位就业人员工资基本保持平稳，具体情况见表 1。

表 1　2017～2018 年辽宁省文化产业的单位就业人员工资情况

年份	2017	2018
单位就业人员工资总额(亿元)	26.15	26.60
单位就业人员平均工资(元)	55137	65567
私营单位就业人员平均工资(元)	32444	34072

资料来源：国家统计局。

2. 各类文化产业发展态势良好

辽宁省文化产业种类繁多、业态丰富，规模持续壮大。辽宁省文化演艺产业基础雄厚，专业演出艺术门类齐全，其中包含话剧、歌剧、交响乐、歌舞、民族乐、芭蕾舞、杂技、京剧、评剧、辽剧、儿童剧、秧歌剧等。目前全省演艺联盟成员达38家，辽宁剧院联盟成员达到31家。全省共有318家民营演出团体以及123家娱乐演出场所，全年持续活跃演出。其中，2019年，来自辽吉黑蒙四省区的11台地方戏曲剧目在沈阳、营口集中演出22场，涵盖东北地区主要地方戏曲艺术门类，集中展示了辽宁省戏曲艺术发展成就。自2018年组建文化演艺集团（下辖辽宁歌舞团、辽宁歌剧院、辽宁人民艺术剧院、辽宁芭蕾舞团）以来，辽宁省在文化资源方面统筹利用的程度大大提高，各单位创作推出的文艺表演活动也是层出不穷。2019年各院团创作新剧近10部，如果加上过往演出的成熟节目，现有40余部优秀作品可以提供观众欣赏，极大地满足了全省不同观众群体的精神文化需求。其中，话剧《干字碑》主演获第十二届中国艺术节“文华表演奖”，话剧《远星》《无风地带》被列入2019年全国现实题材及革命历史题材舞台艺术重点项目。而在2019年8~9月，辽宁芭蕾舞团于北美各地巡演大型原创芭蕾舞剧《花木兰》，广受好评，该剧与话剧《工匠世家》一同入选“全国舞台艺术重点创作剧目”。

辽宁省工艺美术产业基础较为坚实。工艺美术行业门类相对齐全，产品涵盖范围广。辽宁省工艺美术产品包括雕塑、漆器、天然植物、地毯挂毯、纤维编制、花画、抽纱制绣等各项种类，以及珠宝首饰、民族工艺制品、美术陶瓷、烟花爆竹等。全省的工艺美术行业初具规模且发展态势良好。以鞍山岫玉加工区、大连艺术玻璃和贝雕艺术生产加工区、本溪辽砚产业园区、阜新玛瑙工业园区为代表的一批特色园区正在被着力孕育培养。辽宁省各地纷纷举办了各具地域特色的以打造自身工艺美术品牌为目的的文化展会活动，如锦州古玩节、阜新玛瑙博览会、抚顺煤精琥珀展销会、本溪辽砚文化节、盘锦辽河美术节、葫芦岛泳装文化旅游节等，还有辽宁（沈阳）工艺精品文化节、东北文化博览会等。

在文化出版业方面，辽宁省获奖佳作频传。如以科技强国、展现科研精神为主题的长篇纪实文学《中国机器人》和以精准扶贫、精准脱贫为题材的长篇小说《战国红》分别获得第十四届、第十五届精神文明建设“五个一工程”优秀作品奖。在此基础上，辽宁省获得省部级以上出版奖项与出版工程的项目有55项，入选“十三五”国家重点出版物规划有10项，另有国家出版基金16项。同时，辽宁省围绕不同分类打造12条重点图书产品线，各类图书产品线品牌规模不断扩大，年出版新书5000余种，图书再版率达55%以上，首次发行量与累计发行量的畅销书品牌也已经逐渐形成自身影响。在文化文艺研究方面，辽宁省拥有《当代作家评论》《鸭绿江》等6个创刊悠久、蜚声海外的文学文化杂志期刊，它们大多聚焦现实题材，创作出大量丰富多元、饱含温度的作品。

辽宁省在文化旅游融合方面着力培养具有代表性的文化旅游品牌。辽宁省有着丰富的文化遗产。在第三次全国文物普查中，全省共计文物遗址24115处，世界文化遗产地6处（沈阳故宫、清福陵、昭陵、抚顺永陵、葫芦岛九门口水上长城、本溪五女山山城），在数量上排名全国前两位；牛河梁遗址、兴城古城、义县奉国寺、渤海湾和黄海海岸被列入世界文化遗产预备名单项目；国家级和省级历史文化名城分别有1处和7处，国家级和省级历史文化名镇分别有2处和4处，国家考古遗址公园1处，省级历史文化名村1处。全省有博物馆105座（其中国有博物馆79座），全国重点文物保护单位128处，省级文物保护单位472处，可移动文物405248件（套）。2019年，辽宁省又新增“第八批全国重点文物保护单位”19处。以此为依托，全省重点培育5个主体功能区，并在保持和发扬传统历史民俗文化旅游精品线路的同时，积极在做优做强红色精品文旅线路、休闲旅游活动上下足功夫，而各种主题鲜明的文旅品牌也在渐渐点亮辽宁。与此同时，辽宁省也在不断加快完善旅游公共基础设施建设，扎实推进“厕所革命”。截至2019年10月底，全省已新建改建旅游厕所立项开工992座。

通过多策并举，全省旅游经济形势持续向好。至2019年10月，全省完成旅游总收入5240.8亿元，同比增长15.9%；接待国内人数53669.9万人次，同比增长 13.6%。2019 年前 10 个月，全省文旅项目累计完成投资总额达到 211 亿元，同比增长 16%。在 2019 年国家法定假期，沈阳故宫、张氏帅府日均游客数量爆满。而辽宁省其他公共服务类展馆正在成为文旅融合前沿阵地，受到大众追捧。2019 年，辽宁省博物馆举办“又见大唐”“又见红山”精品展览，在全国产生较大影响。辽宁省通过支持培育具有高体验辨识度、丰富特色内涵品质、较强公众影响力的文旅品牌，正逐渐使文化旅游消费汇聚成全省经济支柱产业。

辽宁省通过举办 1905 文创园犀牛市集、中国（盘锦）首届苇艺草编创意设计大赛、辽河口特色小吃文化展、全市工艺美术精品展、中国盘锦二界沟开海节等文化消费节丰富群众文化生活。2018 年消费节上，参与的企事业单位和商户多达 1581 家，参与的人数为 3391.7 万人次。辽宁省积极扶持文化企业重点产业项目建设。沉香养生文化小镇是东北地区首个集文化、艺术、旅游、人文为一体的香业文化基地，总投资 2.13 亿元，总面积约 4 万平方米，已于 2017 年底正式投入运营。恒大文化旅游城涵盖文旅产业、医疗健康、养老休闲等多种业态，总投资高达 400 多亿元，已于 2019 年下半年在沈阳市浑南新区集中开工建设。位于沈阳故宫东侧十字路口东南角的辽宁非遗文化产业基地也在 2019 年正式成立。它是由沈阳皇城里文化产业集团和辽宁佳冠旅游发展有限公司共同筹建，辽宁传承文化发展公司负责管理。基地内建有辽宁非遗典藏馆、文化展览中心、非遗文化体验馆、非遗美食餐厅、剧场等不同功能区域，占地面积约 1 万平方米。此外，在 2019 年 5 月召开的第 15 届中国（深圳）国际文化产业博览交易会上，辽宁省参展团积极推动文化产业项目与资本的对接，利用“艺卡”智能移动拍摄机器人等先进技术，集中展示传统文化产业转型升级发展。而更多的文化企业及重点产业项目相继聚集辽宁，这有助于打造具有辽宁特色的文化新模式。

辽宁省动漫和广播电视剧产业也在不断成长壮大。2019 年，辽宁省已有 16 家国家认定的动漫企业享受国家支持政策，有 3 家动漫企业被选入国家动漫企业资源项目库，有 2 个动漫项目入选国家弘扬社会主义核心价值观动漫扶持计划，另有4件作品被列为国家广播电视总局少儿节目扶持项目，动画片《罗米熊与丹米兔》在蒙古国教育电视台两个频道同步播出。同时，辽宁广播电视剧目创作生产也在持续加强，《高大霞的火红年代》《中国仪仗兵》被国家广播电视总局列入“2018～2022年百部重点电视剧选题规划”。《高大霞的火红年代》《红鲨突击》《老酒馆》入选国家广播电视总局“庆祝新中国成立70周年推荐剧目”。广播剧《今生无悔》获全国“五个一工程”优秀作品奖，14部广播电视作品获省“五个一工程”奖。电视剧《春暖花又开》和动画片《跳跳鱼世界》两部作品入选“丝绸之路影视桥工程”。

辽宁省有国家级文化产业示范园区1个和示范基地13个，国家级动漫产业基地、文化和科技融合示范基地各2个。辽宁省通过园区和基地的集聚效应，培育和壮大了一批骨干文化企业，为全省文化产业提升树立了积极的榜样。在文化和旅游部文化产业司的《2018文化产业项目手册》中，辽宁省13个项目名列其中，入选数量居全国第11位、东北地区第1位。此次辽宁省入选的文化产业项目涵盖动漫游戏、演艺娱乐、主题公园、文化产业园区、博物馆、创意设计、人才培养等7个文化产业重点门类，内容丰富多样，均有较深的文化内涵和较好的商业模式，体现出辽宁省近年来发展文化产业的创新性努力。

3. 文化产业发展政策保障

在《文化部“十三五”时期文化产业发展规划》中明确指出，2020年，文化产业整体实力和竞争力应明显增强，并全面提升文化产业发展质量和效益，文化产业成为国民经济支柱性产业。与之相对应，辽宁省为深入贯彻落实习近平新时代中国特色社会主义思想和党的十九大精神，推动全省文化产业加速成长、高质量发展，于2019年出台了《关于推动全省文化产业高质量发展的若干意见》（以下简称《意见》）。《意见》明确提出：“到2020年，全省文化及相关产业增加值实现1000亿元以上，朝着1500亿元的方向努力，力争成为国民经济支柱性产业。”①

---

① 《关于推动全省文化产业高质量发展的若干意见》，《辽宁日报》2019年6月27日。

《意见》提出在财政、税收、金融、土地方面给予扶持政策；同时，优化文化市场、文化交流合作、文化消费、人才培养引进创业方面的环境。

《意见》提出对当年新进入规模以上的文化企业以及年主营业务收入首次突破一定规模，并且“较上一年度主营业务收入及利润增速较大、社会效益良好、对文化产业贡献大的文化企业，按规定给予一次性奖励”。对获得规定级别奖励称号和投资规模大、符合文化产业发展方向、取得良好社会效益与经济效益的文化企业，分别按规定给予奖励，并在项目推进等方面予以政策和资金支持。同时，“支持文化产业园区（基地）公共服务平台建设，提高配套服务水平，吸引更多文化企业入驻，促进生产要素集聚。”

《意见》还提出，从事文化产业支持技术等领域的相关企业，可以减少征收部分企业所得税，并鼓励符合一定条件的文化企业通过发行债券的方式扩大融资，以及支持文化企业上市和新三板挂牌等方式融资。同时“在国家许可范围内，鼓励和引导民营文化企业参与重大文化产业项目实施和文化产业园区建设，参与国有文化企业改革发展”。① 建立相应制度，对规模以上的文化企业“一对一”全流程解决项目实施过程中出现的难题。

此次《意见》的出台将有效激活辽宁省文化创新创造的能力，使辽宁文化产业能够更加快速推进、更高质量发展，对推动辽宁经济强省和文化强省建设协同促进、同频共振具有十分重要的影响。

二　辽宁省文化产业发展的主要问题

当前，辽宁省文化产业仍面临诸多困难和挑战，主要表现在文化资源开发利用不足，产业分布不均、发展不足，产业化程度欠缺以及缺少行业知名

---

① 《关于推动全省文化产业高质量发展的若干意见》，《辽宁日报》2019 年 6 月 27 日。

品牌等方面。这些问题的存在显然会对辽宁省进一步全面发展带来阻碍和干扰。

1. 文化资源开发利用不够

辽宁省具有丰富的历史文化资源和少数民族文化资源等，但是文化资源开发度不高，并且辽宁省民间文化资源的发掘，还处于初级阶段。辽宁省对独有的民间手工艺缺乏保护，造成部分手工艺逐渐流失；对容易受到人为破坏或者自然环境腐蚀的历史建筑、文物等保护不够，造成历史文化资源遗产的损失；对旅游资源开发不注重环保，景区景点开发层次较低、旅游市场营销和宣传力度不够，甚至对景点的保护和运用能力都有一定的缺陷；旅游产品文化内涵仍有待进一步挖掘，总体活力不强。此外，举行的相关文化活动大多仅停留在展示或宣传层面，缺乏对文化内涵精髓的深层次挖掘。在东北各省纷纷整理传统文化资源的前提下，文化产品难免雷同，难以分辨辽宁省的文化特色，容易造成形象混淆；同时缺乏深层次的创新性开发与利用，造成大量文化资源的浪费及闲置。未能有效地将文化资源转化为产业资源，文化资源未成为有效的经济动能。

2. 产业分布不均，发展不足

辽宁省各地区文化产业分布不均，以文化产业园为例，辽宁省大多数文化产业园区和基地主要聚集于沈阳或大连。但是这些文化产业园区尚未形成完整的产业链，缺少具有原创力的内容生产以及渠道建设的高端业态，表现出严重的同质化。文化产业园区的运营模式还处于初级阶段并且主体特色不明，往往仅提供展览平台和培训教育服务，缺少盈利模式；获取经济和社会效益的能力不强，多数产业园区无法自我“造血”。文化产业园中的企业在发展的过程中孤军奋战的现象比比皆是，没有有效地激活、关联文化产业，产品的标准性、统一性较差，往往只图眼前利益，导致文化产业集聚的生态环境较差。而此次新冠肺炎疫情的暴发会对辽宁文化产业园区、孵化器等以规模型、集聚式、连锁化发展的主体形态产生较大影响，极有可能使其面临大量空置的危险。此外人才、技术、资金等各种要素的发展不足，制约着辽宁省文化产业追赶发达地区的步伐，极大地拉低了辽宁省文化产业的整体实力。

3. 产业化程度欠缺

辽宁省文化产业结构不合理，市场机制不够健全。近年来辽宁省文化产业虽发展平稳，但与发达省份相比，辽宁省文化产业的总产值和规模相对较小，文化产业增值速度较慢。众所周知，资源不等于产品，更不能作为产业。辽宁省丰富的文化资源尚未完全转化为与市场机制充分融合的产业资源。文化产业的发展缺乏创新以及系统整合，具体表现为文化产品类同率高，存在大量类同竞争以及恶性竞争的情况；规范化、规模化的文化产业体系尚未形成，各地文化企业无规律、分散性布局；文化产业发展不均衡，较大地依赖于文化旅游业，但又对其开发不够，受季节、气候等因素制约明显。这些情况造成了文化资源的浪费，并给文化企业的发展造成了困难。此次新冠肺炎疫情的暴发，会使辽宁省大量文化企业无法抵御现金流的巨大压力，一大批相关领域企业存在资金链断裂风险，即便有政府的救助政策，它们也可能难以为继。再者，辽宁还存在文化产品的供需矛盾，即生产出的文化产品缺乏良好的销售途径，几乎无法有效占领国内外文化市场。同时因文化市场机制不够健全，没有统一、开放、有序的文化市场，而且不懂市场运作规律，故不能较好地满足居民对文化产品及服务的需求。

4. 缺少行业知名品牌

时至今日，辽宁省自身文化产业品牌知名度不高。其表现为辽宁文化产业对外形象模糊，缺少专属辽宁的魅力名片。辽宁省的文化行业品牌在文化内涵描绘宣传上严重匮乏，因此受到地域的极大限制，缺少广受认知的文化产物，没有形成具有代表性的能够广泛占领国内外市场的文化行业品牌，在国内外市场上缺乏竞争力。这是因为辽宁文化行业品牌在内容的选用上缺乏指向性、相关性，忽视不同地域之间的文化背景、文化认同以及文化理解方式的差异，文化产品“水土不服”，导致文化传播功效不佳。这方面的不足也说明辽宁省对文化“走出去”的重要性认识仍明显不足，缺乏主动性及内在动力。更重要的问题在于其本身的文化认同与辽宁品牌建构尚不明确。知名文化品牌能有效带动文化产业的发展与竞争，辽宁省不能提升地方曲艺、标志产品、文化符号等一系列具有辽宁特色的文化资源内涵，便无法使文化产品知名度进一步得到提升，从而不能凝聚形成文化品牌效益。

三 辽宁省文化产业发展对策建议

1. 明晰文化及产业内涵，明确辽宁省文化定位

提升辽宁省文化产业竞争力需转变文化意识。这需要文化产业相关人员正确理解文化的内涵和属性，避免将文化过度实用化，还要将文化提升到应有的高度来理解，改变辽宁省长久以来重经济而轻文化历史性的扭曲和成见，防止使文化产业完全依附于经济发展。因此，对文化与实体经济的适宜理解是提升文化产业意识的正确观念，同时还要使文化产业内涵能被认知明晰。在我国文化事业发展过程中，人们曾长期只专注文化的精神层面属性，忽视了文化作为产业的经济商品属性。对于辽宁省而言，此种现象也颇为明显。辽宁省只有不断提升文化产业意识，全面深入地理解文化产业，规避对文化产业内涵的偏颇与狭隘认识，才能够保障文化产业的健康有序发展以及促进文化产业竞争力提升。此外，还应明确辽宁省文化定位，不要总是将其置于东北文化中，模糊自身文化特性。辽宁省文化的特性也应是地域文化产业化的独到优势。其排他性与不可复制性可使辽宁省地域文化产业享有得天独厚的竞争优势，可以形成区域文化产业经济开发的精神支撑与发展引擎。文化可在区域经济发展的过程中转化为直接的经济收益与社会效益，还可为辽宁省经济发展与开发提供文化氛围、智力支持，使经济发展的环境得到优化。

2. 培育优质文化产业，兼顾调配产业要素

辽宁省文化产业发展很快，但整体竞争力一直处于全国中下游水平，这就对产业要素合理调配和文化资源合理布局提出更高要求。合理调配文化产业要素资源需要政府以及社会力量的共同配合，而缩小文化产业的区域差距则是一个系统性的工程。首先，各地区要充分发挥自主能动性，充分开发特

有的文化产业资源要素。其次，需上级政府部门的参与管理和政策引导。对于如大连、沈阳等文化产业相对发达的地区或城市，应出台切实可行的优惠政策并扩大政策覆盖范围；同时，吸纳社会优质资源以 PPP 等模式参与文化产业投资。当前重点文化产业基地和园区的建设具有重要意义，需在适应文化产业的自身发展规律的前提下整合上下游产业链，以达到以点带面的工作效果。各文化产业示范基地和园区需要具有规模化的聚集效应，能代表辽宁省未来文化发展方向。省内其他地区则要依托当地优质文化资源，走精品化、专门化、特色化的发展之路。培育孵化优良项目，形成文化产业蓬勃发展的良好局面，力争实现小微企业与大型企业之间的良性合作共赢；同时，还应结合辽宁省文化产业发展实际，将重点置于内容创作生产、创意设计服务、文化传播渠道、文化娱乐休闲服务等领域进行文化产业布局。在其他文化生产要素方面，辽宁省也应尽力兼顾。在专业人才领域，可建立文化创意人才和专业技术人才重点数据库，凭借实际项目需要，依托行政力量，实现人员整合。在资金领域，需确保项目资金的有序注入，着力引导文化产业有效性、合理化投资。在制度领域，以文化产业相关的法规来保护文化产业的技术创新。此次新冠肺炎疫情暴发后，辽宁省部分优质文化企业可能会脱颖而出，通过兼并重组来扩大自身的竞争优势与市场份额。辽宁省可以此推进文化产业供给侧结构性改革，为文化产业内部的市场化、法治化并购重组做好准备，打造属于辽宁自身的文化旗舰。

3. 增强文化产业关联，发展产业联动效应

文化产业与其他众多产业息息相关，推进文化产业与农业、服装、旅游、餐饮、体育运动等多产业融合发展，丰富相关产业领域的文化内涵，提高文化产业链高附加值是辽宁省文化产业发展的“终南捷径”。因此，辽宁省必须加大各个集群内部企业在文化产业链上的合作力度，通过市场规律和行政规划手段，实现文化产业与关联产业的共同进步。要达到上述目的，应该做好如下几点。首先，辽宁省应整合省内优质文化资源，并将这些资源与其他产业进行对标，明确文化产业与关联性产业的合作方向。其次，合理运用科技创新的引领手段，建设文化产业与关联产业的共性技术平台，以实现

文化产业与关联产业的集群化发展。再次，挖掘辽宁省各类文化元素，利用创意设计理念、时尚前沿消费观念等，塑造文化产业与关联性产业的高级新业态。在促进文化产业和相关产业联动发展时，需在供给方面有所考量，应努力在中高端消费中凸显亮点。同时广泛运用不断创新的信息技术，结合传统文化的魅力，进行辽宁省特色文化传播和文化制作，例如以网络为载体，融合5G等新型智能信息技术可以极大地促进文化与相关行业间的转型升级。这是辽宁拓展文化产业发展、实现经济增长的新路径。而此次新冠肺炎疫情也使辽宁文化产业主体更加认识到科技创新驱动对维持产品竞争优势的作用，例如公共文化场馆纷纷开放数字资源，将阅读文化、艺术培训搬到线上，让群众在网上就能观看并参与文化活动。因此，辽宁显然应以此为契机打造精品线上平台，以数字技术激发文化产业的内生动力，加快研发投入和模式创新，令众多文化企业顺利度过此次危机。

4. 打造优势文化品牌，确立竞争文化项目

辽宁悠久的历史所特有的优质故事内容和丰富文化内涵尚未凝练成属于辽宁自身的文化品牌，而文化产品品牌化却对文化产业的带动提升有示范性作用，不仅可以将文化资源优势转化为经济优势，还能促进社会文化环境改善。因此，辽宁省应该加强树立文化企业的品牌形象意识，精心建设具有巨大影响力和传播力的辽宁特色优势化品牌。辽宁省在树立具有“龙头”作用的强势文化品牌时，应选取在自然环境、地方文化、人力资源等方面具有一定辐射影响的文化资源和素材，逐步建立不同层次、多元化的文化精品系列，尽可能全面有效地带动全省文化产业发展繁荣。品牌健康发展取决于良好的运营机制，这需要文化产业不断突破原有的机制瓶颈，开发更具文化竞争力的优势品牌及项目，以此完善辽宁省文化品牌建构。如位于沈阳市铁西区的“中国工业博物院”，通过将废置闲散资源循环再利用，修缮整理老旧车间厂房及其设备，将它们重新规划组合，重现其蕴含的文化价值，使参观者置身于沈阳工业发展历程之中，以此形成具有辽宁特色的工业文化名片。辽宁文化演艺集团允许下属单位积极与企业集团进行战略合作对接，借助辽宁省本地优质的文化演艺资源，依靠民间资本及经营理念，着力培养民间演

艺产业群，并将优势品牌项目投入市场运营，为辽宁省文化产业品牌发展树立了良好典范。新冠肺炎疫情暴发之际，辽宁各文化演艺团体、群众文化工作者和文化志愿者除创作各类文艺作品，传播防疫知识、宣传疫情防控举措外，还应积极准备演出内容，以便在复演后推出更高质量的作品。各剧场则利用停演的空隙，加强软硬件升级维修等工作，提升服务质量与设施功能，精心策划打造演艺盛宴，为复演做更充分的准备。

参考文献

《辽宁多点发力培育塑造文化和旅游品牌》，人民网，2019。

《打造辽宁地域文化旅游新形象——“叫响辽宁品牌”系列报道之四》，东北新闻网，2019。

《关于推动全省文化产业高质量发展的若干意见》，《辽宁日报》2019 年 6 月 27 日。

葛震：《创新利用优秀传统文化加快辽宁文化产业发展》，《沈阳大学学报》（社会科学版）2019 年 6 月 15 日。

刘奥：《辽宁省文化产业发展策略研究》，《文化学刊》2018 年 2 月 25 日。

B.12
辽宁养老产业发展研究

严加高*

摘　要： 辽宁老年人口较多，而且增长很快，省委、省政府高度重视养老产业的发展与壮大，出台了一系列的扶持政策，起到了显著的效果，大力发展养老产业是新时代辽宁省经济社会发展的迫切需要。本文全面梳理辽宁养老产业发展的现状，明确指出辽宁养老产业存在的问题，系统提出了辽宁发展养老产业的对策建议。

关键词： 养老产业　养老医疗　流行病预防机制　智慧养老

一　辽宁养老产业发展现状

（一）辽宁省人口老龄化基本情况

《2018年辽宁省老年人口信息和老龄事业发展状况报告》显示，从1996年辽宁进入老年型社会以来，辽宁人口老龄化、高龄化及家庭小型化的趋势在不断加剧，成为辽宁基本省情。户籍人口统计显示，至2018年底，辽宁省户籍人口总数为4232.56万人，60周岁以上老年人口为958.74万人，占总人口的22.65%，65周岁以上老年人口为608.16万人，占总人口的14.37%。同全国老年人口2.4亿人、占总人口的17.3%相比较，辽宁省老

* 严加高，辽宁社会科学院社会学研究所副研究员，主要研究方向为健康养老。

年人口比重高出全国 5.35 个百分点。辽宁城市老年人口分布比例：沈阳和大连老年人口数最多。从城乡老年人口分布情况来看，辽宁省 958.74 万老年人口中，城镇老年人口为 518.25 万人，占老年人口的 54.06%；农村老年人口为 440.49 万人，占老年人口的 45.94%。从老年性别上来看，老年男性人口为 455.97 万人，占到老年人口的 47.56%；老年女性人口为 502.77 万人，占老年人口的 52.44%。辽宁省百岁老人为 1820 人，比 2016 年底增加了 131 人。其中，男性老年人口为 624 人，女性老年人口为 1196 人，男女老年人口比例为 1∶1.92。居住在城镇的百岁老年人口为 929 人，居住在农村的百岁老年人口为 891 人，居住在城市同居住在乡村老年人口比例为 1∶0.96。辽宁省每 1 万位老年人中有百岁老年人 1.90 人。辽宁省现有百岁老年夫妻 3 对。

（二）政府高度重视养老产业发展

辽宁省委、省政府特别重视养老产业发展壮大，把养老产业当作全省发展战略全力不断推进，辽宁养老产业取得了快速发展，有效地转变了思想观念，全面地放开了市场准入，不断吸引社会资本，促进盘活闲置资产，全周期的宣传推介。辽宁省努力发展旅居养老、医养结合、“互联网 + 养老”、社区居家养老、文化养老和连锁分布、服务外包、渠道分销、集成销售、垂直营销的全方位发展新模式，有效地深入进行养老产业改革初步试验。

1. 加强基础设施

沈阳在加强养老服务基础设施建设方面，特别编制了《沈阳市居家养老服务设施布局规划》，对沈阳市居家养老服务基础设施配建标准进行了刚性约束；明确提出沈阳市新建居住小区以及已建成的居住区，各自按照每一百户建筑面积，不得低于 35 平方米、25 平方米的标准配建居家养老服务基础设施；还特别规划出：2019 年底沈阳市将新增区域性的居家养老中心 100 个和社区老年人服务站 300 个。

2. 提高补贴标准

沈阳市委、市政府加大了对养老机构、养老产业相关设施建设的扶持力度，大幅度提高了建设补贴的标准，而且第一次把营利性的养老机构纳入了补贴的范围。按照新的规定要求，一个区域的居家养老服务站建设补贴，从原来的 50 万元调整到了 60 万 ~100 万元；一个社区养老服务中心建设补贴，从原来的 10 万元调整到了 10 万 ~30 万元。沈阳市人民政府对养老产业设施进行星级评定以后，根据结果给予区域性居家养老服务站 5 万 ~13 万元及社区养老服务中心 2 万 ~4 万元的运营补贴；关于连锁的以及品牌运营的社区居家养老产业设施，沈阳市政府要给予一次性补贴。

3. 建设养老产业信息大平台

在建立健全养老服务体系方面，辽宁省学习了南方发达地区的成功经验，有序开始建设养老产业信息管理的平台，同时还建设了 60 岁以上老年人大数据库、养老产业大数据地理信息系统、评估与管理的系统、高龄老年人补贴发放管理系统、机构养老企业信息管理系统、居家养老老年人健康信息管理系统、移动互联网端管理系统、医疗呼叫中心管理系统、养老服务工作指标考核系统等，有效地建设了养老产业信息平台，全面地提高了养老产业的发展质量和养老服务的水平。

（三）养老产业有序发展

1. 基本建立养老产业政策体系

2017 年 8 月 28 日，辽宁省发布了《关于全面放开养老服务市场提升养老服务质量的实施意见》，从土地、金融、税费、财政、人才培养、医养融合、市场化、政府购买服务以及行政审批等多个方面规范养老服务的发展；出台了《养老院服务质量建设专项行动实施方案》，从规范服务质量、整治排查、服务培训、政策制度、保障支持和督促落实等几个方面支持和规范养老院的发展并对其进行监督。在居家养老服务方面，沈阳市出台了《沈阳市居家养老服务体系建设实施方案（2018 ~2020 年）》，抚顺市出台了《关于推进抚顺市居家养老工作的通知（实行）》，从考评对象、档次设定、考评条件、考评方式、考评结果和运营补助等方面做出了明确规定，并将居家养老服务工作纳入各级政府民政工作的绩效考核体系中，推进了居家养老服务的发展。在医养结合方面，辽宁省出台了《推进医疗卫生与养老服务结合发展的实施意见》，提高了医疗机构支持养老服务的能力，鼓励医疗机构对老年人看病就医实行优先照顾，开通绿色通道。养老机构也可以根据服务需求和自身实际，按照规定开办老年病医院、康复医院、中医医院、护理院和医务室等。推动医疗卫生服务延伸至社区、家庭，依托社区卫生服务中心和卫生计生基层网络，加强与社区老年人日间照料站、社区居家养老服务中心、农村幸福院等养老机构的合作。

2. 养老产业配套服务快速发展

居家和社区养老的配套服务很重要，沈阳新建居住区按照每百户建筑面积不低于 35 平方米的标准，已建成的居住区按照每百户建筑面积不低于 25 平方米的标准配建养老服务基础设施。以街道为单位，建设区域性居家养老服务中心，主要为老年人提供基本生活照料以及心理咨询和应急救援等服务；以社区为单位，每个社区建设 1 个社区养老服务站，主要为老年人提供基本的生活服务。沈阳、大连、盘锦、营口、辽阳、锦州和鞍山是全国中央财政支持居家和社区养老服务改革试点地区，经过深入开展改革试点工作，辽宁省已经探索总结出万佳宜康、林海等可推广、可复制、可持续的有效养老服务模式。大连市高质量建成 50 所居家和社区养老服务示范中心，为失能、失智和高龄老年人提供短期托养、长期照护、上门服务等专业化、标准化和智能化的养老服务。

3. 不断完善机构养老服务建设

辽宁省自启动开展为期四年的养老院服务质量建设专项行动以来，全省养老机构从完善制度、运营管理、生活服务、安全管理、服务流程等方面对照 115 项指标逐项准备检查材料、自检自查，各级民政部门以不同的形式深入养老院，逐项细致地给予现场指导。截止到 2018 年末，辽宁省城乡养老服务机构达 1494 个；养老床位有 14.7 万张，每千名老人拥有养老床位达到 19.41 张。2019 年辽宁省农村社区（村）养老服务照料站（含农村互助幸福院）有4135所，拥有床位2.5万张，为农村居家老年人提供日间照料、文化娱乐、助餐、助医等为老服务。全面建立了高龄老年人津贴、经济困难高龄老年人养老服务补贴、经济困难失能老年人护理补贴制度。在全国率先建立农村困难家庭常年病人托管制度，在全国较早出台了加强农村留守老人关爱服务工作的实施意见等。2019年本溪市各类养老机构发展到136家，床位共11006张，共入住养老人员6599人，入住率约为60%。其中，公办养老机构18家、床位4014张，民办养老机构118家、床位6992张。各县区都建设了福利中心或养老中心，本溪县、桓仁县、南芬区还建设了农村常年病人托管中心，这些养老机构起到了示范、兜底的作用。2019年辽阳市加大新建和改扩建项目力度，开工了26个城乡社区养老服务设施建设项目，13个农村敬老院旱厕、沐浴间改造项目。

二　辽宁省养老产业存在的问题

（一）养老产业相关政策有待完善

从总体上来看，辽宁省养老产业的发展还处于起步阶段，需要不断地完善整合养老机构、养老医疗、养老产品生产企业、养老金融等行业的政策支持，现有的政策不能对养老产业的发展起到科学的导向作用，不能对社会资本进入养老产业相关领域起到保障作用，没有解决养老产业投资回报周期长风险大的现实问题，从而影响养老服务结构基础设施的投入及设备的更新换代。党的十九大以来，国家对养老产业发展提出一系列文件，辽宁省应当根据省情，及时制定更加具体的政策来支持发展养老产业。尽管2017年3月22日，民政部、公安部、国家卫生计生委、国家质检总局、国家标准委、全国老龄办联合下发通知要求，到2017年底全国50%以上的养老院要以不同形式为入住老年人提供医疗卫生服务，未来辽宁省应将其上升到法律法规层面。

（二）养老服务质量有待提高

辽宁省养老服务存在老年人急救需求多，养老结构供给能力不足，养老机构救援技术能力弱，潜在需求和有效供给失衡，医养结合有待发展等问题。一方面，医保制度对医疗服务行为设定的门槛高。现行医疗保险制度尚未许可养老机构开展医疗护理服务，养老机构即便设置了门诊，也只能开药，不能办理住院。另一方面，老年人医疗服务政策扶持力度不够。基本医保结算难，近八成老人享受基本医保待遇，但因养老机构归民政部门管辖，医疗机构归卫计部门管辖，医保费用报销归人社部门主管，这种多头管理体系存在部门间利益纷争、责任推诿等问题致使医保结算困难，而且人社部门和卫计部门审批程序繁多，审计部门对街道截留、挤占、挪用财政部门转移支付给养老机构的补贴资金等违规违法行为的监管不到位导致服务跟不上。

（三）养老医疗服务人力资源梯队亟须建立

老年人的医护人才匮乏、结构失衡、待遇不高，导致一方面专兼职医护人员配置不足，医护人员年龄老化；另一方面，公办机构和民营机构的医护人员结构失衡。民营养老机构是辽宁省医养融合服务主体，但为数不多的专职医护人员一般分布在公办养老机构，民营养老机构医护人员较少，且多半是兼职的。另外，养老机构中有资质的医护人员比重小，养老机构缺少医养结合服务必需的医护人才，造成护理人员劳动强度大、待遇低、人员流动性大甚至流失，养老产业发展不全面，制约长期护理和临终关怀的瓶颈难以突破。疑难病患老人无法在养老机构获得持续医疗，主要原因是疑难症患者的照护成本高，且养老机构医疗服务能力弱，无法满足老人需求，养老机构为规避责任将濒临死亡的老人送到医院。

（四）养老产业流行病预防机制亟待完善

流行病这种公共卫生事件，会引发各国对医疗防护物资的管制，从而影响老年人及养老产业从业人员的生活与工作，甚至威胁到老年人的生命安全。一方面，养老产业对卫生检疫工作重视不够。一直以来，养老产业相关部门及结构不重视流行病防控，没有树立正确的卫生检测检疫观念，卫生检测责任和主动性欠缺，养老机构卫生检疫工作大部分是为了应付相关部门的例行检查。另一方面，养老产业没有吸引到疾控方面的人才。由于疾病防御工作的特殊性，相关行业的人才短缺，养老产业的疾控人才更加短缺，更不可能建立养老产业的流行病防控人才队伍。养老产业的各个产业链疾控设施建设不全，特别是养老机构在仪器配置上出现严重短缺，这就给养老产业的流行病防控工作带来很大的阻力。

三　辽宁省养老产业发展的对策建议

（一）精准制定支持养老产业发展的政策措施

1. 明确职权

省委、省政府应当出台精准的政策支持和保障养老产业的发展，明确卫计委、人力资源和社会保障厅、财政厅等相关职能部门的职责和权限，从根源上消除“多头管，都不问”的问题，着力消除行政壁垒，使相关职能部门各司其职。

2. 政策倾斜

学习借鉴南方发达省份的相关政策，根据全省现实情况加大对养老产业发展的政策倾斜力度，在养老产业土地划拨、金融扶持政策、优惠税收、人才引进、投资者权益保护等环节制定政策导向，多角度、全方位、全周期地制定有效措施，扶持养老产业更好更快地发展，特别是要简化行政审批，优化营商环境。

3. 推动改革

不断推动医疗保险的深化改革，建立健全长期护理保险制度，降低并保障老年人养老经费，让老年人不会因为费用问题享受不到较高质量的养老服务。

（二）高质量发展养老产业

1. 提高养老服务水平

协同委计委、民政部门对老年人的信息资源进行管控，精准满足不同地区、不同人群、不同民族的老年人特有的需求，合理整合医疗资源与养老需求，有效促进养老服务业的高质量发展。

2. 丰富养老内容

深挖民间力量，动员各阶段学生、低龄老人、体育、医学、教育、文艺等社会各界爱心人士，培育发展志愿者服务队伍，为失能老人、空巢老人提供精神及物质上的帮扶。

3. 提高养老产品市场竞争力

根据国家繁荣发展中医药政策，结合全省药材生产资源，拓宽养老产品生产企业融资渠道，引导针对老年病、慢性病预防和治疗的中医药产品研发，帮助企业推广新产品上市，积极推进智慧养老产品的研发与上市，优化养老产业发展环境，协同相关行业联动发展。

（三）加强养老产业人力资源梯队建设

1. 完善人才培养体系

建立长远高质量发展养老产业人力资源队伍，就应当在人才的专业化培养上下功夫，鼓励和支持高等院校、职业技术学校开设养老产业相关的专业，尽快形成各层次的人才教育结构。

2. 提高现职人员的专业化水平

通过资金扶持和政策引导，鼓励养老产业相关企业多样化培养职工专业技术水平，如通过继续教育、成人教育、远程教育及先进地区优秀企业派出学习等方式，全面提高员工的专业化水平。

3. 注重高端人才的培养和引进

政府应当在高水平人才的培养及引进中发挥关键作用，以各地级市为主体，为养老产业相关企业在高端管理人才、高端技术人才出国留学、实验室建立、高新技术孵化等方面提供必要的支持；对于企业引进的国内外先进人才经过评估后，应当高标准兑现相应人才引进政策。

（四）建立完善的养老行业流行病防控制度

1. 政府要针对养老产业培养高素质的流行病防控人才队伍

建立完善的疾控机制，首先要培养高素质的疾控人才，使各种疾控机制能够有效地管理好突发的公共卫生事件。老年人的自身免疫力较差，对各种传染病的防范意识相对不足，养老机构人群很集中，所以针对养老产业高素质疾控人才队伍建立就显得很有必要。

2. 深化改革养老产业疾病预防体系运行机制

2019 年底至 2020 年初，武汉暴发的新冠肺炎疫情，迅速扩散到全国，养老产业要根据行业特点，以大胆改革创新的勇气，理顺行业管理机制。辽宁省应根据基本情况建立一个符合养老产业疾病预防控制内在规律的现代化疾病预防控制体系，探索进行“横向到边，纵向到底，上通高层，下达养员，中减院长”的改革。

3. 加强养老结构医学教育和科研现代化建设

一方面，加强养老产业疾病预防控制人才的培养，从养老服务人员的医学教育开始，缩小医疗与卫生之间的裂痕，培养其职业荣誉感。养老专业相关的高等院校要加强与疾病预防控制机构合作，培养高水平、实用型人才，从基础上树立疾病防控意识。科学技术是第一生产力，要用最新科学技术成果武装养老产业，提高老年人疾病侦察、预警、预防和控制的能力。

参考文献

程锦泉：《我国疾病预防控制体系现代化建设的思考及对策建议》，《中华预防医学杂志》2020 年第 2 期。

冯桌：《辽宁省老年人状况及养老产业现状分析》，《圆桌论坛》第 1 期。

郇波、邹长青、田月、季惠斌：《辽宁省健康养老产业发展现状及对策》，《中国健康教育》2019 年第 35 卷第 6 期。

B.13
辽宁节能环保产业发展现状与对策研究

郑古蕊　孙 义*

摘　要： 节能环保产业作为战略性新兴产业之首，对于辽宁缓解资源环境与经济发展之间的矛盾，加快实现产业转型升级，促进经济高质量发展，具有重要的战略意义。辽宁节能环保产业发展虽然呈现出很好的发展态势，但仍然存在产业规模和企业规模小、创新驱动不足、市场不够规范、部分政策执行不到位、服务体系不健全等问题，需要从发挥政府职能、加大金融政策扶持力度、推动产业集群式发展、加强技术创新驱动、营造竞争有序的市场环境、加强国际合作等方面入手，推进辽宁节能环保产业的健康发展。

关键词： 节能环保产业　技术创新　市场环境

《“十三五”国家战略性新兴产业发展规划》指出，战略性新兴产业代表新一轮科技革命和产业变革的方向，是培育发展新动能、获取未来竞争新优势的关键领域。党的十九大报告也明确提出，深化供给侧结构性改革，加快建设创新型国家，可以预见，未来我国经济高质量发展的主要动力将来自

---

* 郑古蕊，辽宁社会科学院产业经济研究所副研究员，主要研究方向为产业经济、环境经济等；孙义，中环联合（北京）认证中心有限公司，工程师，研究方向为应对气候变化与环境管理。

战略性新兴产业。当前，节约资源、保护环境已经成为我国的一项基本国策，节能环保产业作为战略性新兴产业之首，既具有产业属性又具有环保属性，对打好污染防治攻坚战，促进节能减排和民生改善，培育新的经济增长点及提高绿色竞争力，具有非常重要的意义。

一　辽宁节能环保产业发展现状

自 2017 年扭转了经济负增长态势以来，2019 年辽宁已经基本赶上了全国的步伐，发展势头较为健康。尽管经济企稳向好，但辽宁仍处于“滚石上山、爬坡过坎”的艰难期，还面临经济下行压力加大、产业结构调整任务艰巨等难题。大力培育和发展节能环保产业，能有效缓解资源环境与经济发展之间的矛盾，对于加快实现产业转型升级、促进辽宁经济高质量发展，具有重要的战略意义。

（一）环保产品应用领域逐步拓展

2018 年，辽宁环保产品年营业收入约 269 亿元，主要以烟气治理和污水处理为主，还包括固废处置、噪声控制设备等，营收占比分别为 46%、26%、20%、5%。环境监测仪器设备生产比较滞后。近几年国内污水处理行业快速发展，但由于辽宁缺乏具有充分市场竞争力的高端污水处理产品，行业增速缓慢。

（二）骨干企业快速成长

近几年随着蓝天工程的推进，辽宁以除尘脱硫脱硝为主的烟气治理设备及相关材料生产制造企业发展态势良好。沈阳远大环境工程公司、大连碧海环保有限公司、北票波迪环境工程有限公司、营口环境工程有限公司等重点大气治理工程服务企业，整体技术水平保持在国内中上等，基本占领了东三省和内蒙古供暖行业烟气治理市场；大连兆和环境科技股份有限公司在油雾和有机废气治理领域，已经占据全国前 3 名的位置，在国内汽车行业空气治理市场占有率达到15%以上；在过滤材料的生产制造领域，营口、抚顺一带形成了产业聚集。其中，营口新洪源环保材料有限公司生产的空气滤布产品原料出口额列全国同行业第一位，市场占有率近30%。

（三）节能环保服务业发展起步

2018年，辽宁环境服务业总营业收入约180亿元，以环境工程、污染治理设施运营、环境技术咨询等服务为主，占服务业营收比例分别为40%、31%、24%，环境贸易与绿色金融服务发展较慢（见图1）。其中，沈阳、大连和葫芦岛的环境服务业年收入、从业单位数量、从业人员数量均位列前三，三市环境服务业年收入之和占全省环境服务业总收入的66.55%。环保产业创新人才资源严重不足，全省环保及相关产业专业技术人员共1.28万人，仅占从业总人数的26.58%。环保企业普遍面临高端人才短缺问题，除沈阳、大连外其他地区引进人才难的问题尤为突出。近几年，随着市场化改

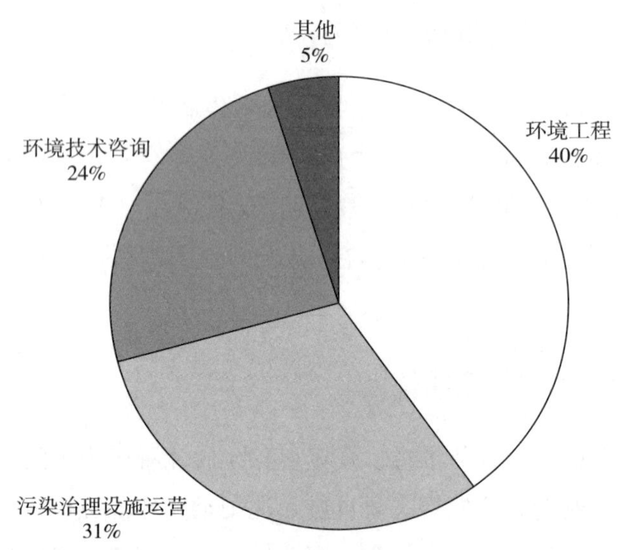

图1　2018年辽宁环境服务业结构分布

资料来源：《辽宁环保产业发展报告》。

革政策的推进，环境服务业新业态、新模式不断涌现，大量环保企业从传统的技术研发、工程设计与施工、设施运营向注重服务和环境效果的环境综合服务延伸，第三方治理、环境绩效服务、区域流域治理、环境金融、社会化监测等服务业，呈快速发展的态势，产业集中度不断提高。营业收入在 1 亿元以上的企业以 11.6% 的企业数占比，贡献了超过 90% 的营业收入和利润。

（四）创业创新环境良好

辽宁是我国发展循环经济试点省、低碳试点省以及生态省建设试点，虽然节能环保行业整体发展与发达省份和地区存在差距，但创新市场和服务体系不断健全，创新创业氛围不断增强，辽宁目前正在加快创新型省份建设，未来节能环保产业发展潜力巨大。辽宁环保科技支撑优势明显，一些大学与科研机构掌握了一批国内领先、国际一流的技术储备。例如东北大学的滤料检测中心是中国环保产业协会袋式除尘委员会的分支机构，也是原环境保护部批准的唯一一家环保产品认定检测单位和产品质量检验单位（滤料及配件），该中心在袋式除尘领域的科研和技术实力具有国际水准；沈阳市环境科学研究院制定了国内危废处置技术标准，同时也是国内该项技术的领先者；大连理工大学环境学院拥有环境科学与工程国家二级重点学科、环境科学与工程一级学科博士点、环境科学与工程博士后流动站，拥有目前国内先进的水处理技术多项专利；沈阳工业大学在电化学污水处理领域，同样具备深厚的技术储备。同时，辽宁制造业优势明显，具备发展节能装备制造的良好条件，如北方重工为沈阳老虎冲生活垃圾焚烧发电厂提供 3000t/d 焚烧炉设备制造，并以 BOT 方式投资、建设、运营沈阳西部 1500t/d 生活垃圾焚烧发电项目。沈阳鼓风机集团有限公司生产的鼓风设备，在全国烟气治理市场具备良好的品牌形象，是国内烟气治理高标准设备的主要选择。

（五）政策体系日益完善

辽宁是典型的重工业发展省份，过去以牺牲环境为代价的经济发展方式正在向高质量发展转变，先后制定了《辽宁省发展循环经济试点方案》(2002 年)、《辽宁生态省建设规划纲要》(2007 年)、《辽宁省民用建筑节能管理实施细则》(2006 年)、《辽宁省公共机构节能管理办法》(2011 年)、《辽宁省万家企业节能低碳工业行动方案》(2012 年)、《“中国制造 2025”辽宁行动纲要》(2015 年)、《辽宁省加快发展新能源汽车实施方案》(2016 年)、《辽宁省污染防治与生态建设和保护攻坚行动计划（2017 ~2020 年)》、《辽宁省加快发展新能源汽车实施方案》(2016 年)、《关于加快推进“电化辽宁”工作方案》(2017 年)、《辽宁省“十三五”节能减排综合工作实施方案》(2017 年)、《辽宁省绿色建筑条例》(2019 年)、《关于加强餐厨垃圾管理工作的意见》(2019 年)、《关于加快推进城乡生活垃圾分类工作的指导意见》(2019 年)，有利于促进节能环保产业发展的政策体系和法律体系逐步形成。

二 存在的问题

当前，辽宁节能环保产业还处于发展起步阶段，我国大力推进节能减排和循环经济，为节能环保产业发展开辟了巨大的空间和需求，节能环保产业迎来了重要的发展机遇。但从总体上看，辽宁节能环保产业发展水平在全国的位置比较靠后，与发达地区相比还有很大差距。主要问题表现在以下几个方面。

第一，产业规模存在差距。据辽宁省环保产业协会的行业抽样调查分析，2018 年辽宁环保产业营收达 448 亿元，从业企业数 1105 家，发展增速与全国基本保持一致，但是环境服务业营收占比仅为 40%，低于全国占比(57.1%)。辽宁环保产业的地域分布非常明显，70% 的行业企业集中在沈阳和大连两市，目前尚无 A 股上市企业。辽宁省产业总体规模较江苏、浙江、广东、山东、上海、北京等第一梯队存在较大差距，也滞后于重庆、湖南、湖北等快速增长的第二梯队，目前属于第三梯队，对经济发展的贡献率偏低。

第二，企业创新动力、创新活力、创新能力不强。技术创新优势不足，产品同质化严重，原创性、超前性、专有性技术较少，尤其在污水处理、监测仪器等领域，部分关键技术仍依赖进口；科技成果产业化应用程度较差，目前多数成果仍停留在科研机构形成阶段，缺乏相应的科技成果转移转化机制及配套政策；创新人才资源短缺且地域分布不平衡，全省环保及相关产业专业技术人员共1.28万人，仅占从业总人数的26.58%，且大多数分布在沈阳、大连两市。

第三，市场不够规范，核心竞争力不强，营商环境有待于进一步增强。市场秩序混乱严重削弱了企业的创新动力，普遍存在“重投资，轻技术”的现象，而在招投标领域低价中标的情况也有存在；地方保护、行业垄断，使民营企业在与国企和央企的竞争中毫无优势，以垃圾收运处置为例，基本上由国企主导，再转包给地方民营企业；市场监管不严，一些国家规定的高耗能、高污染设备仍未彻底淘汰。

第四，部分扶持政策执行不到位，例如扶持中小微企业的金融政策，难以在实际中落地；辽宁缺乏有针对性的产业发展激励政策，在资金、人才、信贷、税收、技术创新、市场培育等方面的扶持力度均有待加大，比如在企业税费方面，目前中小企业所得税征收率为25%，且招待费、业务宣传费扣除限额较低，企业实际承担的所得税远远超过25%。

第五，服务体系亟待完善，合同能源管理、环境污染第三方治理等市场化服务模式有待完善，再生资源和垃圾分类回收体系仍需健全，节能环保产业公共服务平台尚待建立。

第六，节能环保投资明显不足。节能环保产业投资是促进产业发展的长期动力和关键因素，投资不足必然会深刻影响辽宁节能环保产业的长久持续发展。在与全国环保投资的数据比较中我们可以看到，近两年辽宁环境保护投资严重不足，2018年环保总投资占GDP比重有所下降，明显低于全国平均水平，而且差距加大的趋势明显（见表1）。图2显示，“十三五”以来辽宁地方财政节能环保支出占总财政支出的比重在波动中呈现了下降趋势，这些因素将在一定程度上抑制全省节能环保产业的健康发展。

表1　2017～2018年辽宁环保投资情况与全国对比

年份	环保总投资（亿元）	当年 GDP（亿元）	环保总投资 GDP 占比(%)	全国环保总投资 GDP 占比(%)
2017	343.65	26107.924	1.32	1.87
2018	294.59	25852.788	1.14	2.46

资料来源：《辽宁环保产业发展报告》。

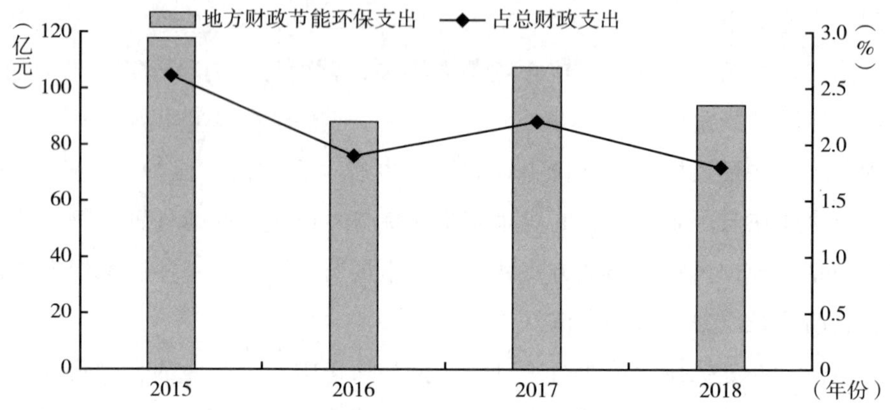

图2　“十三五”以来辽宁地方财政节能环保财政支出情况

资料来源：《辽宁统计年鉴》。

三　发展环境及未来前景

当前，绿色发展是世界各国追求的共同目标和全球治理的重要内容。在2019年中国北京世界园艺博览会上，李克强总理指出，我们将加快转变发展方式，持续推动绿色发展，优化经济结构，加快培育新动能，大力发展节能环保产业和循环经济，倡导绿色低碳消费。我国正处于高质量发展的战略转型期和全面建成小康社会的关键期，面对人口、资源、环境与经济发展之间的突出矛盾，节能环保产业迎来了新的机遇和动力。

自我国暴发新冠肺炎疫情以来，各行各业都参与到“抗疫”工作中，看似与疫情无关的节能环保产业也发挥了重要作用，实际应用过程中涵盖装配式建筑、节能照明、脱水设备、医疗危废处理等领域，充分体现了节能环保产业能效性的特征。随着环保税、排污许可等政策法规的不断加码，我国节能环保产业市场空间未来还将持续扩大。

四　对策建议

节能环保产业既具有产业属性，又具有环保属性，这种二重性决定了节能环保产业必然是一个典型的制度驱动性产业。节能环保产业是辽宁经济高质量发展的重要引擎，在未来的经济发展中将大有可为。

（一）充分发挥政府职能

既然节能环保产业是制度驱动型产业，那么，政府在促进产业发展中就必须起到主导作用。从北京、上海、武汉、深圳等地的经验来看，政府在推动节能环保等战略性新兴产业方面采取的措施主要有三种：一是制定相关法律法规，二是制定产业政策和技术标准，三是政府直接投资引导节能环保产业发展。节能环保产业涉及发改、工信、环保等不同部门和制造业、服务业等多个行业，没有任何一个单独的部门能够承担起协调和管理的职能，因此，政府必须起到协调管理的作用，尽快完善节能环保行业管理体制。当前辽宁的节能环保产业管理职能在发改委、工信厅都有涉及，而部分行业还与环保厅有交叉，因而，建议建立一个综合管理部门，赋予一定的职能，统筹协调全省节能环保产业的政策研究、制定，信息发布及相关部门的管理。

（二）加大金融政策扶持力度

大力发展绿色金融，制定并完善节能环保产业企业所得税和增值税优惠政策，推进电价、水价、气价等资源性产品价格改革；加强绿色信贷支持，鼓励和引导金融机构创新金融产品，支持对科技型中小企业开展股权质押贷款、专利权质押贷款等业务，针对大多数节能环保服务业企业资产抵押不足的问题，大力发展综合授信担保、合同抵押等金融产品，解决环保企业融资难的问题；设立节能环保产业发展专项基金，重点支持节能环保领域的重大技术突破和创新，为中小节能环保企业及全省重大环保专项提供融资担保；优先扶持节能环保企业上市及并购，由此形成一批龙头骨干企业，提高辽宁节能环保产业规模和竞争力。

（三）推动产业集群式发展

战略性新兴产业集群的形成，为培育新动能、打造区域经济增长极提供了有力支撑。2019 年 9 月，国家发改委公布了首批 66 个国家级战略性新兴产业集群，辽宁大连市信息技术服务和智能制造产业位列其中，由此可见，未来战略性新兴产业的集群式发展将是大势所趋。鉴于辽宁节能环保产业发展现状及区域分布特点，形成如下发展思路。

打造以大连为中心的节能环保装备制造产业集群。强化大连市高效锅炉、余热余压利用、大气污染防治等领域的产业优势，将大连市打造成为全省节能环保装备制造的核心增长极。依托重大装备制造、船舶制造、汽车制造业等领域形成的竞争优势，做大产业规模，做强装备制造企业，形成国内有影响力的节能环保装备制造产业基地。

打造辽中南节能环保产品生产产业集群，以工业烟气治理和污废水处理产品为重点，依托沈阳、大连、营口等工业废气和汽车有机废气治理优势，打造工业烟气治理产业集群，依托盘锦、沈阳、丹东等含油废水和生活污水治理企业，打造污废水处理产品制造产业集群。

打造以沈阳为中心的资源综合利用产业集群。以沈阳再生资源产业园、沈阳固体废弃物处置中心为依托，围绕大宗工业固废（包括危险废物处置）、废旧家电、报废汽车、再生金属等资源综合利用的重点领域，提升回收工艺技术水平，引导企业通过整合、并购扩大规模，提高企业管理水平，培育资源综合利用龙头骨干企业，辐射辽宁中部地区。

（四）加强技术创新驱动

完善技术创新体系和研发体系，支持政府、节能环保企业与大专院校及科研院所开展“政、产、学、研”协同创新，实施节能减排、污染治理、生态保护等重大科技专项；促进环境科技成果的转化应用，推进科研成果快速产业化，建立节能环保知识产权和技术共享平台；鼓励高等院校和科研机构向企业转移自主创新成果，建立自主创新成果产业化服务体系，促进自主创新成果的商品化和产业化。

（五）营造竞争有序的市场环境

加强信用体系建设，建立政府、企业、行业诚信自律机制，建立节能环保企业的信用记录，纳入全国信用信息共享平台；鼓励环境服务本地化，特别是一些关系到长期运行维护管理的环境服务项目，比如市政工程领域，要优先考虑本地企业，给予有能力的民营企业承担项目的机会；同时，建立节能环保项目绿色审批通道，加强监督管理，规范行业市场。

（六）加强国际合作

“一带一路”倡议为节能环保领域开辟了广阔的市场空间。辽宁是“一带一路”建设的重要节点，要优先扶持节能环保企业海外并购等资本运作，增强企业“走出去”的意识，努力扩大辽宁省节能环保产业和服务项目的国际市场份额，大力培育一批能独立参与国际市场竞争的龙头领军企业，目前只有营口新洪源、北方测盟、弗朗电子等少部分民营环保企业跟随部分央企参与“一带一路”项目。同时，还要进一步加强与发达国家节能环保产业领域的合作，共同开拓第三方市场。

参考文献

《辽宁环保产业发展报告》。

《辽宁统计年鉴》。

王鹏辉：《我国节能环保产业的发展现状与发展路径研究》，《企业科技与发展》2019 年第 10 期。

朱军：《辽宁环保产业发展的机遇与对策》，《辽宁经济》2012 年第 11 期。

民生改善篇

Livelihood Improvement Articles

B.14
辽宁稳就业状况发展报告

姚明明　王　磊*

摘　要： 就业是民生之本。提高就业质量，实现充分就业是各地区就业工作追求的重要目标。为实现这一目标，不仅需要认真研判就业形势，还要准确识别就业风险。本文以分析辽宁省当前就业状况为基础，深入探讨、准确识别就业风险类别和形势，包括技术进步引起的摩擦性失业、供给侧结构性改革造成的部分产业冗余就业风险、新经济引起的就业关系管理风险增加及新冠肺炎疫情引起的稳就业难度加大等，最后提出了应对摩擦性失业、新经济、贸易摩擦、新冠肺炎疫情等不利影响因素，确保稳就业目标实现的对策建议。

* 姚明明，辽宁社会科学院社会学研究所助理研究员，主要研究方向为城镇化、就业等；王磊，辽宁社会科学院社会学研究所所长，研究员，主要研究方向为社会保障等。

关键词： 稳就业　失业　辽宁

一　辽宁稳就业现状分析

（一）就业形势总体保持稳定

1. 城镇就业规模持续扩大

辽宁省就业网提供的数据显示，2019 年 1 ~ 10 月，全省累计实现城镇新增就业 44. 977 万人，提前超额完成了全年城镇新增就业 42 万人的目标，超过计划目标的 7. 1%。重点行业新增就业人员 63. 4655 万人。截至 2019 年 10 月底，辽宁省实现城镇新增就业 45 万人，完成年计划的 107. 1%；城镇登记失业率为 4. 09%，低于年度控制目标 0. 41 个百分点。城镇就业规模的持续扩大，为巩固和稳定当前及今后一个时期的就业形势提供了有力保障，为实现全省更充分更高质量的就业目标奠定了坚实基础。

2. 重点群体就业帮扶成效显著

大学生、农民工等重要群体的就业保持了稳定态势。2019 年，辽宁省应届高校毕业生规模约 30 万人，7 ~9 月受高校毕业生集中毕业影响，失业率有所提升，但随后逐月走低，高校毕业生就业状况保持了总体稳定，企稳回升。

3. 就业结构继续优化

辽宁省就业网调查的统计数据显示，截至 2019 年前三季度，全省三次产业就业人员比重分别为 1. 41%、22. 61%、75. 98%，其中第一、第二产业比重同比分别下降 0. 32 个和 3. 39 个百分点，第三产业就业比重上升 3. 71 个百分点。从三次产业就业比重的变化趋势看，第一产业、第二产业就业人员占劳动人口的比重均在逐步降低，而第三产业的就业占比不断攀升（见图 1）。

4. 劳动市场供求基本均衡

全省 14 个市人力资源和社会保障部门通过各级人力资源市场采集的有效数据显示，辽宁省人力资源市场的供求基本处于动态平衡之中。2017 年

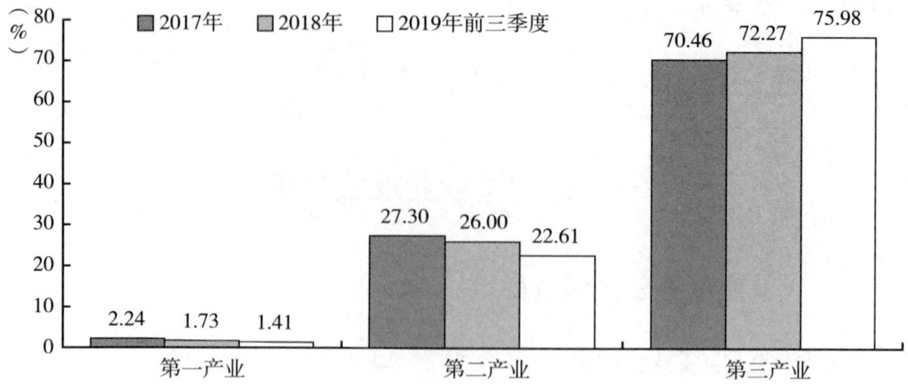

图 1 辽宁省三次产业就业结构

资料来源：辽宁省就业网提供的数据。

第一季度到 2019 年第三季度，人力资源市场需求人数除了有季节性波动外，还有稳步增加的趋势；劳动供给方面，求职人数略有回落。以 2019 年第三季度为例，求人倍率是 1. 24，环比均有所上升，表明招聘岗位数量大于求职人数，企业用工总体稳定（见表 1、图 2）。

表 1 2017 年第一季度到 2019 年第三季度辽宁省人力资源市场的供求情况

单位：人，百分点

年份	季度指标	需求人数	求职人数	需求环比	求职环比
2017	第一季度	618756	627851	/	/
	第二季度	662263	695335	0. 07	0. 11
	第三季度	650055	682319	-0. 02	-0. 02
	第四季度	639864	554709	-0. 02	-0. 19
2018	第一季度	562843	465798	0. 06	0. 22
	第二季度	737687	675403	-0. 12	0. 14
	第三季度	659464	580981	0. 04	0. 19
	第四季度	619535	525879	0. 04	0. 02
2019	第一季度	572862	459024	0. 07	0. 04
	第二季度	730549	630444	-0. 09	0. 07
	第三季度	657369	529567	0. 08	0. 10

资料来源：辽宁省就业网统计数据。

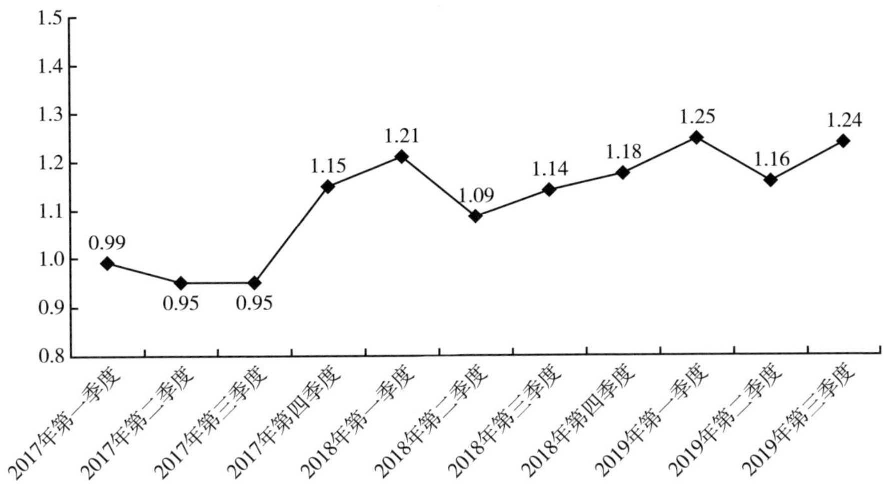

图 2　2017 年第一季度至 2019 年第三季度辽宁省人力资源市场求人倍率

资料来源：辽宁省就业网统计数据。

此外，从人力资源市场劳动供给与用工需求的总量来看，求人倍率自 2017 年第一季度到 2019 年第三季度，基本保持在 0.95 到 1.25 之间，劳动供求除具有季节性波动外，基本保持总量动态平衡。

（二）稳就业政策体系不断完善

2019 年初以来，辽宁省不断完善就业工作政策体系，把稳就业作为有限目标，围绕防范就业风险、稳定就业的工作任务，通过综合施策及省人社厅、省财政厅、省发改委、省教育厅等多部门协调配合，出台多项政策措施，包括《辽宁省人民政府关于做好当前和今后一个时期促进就业工作的实施意见》（辽政发〔2018〕45 号）、《辽宁省人民政府关于推行终身职业技能培训制度的实施意见》（辽政发〔2019〕14 号）、《关于印发就业补助资金管理使用暂行办法的通知》（辽财社〔2019〕276 号）、《关于做好失业保险基金支持职业技能提升行动资金管理工作的通知》（辽财社〔2019〕6028 号）、《关于印发辽宁省职业技能提升行动实施方案（2019～2021 年）的通知》（辽人社发〔2019〕71 号）等，为加快健全完善就业政策体系、促进全方位技能提升、科学管理就业资金使用、完善就业服务等提供了政策依据，为巩固和稳定当前和今后一个时期的就业形势提供了有力保障。

（三）“三新经济”对隐性就业的促进效应显现

新产业、新业态、新模式（简称“三新经济”）的不断涌现，引起大部分群体的隐性就业出现。在新产业、新业态和新模式发展的带动下，隐性就业表现为工作状态和工作时间不同于传统的就业形式，更多的就业者不通过直接的就业劳动市场获得工作岗位，这在很大程度上影响了就业部门对就业统计的准确度，特别是诸如网络经济的就业形式，如高校文科毕业生更倾向于做自由撰稿人、网络写手、网络编辑等；高校理科毕业生，更倾向于成立个人工作室，从事网店设计、网络维护、微信等自媒体客户端搭建和维护等，以创业形式或自我雇佣的形式实现就业。当前高校毕业生接受新鲜事物能力强，选择隐性就业数量正在悄然增长。

（四）25～44岁年龄段求职者供求状况较好

2019 年前三季度，辽宁劳动力求职与需求主要集中在中青年年龄段。25～44 岁年龄段需求人数和求职人数分别为 43.2 万人和 35.1 万人，约占供求人数比重的 2/3，25～34 岁以及 35～44 岁求职者求人倍率分别为 1.46 和 1.23，供求状况相对较好。全省 2019 年前三季度 14 个市岗位需求和求职排行榜数据显示，岗位需求大于供给的前三个职业主要集中在操作工、客服人员以及推销展销人员等，岗位需求小于供给的前三个职业主要集中在行政办公人员、文员以及生产运输工人等。

二　辽宁稳就业面临的主要风险分析

虽然当前全省就业形势总体稳定，但随着辽宁供给侧结构性改革的持续推进，以 5G、人工智能等为代表的新一代信息技术的应用以及外部经济环境不确定性，对全省就业影响的深度和广度不断加剧。从整个社会来看，就业稳则社会稳，所以应维护好就业稳定的大局，高度关注新形势下就业潜在的风险点。

（一）技术进步引起摩擦性失业风险加剧

根据世界银行发布的2019年世界发展报告，以互联网大数据、人工智能等为代表的新一代信息技术革命，正对经济社会产生深刻变革，其中对就业的影响表现为创造效应和替代效应。技术进步引起的就业风险是短期的，失业人员通过技能培训或技术能力的提升，能够实现再就业，因此属于摩擦性失业。具体分析如下。

1. 技术进步导致短期内技术性失业风险增加

随着辽宁省新一批投资热的展开，诸多机器人、IC装备、生物医药、新能源汽车、5G设备装备等新技术项目落地辽宁。2019年9月辽宁省政府印发的《辽宁省5G产业发展方案（2019~2020年）》（辽政办发〔2019〕28号），将扩大对就业的影响，可能使技术性失业增多，短期失业风险或有所抬头。

2. 新技术革命促使短期内技能结构矛盾更突出

新技术革命对就业的负面影响，主要表现为短期内对技能结构的影响。新技术革命的进程，是对传统技术的改造升级或替代性创新，技术革命的瞬时性或突发性，对短期技能产生冲击，造成岗位需求与技能供给不匹配。如果高等教育、职业教育改革不能及时调整以适应新技术革命的技能需求，或者技能人才培养规模不足等，将加剧新技术革命短期对技能结构的矛盾。从目前的辽宁省技能人才的培养来看，复合型、技术技能型和创新创业型劳动力相对短期，在面对新技术革命的影响时，更增加了技术性失业的可能性。

3. 技术鸿沟将导致劳动力市场的进一步分化

技术鸿沟是技术进步带动创新人才、技术拥有者或知识技能人才获取更多收入，加剧了财富向这部分群体的集中，从而造成劳资之间、不同劳动者之间的收入加剧分化。由技术技能引起的资本、技术鸿沟扩大，将对劳动市场产生分化，造成劳动市场低端、低质量的劳动力与技术性、高质量的劳动力之间存在分化。劳动市场的分化加剧，直接造成收入差距的扩大，社会贫富差距的扩大，低端劳动力失业风险的加剧，成为影响经济社会发展的潜在风险点。

（二）因供给侧结构性改革引起的冗余就业风险增加

根据辽宁省对重点行业就业人员的新增就业规模的监测，可以看出在第二产业的石化工业、冶金工业、装备制造业和建筑业领域，新增就业的波动情况较大。相对而言，石化工业的冗余就业风险相对较低，新增就业保持在相对较高的增长幅度，其次是建筑业，逐月新增就业能够保持相对稳定，实现了连续 10 个月的正增长。冗余就业风险最高的是装备制造业，在近 10 个月的监测数据中，有 8 个月的新增就业同比增长率为负值，且负增长幅度最大，属于就业净流出行业；再次是冶金工业，也属于就业冗余程度较高的行业，在监测的 10 个月数据中，有 7 个月监测数据为负增长（见图 3）。因此，相对而言，装备制造业、冶金工业在供给侧结构性改革深入过程中，将会因产能过剩或技术创新不足，产生较多的冗余就业风险；而建筑业和石化工业，仍表现出较强的吸纳新增就业的能力。

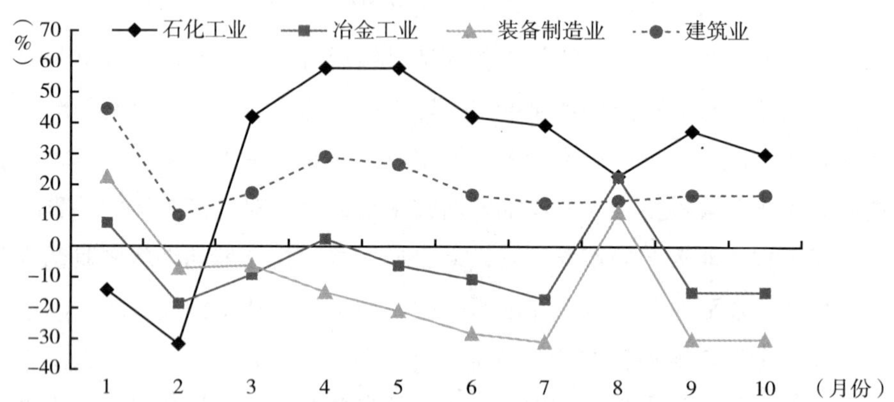

图 3　2019 年 1 ~ 10 月辽宁省第二产业就业人数同比增长率及其波动

资料来源：辽宁省就业网统计数据。

（三）贸易摩擦对外贸性企业用工的消极影响显现

自2018年开始的中美贸易摩擦，加剧了外贸型企业经营风险，从而引致就业风险的增长。这种影响主要体现在两个方面：一方面，对外贸企业产生直接影响，主要体现在经营困难、裁员或降薪等方面；另一方面，体现在间接影响，外贸企业对全球价值链分工的调整或重构，进而影响我国相关产业在全球供应链上的变化，在更长时间里对就业增长和就业结构调整产生更广泛和深入的影响。

从目前调查监测情况来看，中美贸易摩擦对辽宁省就业的影响相对有限。具体而言，在监测的数据中，12月上半月，贸易摩擦重点企业用工净减少76人，新招员工138人，因企业生产经营困难减员为0；下半月用工净减少121人，新招员工77人，因企业生产经营困难减员49人，略有增加，但报告期减员人数略有下降（见表2）。因此，贸易摩擦造成的就业机会减少的风险，相对可控。

表2　2018年12月辽宁省贸易摩擦重点企业用工情况

单位：人

时期	上期期末员工数	报告期期末员工数	报告期新招员工数	报告期减员人数	因企业生产经营困难减员数
12月上半月	66344	66268	138	214	0
12月下半月	66268	66147	77	198	49

资料来源：辽宁省就业网监测数据。

（四）社会岗位需求与就业技能不匹配，毕业生就业风险加剧

辽宁省就业网统计数据显示，从技能等级来看，36.41%的招工单位对求职者的技术技能等级有明确要求，求职者中具备技术等级资格所占比重为33.89%，掌握的技能与企业的需求存在错位。按技术等级的供求对比情况来看，求人倍率最大达到了2.63，特别是具备高级专业技术职务的求职者

更是供不应求，2019 年第三季度需求人数和求职人数分别为 5654 人和 3071 人，供求缺口为 2583 人，环比下降 189 人。

2019 年前三季度，从总量变化来看，全省人力资源市场中的高校毕业生求职人数明显增加。从供求状况对比来看，在前三季度全省人力资源市场中，高校毕业生因文化程度不同，供求状况存在一定差异。在人力资源市场上，仍然以初中、高中、大学专科学历和大学本科为主，研究生及以上学历就业和技工学校就业处于较小规模（见图 4）。

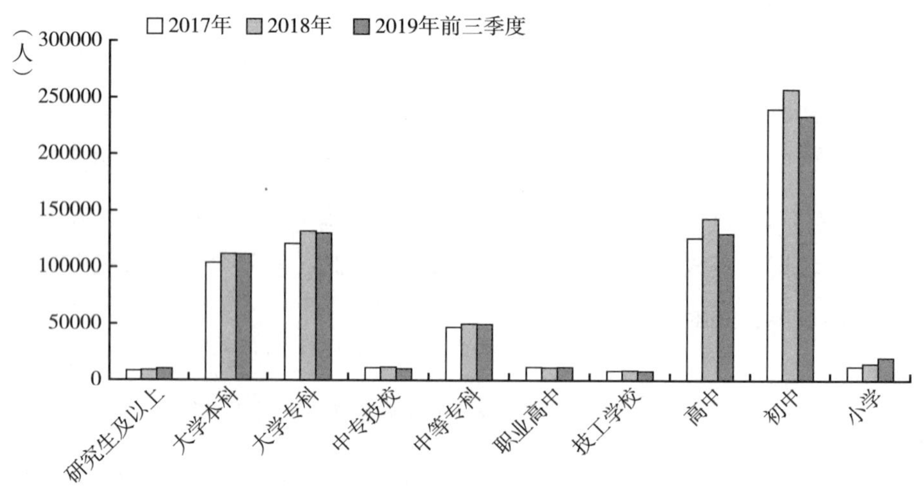

图 4　分学历毕业生就业规模

资料来源：辽宁省就业网统计数据。

（五）新经济催生就业新形态，增加就业关系管理风险

1. 平台活动主体间的权责关系确定困难

在新业态下，平台强大的聚合功能、活动主体多元化、主体间的关系更加复杂化，导致关于各活动主体间的权责关系尚无明确的界定，责权利不清晰，一旦发生纠纷，消费者、劳动者的权益难以保障。

2. 对传统劳动关系认定标准提出的挑战

随着新业态的发展，新型用工形式不断出现，“主体适格、合意、从属性”这三个劳动关系认定要素，显然已经不能完整定义劳动关系整体灵活化的状态。认定的难点主要有以下两点。一是合意表达不清晰。在新业态企业中，从业者与平台企业之间的劳动关系建立在平台经济的环境下，没有形成明晰的用工合同或具体的用工形式，不利于清晰表达用工合意。二是新业态企业与用工之间从属关系若即若离。在新业态企业中，从业人员只需要按照规章制度的管理，完成相应的工作任务，所以从业人员的工作方式十分灵活，从业人员没有固定薪酬的保障。

（六）受疫情影响，全年稳就业压力增大

根据现有数据资料分析，此次新冠肺炎疫情对辽宁省稳就业工作产生巨大影响，特别是对2020年第一季度就业产生的影响最大。具体分析如下。

1. 第一季度企业复工率高，但职工到岗率低

自2月10日辽宁省大部分企业复工以来，全省复工率平均日增长3.1个百分点，单日增长最快为23.6个百分点。复工企业数稳步上升，平均日增长229家。从地区分布来看，全省14个市复工率为46.2%～80.1%，其中，大连市最高，为80.1%。大连、鞍山、本溪、锦州、营口和葫芦岛共6市复工率超过全省平均水平。虽然企业开工数量增多，逐步趋近往年春节后开工规模，但是到岗的职工规模并没有达到春节前水平，职工到岗率估计值为60%～70%。

2. 用工需求高，但返岗率低

2020年第一季度，全省企业复工复产有序开展，用工需求旺盛。但是较多行业返乡职工，特别是农村地区、跨区域职工，由于考虑到道路管制或公共交通安全、相对不足的疫情防控装备等，部分劳动力返工困难，返岗率低，直接影响新增就业。

3. 部分行业受疫情影响程度高，吸纳新增就业能力低

从事批发和零售、住宿和餐饮、交通运输、仓储和邮政业的行业，在本次疫情中遭受的冲击最大，且恢复难度也较大。从历年三大劳动密集型行业占在岗职工总量的比例看，交通运输、仓储及邮政业占比最高，最大值达到了7.16%；其次是批发和零售业，占比最高达到4.12%。这意味着，省内

约有12%的就业人员，即58.6万名劳动者面临就业困难，甚至有被裁员的风险（见图5）。近年来，辽宁省经历了经济增速下行、企业经营效益下滑、就业压力加大，叠加此次疫情冲击，三大劳动密集型行业的中小微企业和弹性薪酬制员工等需要重点关注和扶持，预防规模性失业。

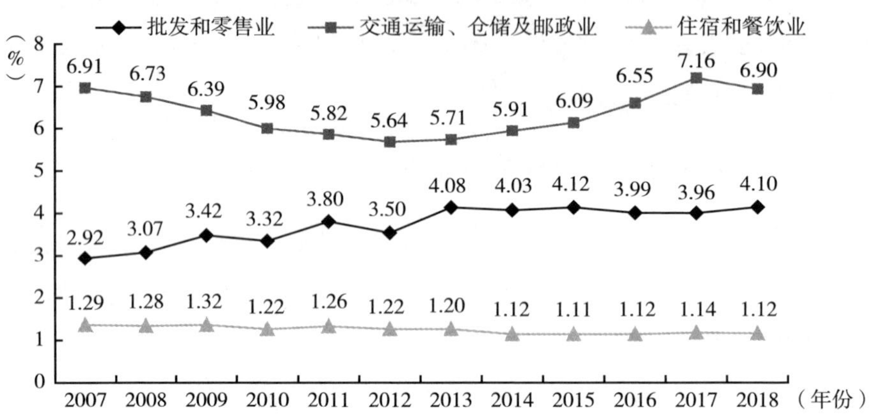

图5　辽宁省部分劳动密集型行业在岗职工占在岗职工总量的比例

资料来源：《辽宁统计年鉴2019》。

4. 受全球疫情影响，参与全球产业链企业用工影响明显

辽宁地处东北亚中心，是中国向北开放战略的前沿阵地，立足对日本、韩国及俄罗斯贸易往来，面向全球的对外开放程度不断提高。情况见表3。2018年辽宁省进出口商受全球疫情的扩散影响，辽宁主要贸易伙伴日本、美国、韩国等（见图6）不断升级应对疫情的应急等级，或者宣布国家进入紧急状态，势必对进出口贸易产生深刻影响，进而传导至辽宁省参与全球产业链分工的高、中、低技术企业和外贸企业，影响就业变化。

表3　2018年辽宁省进出口商品金额占比情况

单位：%

商品名称	出口金额占比	商品名称	进口金额占比
钢材	13.4	原油	27.6
服装及衣着附件	7.7	天然气	7.4

续表

商品名称	出口金额占比	商品名称	进口金额占比
集成电路	7.6	汽车零配件	7.2
水海产品	7.0	二甲苯	7.1
船舶	4.6	铁矿砂及其精矿	6.0
汽车零配件	3.0	水海产品	3.3
陶瓷产品	2.5	制造半导体器件或集成电路用的机器及装置	3.2
黏土及其他耐火矿物	1.8	煤及褐煤	2.2
纺织纱线、织物及制品	1.7	粮食	1.8
原油	1.5	通断保护电路装置及零件	1.7

资料来源：沈阳海关官网数据。

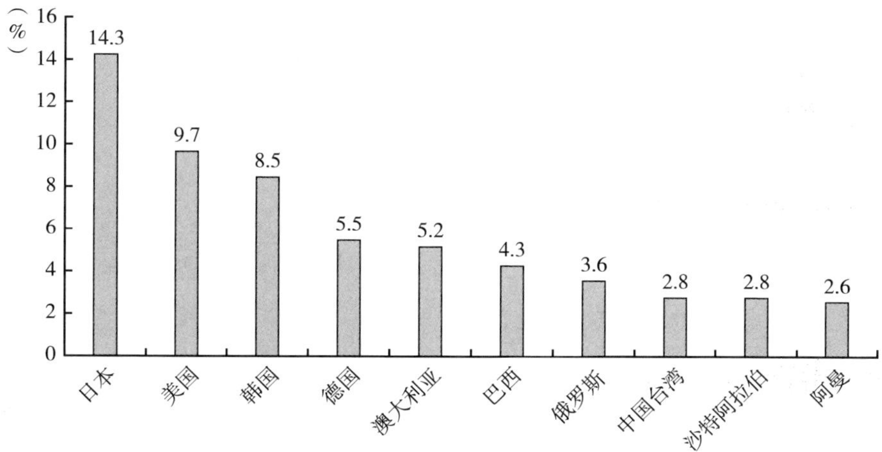

图 6　2018 年辽宁省进出口占比位列前十的国家和地区

资料来源：沈阳海关官网数据。

三　防范就业失业风险稳就业的对策建议

（一）优化高校人才培养模式，应对技术进步引致的摩擦性失业

新一代信息技术的发展关键在于人才。人才培养的核心在于高等学校。人工智能是一门交叉性很强的学科，而目前辽宁省在人工智能等新一代信息人才培养上还处于起步阶段，因此，辽宁高等学校应积极与人工智能等新一

代信息对接，大力培养人工智能相关人才，引进人工智能等新一代信息高水平创新团队，优化高等学校人才培养模式，特别是在各类专业课程设置上，应积极与应用型人才需求加强匹配，实现人工智能等新一代信息人才的精准培养，以应对技术与时代的变化。信息技术时代，高等教育必须加快自身改革来适应技能变化的需求。新的教学内容需关注学生的综合能力的培养，培养具有创造力的学生，激发学生的跨界思维，促进学生的全面发展。新的教学方式需构建一个开放、共享的教育平台，同时借助大数据、学习分析技术为学生提供个性化、精准化的教育服务。

充分发挥政府引导作用，由人社、教育等部门搭桥，积极搭建校地企交流平台，建立“企业 + 部门 + 院校”服务体系，引导院校培育方向，努力实现校企深度融合。随着《关于全面推行企业新型学徒制的实施意见》（辽人社发〔2019〕10 号）等文件的出台，辽宁省不断健全和完善包括人工智能等新信息技术人才培养机制，进一步发挥企业主体作用，促进企业技能人才培养，壮大发展信息技术产业工人队伍，从而进一步扩大高技能人才队伍，未来将吸引及培养大量专业技术人才，预计未来专业技术人员供求状况将呈现一个良性的发展态势。

（二）加快构建失业预警模型，加强失业风险监测

虽然近年来辽宁就业形势总体稳定，城镇登记失业率控制在 4.5% 以下。但也应看到，辽宁省近年来不断推动供给侧结构性调整，受人口老龄化加剧、人工智能技术的快速发展等影响，部分行业、部分地区、部分群体存在较大的规模性失业风险。因此，有必要建立一套完整的失业预警模型，加强对相关领域的失业风险监测，起到“有警报警、无警提醒”的作用。为实现上述功能，失业预警系统模型应包括警兆管理、警情监测、警情预测、警情分析和警情报告等五个子系统（见图 7）。

失业预警是有效防范失业风险的重要手段。利用失业预警模型，需要充分协调辽宁省就业部门、企业管理部门、统计部门、技术部门等，密切监测用工的重要领域、重点产业、重点企业等用工变化，及时跟进劳动市

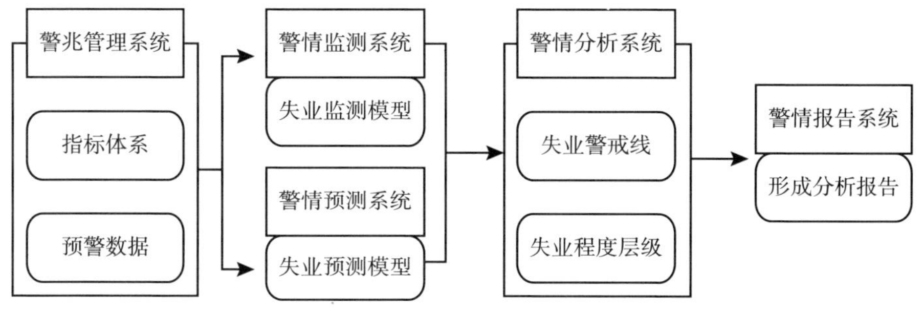

图 7 失业预警模型

场供需变化，对用工情况做到从监测到预测，再到分析和报告，对失业和经济的中长期发展进行预测研究、政策模拟和方案优化，消除局部规模性失业风险。

（三）创新就业培训机制，提升培训实效

对失业人员的培训是实现再就业的重要途径，也是提高就业供需匹配度的基本途径，对缓解结构性和摩擦性失业具有重要的意义。一个经营困难的企业，不可能有能力培训出高技能的再就业人员，应该鼓励实力雄厚的大企业帮扶困难企业培训员工。财政政策要做的事情就是通过政策工具引导大企业承担起为社会培养高素质急需人才的责任。鼓励由大企业牵头，通过大企业与职业院校合作的形式，按照订单需求的方式为社会大规模培训失业人员和在岗员工。

（四）加快节能环保、健康养老等动密集型产业发展

应该充分认识到，在辽宁省经济发展的现阶段，劳动密集型产业仍然具有重大的战略意义。一方面，要加快节能环保等绿色产业发展，在城市与乡村空间上提供更多就业岗位，带动绿色就业。如借助乡村振兴战略机遇，不断推进生态农业、特色农业及乡村旅游等产业发展，扩大绿色就业岗位实际供给。另一方面，针对辽宁省人口老龄化加剧、健康养老需求的迫切性，加快推动各地区养老产业发展，支持、引导中小微企业参与健康养老服务，通

过打破市场壁垒、完善市场竞争环境、畅通融资渠道、减轻企业负担等，使中小企业成为带动就业的主力军。

（五）有效降低疫情影响，促进就业稳定

坚持“稳就业，保民生，促发展”的政策导向，着力从以下四个方面增加岗位供给，化解疫情影响，稳定就业预期，促进稳就业目标实现。

1. 减轻企业复工负担，增加岗位供给

一是按照国家稳就业方面的政策支持，降低企业社保成本，允许受疫情影响严重的中小企业缓缴最长 6 个月的社保费，缓缴期间免收滞纳金。二是采取更大力度促进企业稳岗，如加快失业保险返还的速度，增加稳岗返还资金的数量，鼓励企业开工招聘。三是减轻住房公积金负担，对受疫情影响，生产经营出现困难的中小微企业，允许申请按最低标准缴存住房公积金，或者缓缴住房公积金。四是降低小微企业创业担保贷款申请门槛，为小微企业提供贷款展期，对有项目担保的贷款给予优先办理贷款担保和贷款发放相关手续。对已发放个人创业担保贷款，借款人患新冠肺炎的，可向贷款银行申请 1 年内展期还款，继续给予贴息支持。

2. 严防复工风险，防范化解规模性失业风险

针对辽宁省复工返岗企业，一方面，要密切跟踪疫情对企业生产经营和用工影响，对受到疫情影响较大的中小微企业，增强经营困难调查，及时发现复工用工面临的主要问题，提高失业风险监测预警能力。另一方面，对重点企业加强用工调度，如关系到抗疫物资生产的大、中、小型制造业，保障民生的公共领域等，及时针对企业经营中出现的问题给出解决措施，积极开展送政策、送指导、送服务等活动，防止出现大规模裁员。

3. 完善服务，大力实施就业优先政策

一是明确县级以上政府承担稳就业主体责任，政府主要负责同志是本地区稳就业工作第一责任人。提高经济社会发展，综合考核就业指标权重。二是完善投入保障机制，确保就业创业政策落实落地。三是完善政策协同机制，改革发展、产业调整、社会管理等重要政策制定，应综合评估可能对就

业产生的影响，避免集中停工停产停业，最大限度地降低对就业的影响。四是完善就业困难群体、重点群体的就业服务体系，建立市区（县）动态报告制度，及时掌握本辖区重点群体就业状况，有针对性地施策，将一对一推送招聘信息服务与集中推送服务相结合。

4. 稳定就业预期，增强返岗信心

一是保障疫情期间职工劳动权益。规定对新冠肺炎患者、疑似病人、密切接触者在其隔离治疗期间或医学观察期间以及因政府采取紧急措施导致不能提供正常劳动的职工，企业不得解除劳动关系或退回劳务派遣用工。二是加强对新出现困难群体的保障。如疫情感染者及其家属，可能在求职过程中受到不公平对待；无固定工作或有失业风险的劳动者群体，收入来源中断后，生活可能会陷入困难，应根据最低生活保障制度给予不低于同等水平的补助。

参考文献

万昆：《人工智能技术带来的就业风险及教育因应》，《广西社会科学》2019 年第 6 期。

蔡昉：《将就业优先置于宏观政策层面　适合我国当前就业形势的需要，与之相应的理念转变和机制调整恰逢其时》，《财经界》2019 年第 5 期。

蔡昉：《稳就业的政策优先序和实施原则》，《北方经济》2019 年第 4 期。

宋晓梧：《稳就业应处理好四个关系》，《中国就业》2019 年第 3 期。

刘燕斌：《面对新形势如何稳就业》，《中国人力资源社会保障》2019 年第 3 期。

王朝明、张海浪、李亚茹：《供给侧结构性改革中的失业风险研究——基于消化产能过剩与产业结构调整升级》，《经济问题探索》2019 年第 3 期。

B.15
辽宁省城乡居民收入分配研究

闫琳琳　杜淑薇 *

摘　要： 2019年全省城乡居民收入呈现增长趋势，城乡居民收入达到新水平。辽宁省在大力推进居民收入分配制度改革、提高最低工资标准和劳动力报酬水平、提升社会保障水平以及创新创业就业方面成效明显，但城乡收入差距大、行业收入差距大、省内区域间收入不平衡等问题依然存在。新冠肺炎疫情给当前辽宁经济带来了一定的负面冲击，但疫情并不会影响经济长期向好、高质量增长的基本面。充分考虑新冠肺炎疫情带来的经济、社会、居民生活等多方面的影响，通过税收和转移支付、政策等再分配机制，妥善解决城乡居民收入分配中出现的难题，把降低疫情影响、恢复经济活力、扩大有效消费需求、缩小城乡差距作为奋斗目标，提升生活质量，构建科学、合理的收入分配格局。

关键词： 收入分配　城乡居民　收入差距　辽宁

进入2020年，新冠肺炎疫情给当前辽宁经济带来了一定的负面冲击，但疫情并不会影响经济长期向好、高质量增长的基本面。2019年，辽宁省在开启全面振兴的征程上，通过增加就业、加快国资国企改革、支持民营经

* 闫琳琳，辽宁社会科学院社会学研究所副研究员，经济学博士，主要研究方向为收入分配与社会保障；杜淑薇，辽宁大学，博士，主要研究方向为收入分配。

济发展等政策，实现经济增长的目标。在此过程中，妥善解决城乡居民收入分配中出现的难题，把缩小城乡差距作为奋斗目标，提升生活质量。收入分配在降低疫情影响，恢复经济活力，扩大有效消费需求，促进居民收入增长、国民财富分配公平公正方面具有重要的作用。

一 辽宁省城乡居民收入分配现状

2019 年，辽宁根据省内实际发展情况，坚持全面深化市场改革，紧紧围绕缩小城乡差距，更加注重民生建设，城乡居民更多享受到改革开放和经济发展的成果。2019 年全省生产总值为 24909.5 亿元，按可比价格计算，比上年（2018 年）增长 5.5%。其中，第一产业增加值为 2177.8 亿元，同比增长 3.5%；第二产业增加值为 9531.2 亿元，同比增长 5.7%；第三产业增加值为 13200.4 亿元，同比增长 5.6%。城乡人均收入持续上升，居民恩格尔系数较往年相比持续下降，意味着食品支出在整个日常环境支出中所占的百分比正在逐渐下降。2019 年全年常住居民人均可支配收入为 31820 元，比上年增长 7.1%。其中，城镇常住居民人均可支配收入为 39777 元，增长 6.5%；农村常住居民人均可支配收入为 16108 元，增长 9.9%。在各种因素挑战下，全省经济保持稳定健康发展，说明政府采取一系列措施的成果显著，居民获得了利益。

（一）城乡居民人均可支配收入呈增长趋势

城镇（农村）居民的平均收入水平用城镇人均可支配收入和农村人均纯收入来衡量。图 1 是辽宁省 2010 ~2019 年城乡人均可支配收入情况。从图 1 可以看出，2010 ~2019 年城乡居民收入水平呈上升的态势。2010 年城镇人均可支配收入为 17712.6 元，2018 年可支配收入为 39777.0 元，增加 22064.4 元；2010 年农村人均纯收入为 6908.0 元，而 2019 年达到 16108.0 元，增加 9200.0 元。2017 年城镇人均可支配收入 34993.4 元，农村人均纯收入 13746.8 元，2018 年较 2017 年城镇人均可支配收入增长 6.7%，农村人均纯收入增长 6.6%。城乡人均收入逐年上升，居民享受到经济持续健康、绿色发展的成果。从数据中看，城乡人均收入呈增长趋势，随着各项发展政策的实施，辽宁省经济增长产生积极影响；此外营商环境、手续简化等改善为经济发展提供动力，从而推动城乡人均收入继续增长。

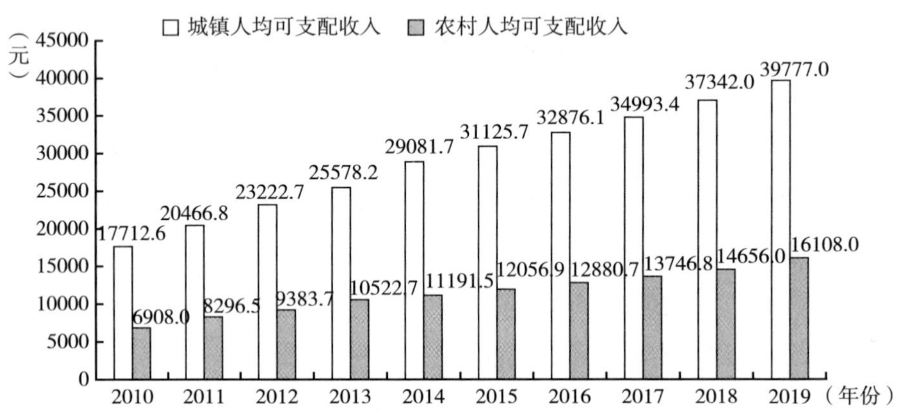

图 1　2010 ~ 2019 年城乡居民人均可支配收入

资料来源：2011 ~ 2018《辽宁统计年鉴》，中国统计出版社；2019 年辽宁省国民经济和社会发展统计公告。

（二）城乡居民收入来源多样化

城乡居民收入统计由工资净收入、经营净收入、财产净收入和转移净收入四部分构成。从图 2 可以清晰地看出，城镇居民收入来源中工资净收入居于第一，所占比重为总收入的 50% 以上。其次是转移净收入，2013 ~ 2018 年转移净收入在整体收入中所占比重降到 30% 以下，2018 年为 27.4%。经营净收入继续保持上升的趋势，个体、民营经济得到发展。总的来说，2015 ~ 2018 年辽宁省城镇居民家庭收入结构中，经营净收入所占比重递增，财产净收入略有回落。经营净收入增幅明显，工资净收入较为稳定，城镇居民收入呈现出多元化、合理化的态势。

从辽宁省农村人均纯收入来看，经营净收入是辽宁省农民家庭纯收入的主要来源。农村家庭人均收入的主要来源是经营净收入，主要来自第一产业

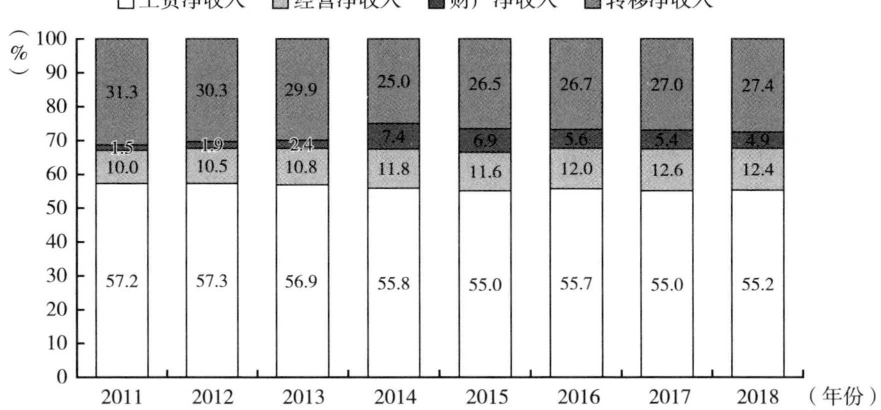

图 2　2011～2018 年城镇居民人均可支配收入来源

资料来源：2012～2018《辽宁统计年鉴》，中国统计出版社；2019 年辽宁省国民经济和社会发展统计公告。

的农业收入及其相关的零售收入等。2011～2018 年经营净收入所占比例有下降趋势，2011 年、2012 年分别为 51.4%、51.0%，但在 2013 年后所占比例低于 50.0%。其次是工资净收入，主要是农民工资（外出务工）所得，占总收入的 39.0% 左右。排在第三位的是转移净收入，从图 3 可以看出，2011～2018 年其呈增长趋势。农村家庭主要依靠工资净收入和经营净收入，即农业和外出务工。转移性收入占总收入的比例逐年增大，成为近年来农民增收的新力量。

（三）城乡居民人均收入与全国人均收入比较

全国城乡居民人均收入呈现逐年增长的趋势，2019 年全国城镇居民人均收入为 39777 元，农村为 16108 元。辽宁省与全国相比，城乡居民收入总体上高于全国平均水平。回顾历史数据，辽宁省农村居民收入与全国平均水平的差距逐渐缩小；2019 年城镇居民收入首次超过全国平均水平。

（四）城乡居民恩格尔系数

恩格尔系数揭示了城乡居民收入与食品支出的关系。恩格尔系数越大，一个家庭（或地区）生活就越贫困，反之生活富裕。恩格尔系数有划分标

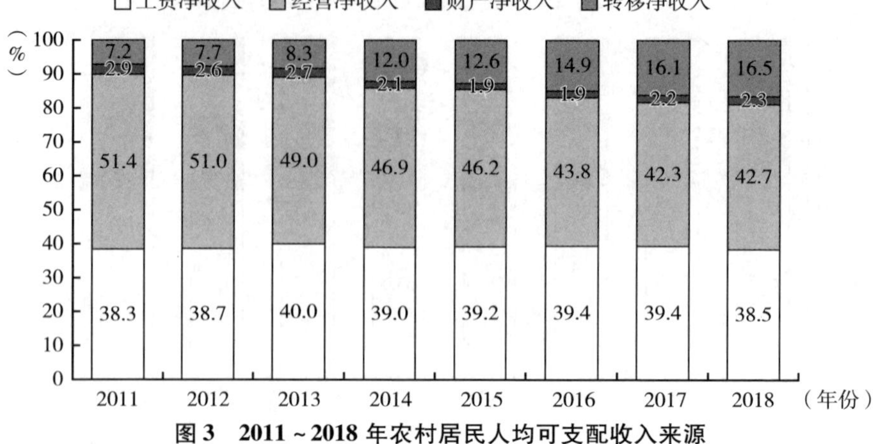

图 3 2011～2018 年农村居民人均可支配收入来源

资料来源：2012～2019《辽宁统计年鉴》，中国统计出版社；2019 年辽宁省国民经济和社会发展统计公告。

准：恩格尔系数 59 以上的为贫困，恩格尔系数 50～59 为温饱，恩格尔系数 40～50为小康，恩格尔系数 30～40 为富裕，恩格尔系数低于 30 为最富裕。从辽宁省数据来看，2011 年辽宁省城镇居民家庭恩格尔系数为 35.5，农村居民家庭为 39.1；2017 年城镇居民家庭恩格尔系数下降到 27.5，农村下降到 26.7，呈现出明显的下降趋势（见图 4）。恩格尔系数逐年下降，说明辽

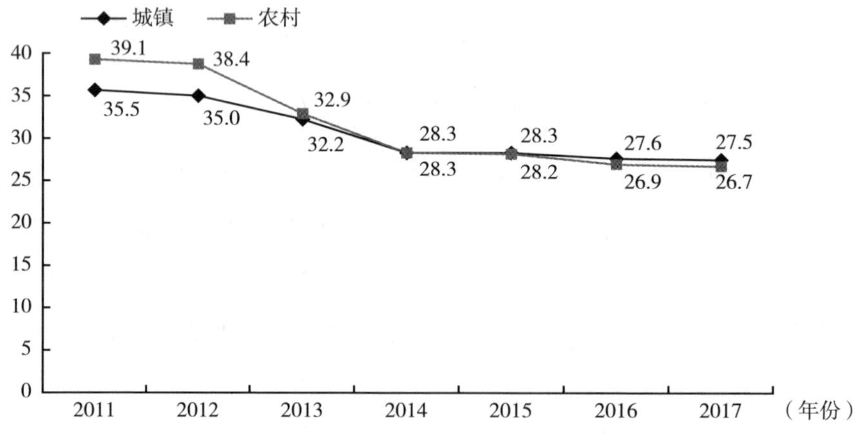

图 4 2011～2017 年辽宁省城乡居民恩格尔系数

资料来源：2012～2018《辽宁统计年鉴》，中国统计出版社。

宁省居民食品消费支出对总支出的比重逐步下降，可以有更多的收入用于购买其他物品。居民不仅仅满足于温饱需求，精神层面的需求和自我价值的实现也变得颇为重要。

二　辽宁省城乡居民收入分配中存在的问题

（一）城乡收入差距扩大

辽宁省的城乡人均可支配收入随经济的增长而上升，但是人均可支配收入在增长的过程中，城乡之间的差距也越来越明显，有逐渐扩大的趋势。2013 年辽宁省城镇人均可支配收入为 25578. 2 元，农村为 10522. 7 元，二者之间相差 15055. 5 元。2019 年城镇人均可支配收入 39777 元，农村为 16108 元，二者之差相差 23669 元。2013 ~2019 年城乡居民收入差距逐步扩大。从城镇居民人均可支配收入与农村居民人均可支配收入的比值来看，城乡居民收入比由 2013 年的 2. 43 倍升至 2014 年的 2. 60 倍，又逐步下降到 2019 年的 2. 47 倍。近年来，农村居民较城镇居民收入差距倍数逐年减小，城乡居民收入差距呈现明显的改善趋势，收入分配的二次调节作用明显；但从城镇居民可支配收入基数大于农村居民纯收入可看出，城乡居民收入差距仍然呈现出扩大态势（见表 1）。

表 1　2010 ~2019 年城乡居民人均可支配收入

单位：元

年份	2013	2014	2015	2016	2017	2018	2019
城镇	25578. 2	29081. 7	31125. 7	32876. 1	34993. 4	37342	39777. 0
农村	10522. 7	11191. 5	12056. 9	12880. 7	13746. 8	14656	16108. 0
差值	15055. 5	17890. 2	19068. 8	19995. 4	21246. 6	22686	23669. 0
倍数	2. 43	2. 60	2. 58	2. 55	2. 55	2. 55	2. 47

资料来源：2014 ~2018《辽宁统计年鉴》，中国统计出版社；2019 年辽宁省国民经济和社会发展统计公告。

（二）地区收入差距明显

各地区的经济发展状况受到政策、资源分配、地理位置等诸多因素的影响，经济发展的快慢也会受到影响，并进一步对城乡居民的人均收入造成影响，进而对经济产生一定的影响。大连是一座沿海港口城市，经济相对发达，农村居民人均收入居于全省之首，由 2011 年的 14214 元增长到 2017 年的 16865 元，高出全省平均水平。作为省会城市的沈阳，农村居民人均收入排在全省第二位，2017 年人均收入达到 15461 元，两座城市的农村居民人均收入逐年提高。另外，作为港口城市的营口和矿产资源丰富的鞍山农村居民人均可支配收入也在全省收入中位于前五名。朝阳、阜新、葫芦岛常年位于全省后三位，2017 年农村居民人均收入分别为 11893 元、12548 元和 11727 元，与大连相比分别相差 4972 元、4317 元、5138 元（见表 2）。作为经济落后地区的朝阳，农村居民人均收入与发达地区有距离，但在政策的推动下，农村居民人均收入也呈上升状态，取得一定成效。在发展经济的同时，树立全局观念实现最优发展；同时要兼顾局部区域发展，用局部区域发展推动整体发展，各区域差异过大不利于全省经济的发展，不利于社会环境的稳定。

表 2　2011～2017 年辽宁省各地区农村居民人均收入

单位：元

地区	2011 年	2012 年	2013 年	2014 年	2015 年	2016 年	2017 年
大　连	14214	15990	17717	13547	14667	15664	16865
沈　阳	11576	13045	14467	12521	13486	14385	15461
盘　锦	11437	12935	14462	12723	13763	14845	15938
鞍　山	11146	12617	14207	12093	13117	14161	15075
营　口	10662	12080	13675	12609	13631	14587	15594
丹　东	10033	11428	12822	11528	12493	13450	14469
辽　阳	9844	11183	12379	11156	12036	12969	13921
本　溪	9524	10800	12204	11726	12667	13574	14540
锦　州	9447	10789	12137	11723	12599	13539	14493
铁　岭	9271	10569	11869	10888	11683	12531	13377
抚　顺	8780	10062	11310	10971	11766	12545	13379
朝　阳	7536	8689	9949	9754	10214	11193	11893
阜　新	7615	8772	9939	10566	11109	11812	12548

续表

地区	2011 年	2012 年	2013 年	2014 年	2015 年	2016 年	2017 年
葫芦岛	7901	8983	9927	9556	10233	10986	11727
全　省	8297	9384	10523	11191	12057	12881	13747

资料来源：2012～2018《辽宁统计年鉴》，中国统计出版社。

（三）行业收入差距大

辽宁省各行业职工工资水平总体呈增长趋势，但行业与行业间工资水平不一，收入呈现出一定差距，不利于低收入行业的发展。表 3 显示辽宁省 2014～2017 年各行业职工的平均工资水平，可以清楚地看到表格中垄断行业中的金融业均值为 97804 元，接近 10 万元并始终位于各行业之首，作为垄断行业其地位展现得淋漓尽致；而农、林、牧、渔业等均值为 14960 元，不足 2 万元，位于各行业尾端，与第一位之间相差 82844 元，这说明尽管国家对其实施优惠税收政策，但其与垄断行业差距依旧明显。国家鼓励创新和科学技术的发展，受国家政策影响，排在第二位的行业是信息传输、软件和信息技术服务业，第三位是科学研究和技术服务业，二者的均值收入分别为 86584 元、69115. 5 元。而水利、环境和公共设施管理业与居民服务、修理和其他服务业排在倒数第二位和倒数第三位，均值分别为 35158 元、38418. 25 元。行业间的平均工资水平因领域不同所获得的收入也不同，具有先进技术或资源垄断的行业工资水平高于其他行业，而传统行业则受到挑战。城乡、行业和地区在发展过程中形成的收入差距短时间难以消除，行业垄断、体制壁垒仍然影响着行业工资差距。

表 3　2014～2017 年辽宁省各行业职工平均工资

单位：元

类别	2014 年	2015 年	2016 年	2017 年	均值	标准差
农、林、牧、渔业	12962	14286	15440	17152	14960	1777. 784
采矿业	58595	57084	55668	63600	58736. 75	3455. 435

续表

类别	2014 年	2015 年	2016 年	2017 年	均值	标准差
制造业	49572	51678	56574	61978	54950. 5	5527. 478
电力、燃气及水的生产和供应业	60510	66521	70119	70380	66882. 5	4598. 8
建筑业	41219	43183	44123	47941	44116. 5	2822. 161
批发和零售业	44207	46999	48694	51787	47921. 75	3172. 137
交通运输、仓储及邮政业	60420	65559	67233	71873	66271. 25	4727. 543
住宿和餐饮业	37410	37544	39170	43374	39374. 5	2783. 751
信息传输、软件和信息技术服务业	80021	85250	89524	92621	86854	5466. 562
金融业	88942	100595	96057	105622	97804	7082. 793
房地产业	47466	50990	54848	57845	52787. 25	4523. 028
租赁和商务服务业	38722	42873	45137	48501	43808. 25	4104. 149
科学研究和技术服务业	63178	66794	70974	75516	69115. 5	5324. 9
水利、环境和公共设施管理业	31208	34148	36166	39110	35158	3329. 513
居民服务、修理和其他服务业	35128	37127	39261	42157	38418. 25	3010. 069
教育	51900	62116	68027	74268	64077. 75	9514. 617
卫生和社会工作	51107	57764	63556	70589	60754	8298. 256
文化、体育和娱乐业	47733	50848	53260	56687	52132	3786. 831
公共管理、社会保障和社会组织	43995	51314	56623	61336	53317	7441. 901

资料来源：2015 ~2018 年《辽宁统计年鉴》，中国统计出版社。

三　改善辽宁省城乡收入分配状况的对策建议

（一）区域协调发展，缩小区域收入差距

充分考虑新冠肺炎疫情带来的经济、社会、居民生活等多方面的影响，通过税收和转移支付、政策等再分配机制，实现各系统均衡、各部分统筹，要素挖掘与创新活跃得到充分发展。通过稳定辽宁省城乡居民收入，缩小省内各区域间、城乡间收入差距，实现基本公共服务的均等化、经济社会和谐发展。从省情来看，要深刻领会和贯彻落实习近平总书记在“统筹推进新冠肺炎疫情防控和经济社会发展工作部署会议”上的讲话精神，紧紧围绕“控疫情、抓生产、稳就业、保民生”的政策重心，调节收入在不同人群、不同地区之间的分配关系，打破省内区域之间的限制和发展障碍，加强发达地区与不发达地区的合作，为跨区域合作项目提供便利的条件和环境。强化

稳就业、促民生，利用互联网渠道和数字化手段提升新冠肺炎疫情防控和治理现代化水平，尽快减轻疫情对居民收入、经济发展的影响。同时通过建立健全针对弱势群体的保护政策、支持政策，不断完善符合省情的收入再分配环节和机制建设，不断缩小辽宁省城乡居民收入差距。

（二）推进乡村振兴，缩小城乡收入差距

缩小城乡间的收入分配差距，不是限制城镇经济的发展，而是要重视农村经济的发展，实现乡村振兴的目标，保障农民收入。首先保障农民的基本需求，提高粮食的增收数量。农业作为农民收入的主要来源，其地位不可动摇，但容易受到气候、天气、虫害等环境不可控因素的影响，农作物产量不稳定导致农民收入拥有极大的不稳定性，无法确保其正常的生活。所以除发展农业本身外，加大农业供给侧结构性改革力度，建设农产品周边生产基地，鼓励以直播、网络销售等线上渠道扩大本省农产品知名度，增加销量。并加大力度促进乡镇企业的成长，为农村多余劳动力提供相应的就业岗位，保证农民有一定的稳定收入，解决了人口流向城市的难题，又将农民收入维持在稳定的状态上，保证了其日常生活的支出。此外，加强农村的基础设施建设，从多个方面采取相应措施推进乡村振兴和经济发展，提高全体农民收入，缩小农村与城镇之间的差距。

（三）控制垄断行业过高收入

提高农、林、牧、渔业等传统行业的收入，对待传统行业的发展政府有相应的措施。除享受政府各种措施外，收入低的行业自身要会运用各种资源，通过互联网线上等形式拓宽销售渠道，加快信息流通，扩大行业服务范围，及时公开行业，加深公众对行业的了解，扩大其影响力。另外，提高低行业创新能力，使其竞争力加大，提高低收入者的收入，调整最低工资标准。对于垄断行业来说，高收入缘于其技术或资源的垄断地位，所以要打破行业垄断，就要从分配制度、市场等多方面、全方位进行思考，制定相关政策。通过扩充企业数量形成竞争，缩小垄断行业的范围，打破其领域壁垒，使外部企业、人员可

以进入该行业学习交流，并逐步缩小行业之间的收入差距。在打破垄断行业时，加强技术垄断的行业与其他企业的技术交流。此外对垄断行业进行合理监管、信息透明化，使其对该行业了解加深。此外，政府在宏观层面利用税收政策对各人群初次分配进行调节，缩小区域间城乡间的收入差距。

参考文献

张延群、万海远：《我国城乡居民收入差距的决定因素和趋势预测》，《数量经济技术经济研究》2019 年第 3 期。

李实：《当前中国的收入分配状况》，《学术界》2018 年第 3 期。

绍伟：《我国收入分配的不平衡及对策研究》，《学术论坛》2019 年第 8 期。

刘伟、王灿等：《中国收入分配差距：现状、原因和对策研究》，《中国人民大学学报》2018 年 5 月。

李实：《中国收入分配格局新变化》，《治理研究》2018 年第 5 期。

B.16

2019年辽宁省养老服务体系建设研究*

杨成波**

摘　要： 2019年辽宁省加快养老服务体系建设步伐，取得了显著效果，养老服务政策框架体系基本形成，养老服务基础设施加快发展，养老服务信息化建设加快推进，医养融合进一步发展，但也存在养老服务政策有待完善、养老服务供给能力不足和养老服务人才素质不高等问题。因此，本报告从政策体系、资金渠道、社会组织和人才支撑等方面入手，提出完善辽宁省养老服务体系建设的对策。

关键词： 养老服务　居家养老　机构养老　医养融合

一　2019年辽宁省养老服务体系建设现状

（一）养老服务政策框架体系基本形成

近几年来，辽宁省相继出台多部关于养老服务方面的政策法规文件，养老服务政策框架体系基本形成。2017年辽宁省出台了《关于全面放开养老服务市场发展养老产业提升养老服务质量的实施意见》，从土地、金融、税

---

* 本文为2019年度辽宁省哲学社会科学规划课题重点项目阶段性成果。

** 杨成波，辽宁社会科学院社会学研究所副所长，副研究员，主要研究方向为社会学基础理论和社会保障。

费、财政、人才培养、医养融合、市场化、政府购买服务以及行政审批等多个方面规范养老服务的发展。2018 年辽宁省出台了《养老院服务质量建设专项行动实施方案》，方案从规范服务质量、整治排查、服务培训、政策制度、保障支持和督促落实等几个方面支持和规范养老院的发展并对其进行监督。在居家养老服务方面，沈阳市出台了《沈阳市居家养老服务体系建设实施方案（2018～2020 年）》，抚顺市出台了《关于推进抚顺市居家养老工作的通知（实行）》，从考评对象、档次设定、考评条件、考评方式、考评结果和运营补助等方面做出了明确规定，并将居家养老服务工作纳入各级政府民政工作的绩效考核体系中，推进了居家养老服务的发展。在医养结合方面，2016 年出台了《推进医疗卫生与养老服务结合发展的实施意见》，提高了医疗机构支持养老服务的能力，鼓励医疗机构对老年人看病就医实行优先照顾，开通绿色通道。养老机构也可以根据服务需求和自身实际，按照规定开办老年病医院、康复医院、中医医院、护理院和医务室等。推动医疗卫生服务延伸至社区、家庭，依托社区卫生服务中心和卫生计生基层网络，加强与社区老年人日间照料站、社区居家养老服务中心、农村幸福院等养老机构的合作。

（二）养老服务基础设施快速发展

1. 加快居家和社区养老服务设施及服务网络建设

居家和社区养老服务设施的配建，新建居住区按照每百户建筑面积不低于 35 平方米的标准，已建成的居住区按照每百户建筑面积不低于 25 平方米的标准配建。以街道为单位，建设区域性居家养老服务中心，主要为老年人提供基本生活照料以及心理咨询和应急救援等服务；以社区为单位，每个社区建设 1 个社区养老服务站，主要为老年人提供基本的生活服务。沈阳、大连、盘锦、营口、辽阳、锦州和鞍山是全国中央财政支持居家和社区养老服务改革试点地区，经过深入开展改革试点工作，辽宁省已经探索总结出万佳宜康、林海等可推广、可复制、可持续的有效养老服务模式。大连市高质量建成 50 所居家和社区养老服务示范中心，为失能、失智和高龄老年人提供短期托养、长期照护、上门服务等专业化、标准化和智能化的养老服务。

2018 年营口市启动了社区居家养老服务中心（站）改扩建工程建设，完成 40 个社区居家养老服务中心站改扩建的目标任务。2019 年鞍山市建成 10 个各有特色的县区级综合性居家和社区养老服务中心；建成城乡基本覆盖的多个居家和社区养老服务网点，通过全市统一的智慧服务平台实现服务对接，全面满足居家老年人的养老服务需求，形成多点支撑。盘锦市 2019 年下拨了 1235 万元财政资金用于城乡社区养老设施建设，安排了 5 个社区养老服务综合体、50 个城市社区老年人日间照料中心、130 个农村互助幸福院建设，审批新建小区规划 10 个，全部设计配套了养老服务设施。

2. 加快机构养老服务建设

辽宁省自启动开展为期四年的养老院服务质量建设专项行动以来，全省养老机构从完善制度、运营管理、生活服务、安全管理、服务流程等方面对照 115 项指标逐项准备检查材料、自检自查，各级民政部门以不同形式深入养老院，逐项细致地给予现场指导。截止到 2018 年末，辽宁省城乡养老服务机构有 1494 个；养老床位有 14.7 万张，每千名老人拥有养老床位达到 19.41 张。2019 年，辽宁省农村社区（村）养老服务照料站（含农村互助幸福院）有 4135 所，拥有床位 2.5 万张，为农村老年人提供日间照料、文化娱乐、助餐、助医等为老服务。全面建立了高龄老年人津贴、经济困难高龄老年人养老服务补贴、经济困难失能老年人护理补贴制度。在全国率先建立农村困难家庭常年病人托管制度，在全国较早出台了加强农村留守老年人关爱服务工作的实施意见等。2019 年本溪市有各类养老机构 136 家，床位 11006 张，共收老年人 6599 人，入住率约为 60%。其中，公办养老机构有 18 家、床位 4014 张，民办养老机构 118 家、床位 6992 张。各县区都建设了福利中心或养老中心，部分县区还建设了农村常年病人托管中心，这些养老机构起到了示范、兜底的作用。2019 年辽阳市加大新建和改扩建项目力度，开工了 26 个城乡社区养老服务设施建设项目，改造了 13 个农村敬老院旱厕、沐浴间。

3. 加大养老服务设施投资力度

辽宁省不断加大对养老服务设施的投资力度，同时也不断地申请国家资

金用于养老服务设施建设。辽宁省财政每年列支3000万元，资助各地对100所农村敬老院进行维修改造，不断提高农村特困供养机构服务条件和水平。2019年辽宁省争取到的第一批中央预算内专项投资4658万元已下达，通过遴选，此项资金用于支持沈阳市于洪区和锦州北镇市的两家民办养老服务中心设施建设。项目建成后，将为地方新增普惠养老床位2329张。锦州市积极加大资金投入力度，有效推进全市养老体系建设，2019年成功申请到国家发改委会同民政部、国家卫健委联合实施的城企联动普惠养老专项行动项目资金2200多万元，支持普惠养老服务项目建设，推进社会力量进行普惠性养老服务建设，争取中央财政预算内投资锦州市黑山县大虎山区域中心敬老院建设项目资金1320万元，争取省彩票公益金支持农村特困人员供养机构维修改造10个项目资金300万元，农村特困人员供养服务设施条件将得到进一步改善。同时，加大锦州市本级福彩公益金投入力度，下拨250万元设施设备配置补助资金，提高社区养老服务设施覆盖率，下拨202万元彩票公益金，用于鼓励和支持市养老综合服务中心、锦州市古塔医养服务中心拓展服务范围，延伸开展居家养老服务以及设施建设，鼓励社区卫生服务中心开展护理型养老服务、扶持建设社区居家养老自助餐食堂。2019年本溪市严格落实养老机构相关补贴政策，有效激励养老服务行业快速发展。每年从市级福彩公益金中列支一部分资金，对民办养老机构给予运营补贴，补贴标准为按实际入住人数，每人每月补贴140元；给予养老机构责任保险费补贴，按每张床位每年120元保费，其中市财政补贴80元、养老机构自筹40元；给予“民办公助”补贴，对民办养老机构收住老年人按失能、半失能、自理等类型分别给予100元、70元、50元的补贴。2019年上半年，拨付运营补贴资金313.81万元；并完成了2019年度养老机构责任保险费补贴工作，为93家各类养老机构补贴机构责任保险费32.67万元。抚顺市从2019年7月起，补贴标准提高到每床每月每人150元，103家符合运营补贴申请条件的民办养老机构共获得718.8万元补贴。2019年辽阳市建立民办养老机构运营分类补贴制度，补贴标准从每人每月130元，提高到每人每月160~200元；建立民办养老机构建设补贴制度，新建机构每张床位补贴

3000 元，改扩建机构每张床位补贴 1500 元，近两年分批发放床位补贴费累计 64.7 万元。

（三）加快推进养老服务信息化建设

近几年，辽宁省养老服务体系信息化建设发展迅猛，智慧养老服务平台的建设、养老服务信息采集手段的优化、线上线下服务的相互结合推动了养老服务的发展。2019 年沈阳市启动“互联网 + 养老服务”平台建设，对现有的养老服务信息管理系统进行升级，整合机构养老服务和居家养老服务功能，充分利用大数据应用等技术手段，实现线上养老服务信息平台和线下养老服务机构的充分融合，解决养老服务供给、服务效率和行业监管问题，提供位置信息、评估管理、移动终端和呼叫中心等服务功能。2019 年本溪市打造了以“7 + 1”模式为主的智慧医养服务体系。2019 年抚顺市居家和社区养老信息平台（12349）搭建完成，线上通过平台为老年人进行派单，为有需求的老年人进行入户服务，实时跟踪管理，即时掌握老年人对服务人员的反馈意见。线下居家养老服务机构运用信息化手段录入老年人信息，并与 12349 平台进行联网。同时，该平台还为老年人提供咨询和信息服务，为老年人入住养老机构和享受居家养老服务提供方便。2019 年鞍山市采取“1 + 9”举措，全面推进居家和社区养老服务改革试点工作，构建一个“一纵十横多点支撑”的居家和社区养老服务体系。建成集居家养老、监管评价、培训孵化、产品体验、咨询解答、业务申请、公益互动、时间银行、数据分析、政府管理等十大功能为一体、纵贯全域的市级居家和社区养老服务智慧平台。

（四）医养融合进一步发展

支持养老机构开展医疗服务，养老机构也可以根据服务需求和自身实际，按照规定开办老年病医院、康复医院、中医医院、护理院和医务室等。推动医疗卫生服务延伸至社区、家庭，依托社区卫生服务中心和卫生计生基层网络，加强与社区老年人日间照料站、社区居家养老服务中心、农村幸福院等养老机构的合作，鼓励专业医师到养老机构开展为老医疗服务。推进基层医疗卫生机构和医务人员与老年人家庭建立签约服务关系。医疗机构要为老年人就医提供优先优惠服务。2019 年锦州市积极推进养老和医疗融合发展，设立了独立门诊部，保障老年人基本医疗、缓和医疗、应急医疗和护理服务需求。协调锦州部分医疗机构，开通了医疗和养老服务绿色通道，建立了养老人员医疗转诊、无缝对接、即时响应机制，确保了医养融合真正落地。2019 年本溪市 94% 以上的医疗机构开设为老服务的绿色通道，88% 的养老院能够以不同形式为入住老年人提供医疗卫生服务。2019 年辽阳市养老机构与医疗机构签约率达到 100%，40 家社区养老服务机构与基层医疗卫生机构建立了签约服务关系，占社区养老服务机构的 1/3，基层医疗卫生机构与老年人家庭签约率达 79%。

二　辽宁省养老服务体系建设存在的问题

（一）养老服务政策有待完善

虽然辽宁省出台了许多有关养老服务方面的政策法规，形成了一定的框架体系，但是仍然存在一些问题。一是政策框架较笼统，缺乏实施细则。面对复杂多元的养老需求与基础设施建设现状，养老服务体系建设路径必然复杂多样，需要精细化的政策内容与之配套，然而大量的养老服务政策属于指导性意见，没有具体的实施细则。越到基层越不知道该如何处理，导致政策落不了地，往往起不到规范和引领作用。二是政策缺乏前瞻性，仓促出台。养老服务众多政策是在形势发展到迫不得已的情况下，或者是为完成国家任务而匆忙出台，缺乏前瞻性和指导性。三是政策缺乏开放性与包容性。随着社会的高速发展，老龄化形势不断严峻，这就需要我们的政策能够及时地包容新生的养老服务模式，并不断在实践中自我完善，而当下养老政策普遍缺乏包容性与开放性，难以将新模式纳入体制内，为其提供优良的制度环境。四是缺乏统一的行业标准。养老服务行业尚处于起步阶段，很多领域缺乏统一的行业标准，造成养老服务质量难以得到评价和监管。

（二）养老服务供给能力不足

1. 养老服务管理落后

公办养老机构主要以城乡“三无”“五保”老年人为服务对象，以低水平的生活照料和简单娱乐为服务内容，缺乏专业服务人员的规范化照顾，精神需求和医疗需求的专业服务难以满足。民办养老机构除少数高端定位外，大部分规模小、设施简陋、规模分散、服务能力有限。社区居家养老服务主要以家政信息提供和简单娱乐服务为主，很多居家养老服务中心只能为老年人提供棋牌娱乐等，居家养老服务设计中的托老、日常照顾、健康服务、精神慰藉、法律援助等服务难以企及，老年人参与利用居家养老服务的积极性也不高。

2. 养老床位数量不足

从养老床位数量来看，2018 年全国为老年人提供住宿的养老服务床位为 379. 4 万张，而辽宁省能够提供的床位为 14. 7 万张。从每千老年人口养老床位数来看，全国平均数为 29. 15 张，辽宁省仅为 19. 41 张，与发达省份相比差距较大（见表 1）。

表 1　2018 年辽宁省与部分发达省份养老床位数

地区	养老床位(万张)	每千老年人口养老床位数(张)
全国	379. 4	29. 15
辽宁	14. 7	19. 41
浙江	28. 9	54. 17
江苏	39. 9	39. 45
广东	20. 3	31. 02

资料来源：《2019 年中国统计年鉴》。

从2019 年第四季度社区服务机构情况来看，辽宁省在社区服务指导中心、社区服务站、社区养老床位、其他社区服务机构和设施等方面都不同程度地低于全国平均水平，与部分发达省份的差距较大。特别是社区养老床位，全国为 107224.7 张，辽宁仅为 56575 张，约占全国平均数的 53%，浙江省为 349231 张，江苏省为 271734 张，广东省为 254587 张，差距明显（见表 2）。可见，辽宁省未来的养老服务业发展任重道远。

表 2　2019 年第四季度辽宁省与部分发达省份的社区服务机构情况对比

地区	社区服务指导中心	社区服务中心	社区服务站	社区养老床位	其他社区服务机构和设施
全国平均数	18.7	825.6	5384	107224.7	3448.5
辽宁	15	892	4552	56575	1737
浙江	22	3506	14864	349231	10896
江苏	55	3639	14662	271734	19528
广东	23	2107	23151	254587	31629

资料来源：根据中华人民共和国民政部网站民政数据整理所得。

（三）养老服务人才素质不高

养老服务人员大多数是年龄偏大、文化层次较低、素质技能欠缺的进城务工人员及城镇下岗职工，很少有经过专业培训并且获得相关资格的护理人员。特别是在社区或乡村养老机构中，一些护理人员连基本的养老服务知识都不懂。尽管对养老服务从业人员进行过短期的技能服务培训，但培训不够系统，这些服务人员不具备养老服务护理员的专业资质，所以队伍整体上表现出专业素养技能不高。由于缺乏专业技能，提供的服务内容比较单一，如仅仅提供一些打扫卫生、配送餐饮等基本的服务，无法真正开设丰富的服务项目，至于老年人在文化、医疗、法律援助等方面的多元化需求是无法满足的，而老年人的心理咨询、精神慰藉、临终关怀等较高层次的服务更是无从谈起。

三 完善养老服务体系建设的对策建议

（一）新冠肺炎疫情影响下的措施建议

加强对养老服务的健康管理；制定养老服务扶持措施，除了国家出台的税收减免、租金减免等措施外，辽宁省对养老机构要增加非常时期的财政补贴，确保养老机构不会因为新冠肺炎疫情的冲击而倒闭；保障养老机构对医疗资源的需求，疫情期间，民政部门可根据日常入住老人数量，充分掌握各机构的物资需求，避免各自抢购而造成恐慌；实行养老服务风险预案机制，国家和各级地方政府应针对养老机构制定重大公共卫生事件的专项预案，而养老机构应当建立或完善应急小组制度，不定期组织养老机构针对应急预案进行演习、培训，加强风险防控意识；积极对接互联网医疗平台，大力开展互联网诊疗服务，特别是对发热患者的互联网诊疗咨询服务；要运用智慧养老信息技术，及时提供快捷、高效、低成本的物联化、互联化、智能化的养老服务。

（二）健全养老服务政策体系

1. 完善养老服务设施的规划布局

各级政府应将社会养老服务设施建设统一纳入城乡建设和土地利用规划中，合理规划养老服务设施布局，保障土地供应，分级制定养老服务设施规划，提升养老设施的供给能力和水平。建议养老服务设施和幼儿园、中小学一并进行规划建设，让老年人可以经常和孩子们进行互动交流，这非常有利于老年人的身心健康。

2. 制定出台具体的养老服务政策

建议重新梳理、评估和完善现有的养老服务政策文件，对于粗线条、模糊不清的文件条款进行细化，并制定相应的实施细则。对于养老服务政策实施效果进行实时监测，便于及时发现问题，不断提高政策实施的效果。规定养老服务机构准入与退出养老服务市场的标准，明确其收费标准、服务质量标准和服务设施标准等，并对政府相关部门的监管职责予以明确。

3. 建立第三方评估制度

对养老服务机构提供的养老服务质量进行评价考核，考评结果与政府的补贴扶持政策及退出机制挂钩，明确规定各地建立老年人的电子信息档案，录入每位老人全面的信息，以使有困难的老年人能被及时发现并得到救助。

（三）积极拓宽资金渠道

强化政府养老服务筹资责任。加大政府购买养老服务力度，使政府购买养老服务成为养老服务发展和养老产业发展的支撑点。各级政府投入要重点向农村和中心城镇倾斜，将推进养老服务所需经费纳入同级财政部门预算并逐年递增。建立健全高龄和失能等老年人补贴制度。为城乡低保对象、特困供养人员等特殊困难群体提供享受养老服务的机构，有条件的地方应当给予适当补贴。建议设立市、区财政专项资金，不断加大对养老服务的投入。提高国有垄断企业利润上缴水平，促进居民消费，重视发展民生。积极引导社会资本投入，搭建养老服务招商引资平台，通过博览会和推介会等形式吸引国内外大型企业从事养老服务业。鼓励社会力量兴办养老服务机构，全面提升养老服务功能。

（四）大力发挥社会组织在养老服务中的作用

支持社会组织承接公共服务项目，推动社会组织主动融入城乡社区便民利民服务网络。鼓励社会组织多为困难群体提供生活照料、文体娱乐、医疗保健等志愿服务。政府购买服务指导目录，逐步扩大购买范围和规模。鼓励支持有条件的社会组织吸纳社会工作专业人才，发挥“三社联动”优势。积极争取社会的关注，使用多媒体进行宣传，鼓励社会友爱人士积极加入社会组织。加大对志愿者的培训和管理力度，把志愿者的服务积极性调动起来。规范和健全社会组织管理机制，完善内外部监督体系，完善社会组织的法律法规制度，健全政府优惠政策扶持机制，发挥社会组织在养老服务体系建设的中新职能。

（五）强化养老服务人才支撑，提升服务质量

1. 加强养老服务人才培养

支持相关学校与养老机构和医院共建养老服务实训基地，鼓励普通高校和高职等职业院校开发或增设养老服务课程。完善养老服务人才的培育机制。既要经常性地进行业务培训提高专业服务技能，还要加强服务人员的职业道德教育。为了保证对养老服务人员的培训效果，政府的相关职能部门应提供师资力量，统一培训材料，使服务人员系统全面地掌握老年人护理学、老年人心理学及老年人医疗保健方面的知识，对于一些常见的老年人疾病，可以进行预防和处理。发展壮大“社工＋志愿者”的敬老志愿服务队伍。

2. 鼓励专业人才从事养老服务

鼓励养老机构引入社会工作专业人才，按照任务、岗位、业绩定酬的分配办法，调动其积极性。提升养老服务人员的待遇和社会地位。通过宣传，逐步转变社会对养老服务业从业人员的歧视心理。吸引有知识、有能力、有奉献精神的优秀人才加入养老服务体系中，制定和实施养老服务人员的奖补政策。政府要通过设定特殊岗位津贴和补贴等方式加大对养老服务人员的就业扶持力度，提高了养老服务人员的工资待遇水平，将养老服务人员纳入社会保障体系。实施职业技能等级与养老服务人员薪酬待遇挂钩机制。

参考文献

刘志敏、张岩松：《积极老龄化视角下发展互助养老的对策研究》，《卫生职业教育》2020 年第 2 期。

邵铄淇：《政府购买社区居家养老服务绩效评估》，《合作经济与科技》2020 年第 2 期。

齐鹏：《论农村养老服务体系的完善》，《西北人口》2019 年第 6 期。

邵文娟：《供给侧改革视角下社会组织参与养老服务供给研究》，《宏观经济研究》2019 年第 7 期。

邵燕：《“医养结合”养老服务发展模式的思考——以江阴市为例》，《江南论坛》2019 年第 8 期。

刘婷：《基于 PPP 模式的社区居家养老服务模式的研究》，《劳动保障世界》2019 年第 8 期。

B.17

实施健康辽宁战略面临的挑战及对策

李晓萌*

摘　要： 党的十九大报告将"实施健康中国战略"作为国家发展基本方略中的重要内容，回应了人民的健康需要和对疾病医疗、食品安全、环境污染等方面后顾之忧的关切。根据国家部署要求，辽宁省制定了《健康辽宁实施方案》，倡导健康文明的生活方式，预防控制重大疾病，全方位全周期保障全省人民健康。在实施健康辽宁战略中辽宁省仍面临人口老龄化、公共卫生投入不足、公共卫生应急体系不够完善等问题，亟待改革、完善医药卫生体制机制等。

关键词： 健康辽宁　医疗保险　医疗卫生

2019年12月，辽宁省政府印发《健康辽宁行动实施方案》（以下简称《方案》），这是指导全省未来十余年疾病预防和健康促进的重要文件。《方案》聚焦全省当前主要健康问题和影响因素，围绕疾病预防和健康促进两大核心综合施策，促进以治病为中心向以人民健康为中心转变，努力使群众少生病，延长健康寿命，提高生活质量。《方案》明确四方面共19个专项行动。一是从健康知识普及、合理膳食、全民健身等方面综合施策，全方位干预健康影响因素；二是关注妇幼、中小学生、老年人等重点人群，维护全生命周期健康；三是针对心脑血管疾病、癌症、慢性呼吸系统疾病、糖尿病四类慢性病

* 李晓萌，辽宁社会科学院副研究员，研究方向为卫生经济学、公共卫生事业管理。

以及传染病、地方病，加强重大疾病防控；四是通过完善中医药服务体系、整合服务资源、推进健康信息化等，优化健康服务。按照方案实施战略，当前健康辽宁建设仍面临人口老龄化加速和疾病谱变化、三医联动改革滞后、健康领域投入不足、环境污染和食品安全问题形势仍然严峻等挑战，从而需要综合治理，特别是要抓住优化全民医疗保障制度、推进健康老龄化、重视疾病预防和健康管理、运用技术手段推进健康治理现代化等关键点。

一　实施健康辽宁战略取得的成就

截至 2019 年 9 月，辽宁省从中华人民共和国成立初期人均寿命 35 岁到期望寿命 78. 86 岁，孕产妇死亡率控制在 13. 2/10 万以下，婴儿死亡率下降到 4. 5‰，5 岁以下儿童死亡率下降到 5. 1‰。全省居民健康素养水平达到 17. 17%，居民主要健康指标高于全国平均水平。

（一）医疗队伍建设不断增强

辽宁省自 2018 年起已启动全科医生培养计划。辽宁省根据实际情况，主要从问题入手，在人才数量、培养内容以及改善就业岗位和规划职业前景等多方面入手，将全科医生培养计划贴入实际，例如在健康扶贫中实施培养计划、在就业岗位及推进家庭医生培养计划中实施全科医生培养计划。按照培养计划实施，预计到 2020 年，全省各城乡能够实现万分之三的全科医生。一是加大培养力度和规范化程度。自 2018 年起，全省规范化培训全科医生基地共 26 所，面向社会及基层医疗机构招收学员。在设置培训内容时，注重实践培养，增设全科医疗诊疗科目，在医院内设置专属全科医学科并指导基层医疗机构做好实习。二是调整医疗队伍结构。在培养全科医生计划中，邀请有条件、有经验的全科医生参与指导培训过程，经考核批准后，允许在培训机构和基层医疗机构施行多点执业。同时，在培养过程中，拓宽了全科医学执业范围。具有丰富理论基础和临床经验的全科医生进入医疗队伍后，能够优化医疗人才队伍结构，提升医疗队伍整体诊疗水平。三是提升全科医生薪酬制度。

培训合格后，鼓励全科医生签约家庭医生服务并提高签约薪酬；鼓励全科医生到基层医疗机构就业，并在职称评聘、薪酬待遇等方面给予适当调整。

（二）群众就医获得感不断提升

为了使辽宁省群众不断提升就医获得感，一方面，在等待就医时间方面，全省开展预约诊疗项目，并通过不同形式在手机 App、微信等平台实现预约挂号服务。多家医院成立“集中式检查预约中心”，提供结果查询和就医信息推送服务，服务流程更加便捷高效。2019 年辽宁省累计开展日间手术 9000 余例，有效提高医疗资源利用效率，缩短患者等待住院和手术时间，缓解住院难、手术难问题。全省患者满意率从 2015 年的 87% 提升至 2018 年的 94%，在全国名列前茅。

（三）健康扶贫力度不断增大

辽宁省不断实施健康扶贫，在大病救治方面，进一步扩大了重大疾病救助范围，新增病种并扩大救助范围，在基本医疗保险、大病医疗保险、医疗救助范围等方面，降低了贫困人口看病费用，提升了救助水平和救助质量，为更多贫困人口减轻了看病负担。

二　实施健康辽宁战略面临的挑战

（一）人口老龄化加速和疾病谱变化

一方面，辽宁省老龄人口占比大。人口数量是重要的社会资源，也是地区发展的基础。人口增长率是一年人口增长数与人口总数之比，它反映着一个地区的经济发展状况。一方面，辽宁省人口老龄化进程迅猛。自 1996 年辽宁省进入老年型社会以来，其人口老龄化、高龄化和家庭小型化趋势不断加剧，已成为一个重大的基本省情。按户籍人口统计，截至 2019 年末，全省 60 周岁及以上户籍老年人口达 958.74 万人，占全省总人口的 22.65%，

65 周岁及以上户籍老年人口达 608.17 万人，占全省总人口的 14.37%。与 2016 年相比，老年人口增加 33.48 万人，增长率为 3.62%。与全国老年人口 2.4 亿人，占总人口 17.3% 相比，辽宁省老年人口比全国高出 5.35 个百分点。在中国，大多数省份的人口增长各不相同，多为正数，近几年，辽宁省连年出现了人口“负增长”的情况。究其原因，一方面是人口外流严重；另一方面是出生率下降，少年儿童的人口数量和比重减少。作为一个老工业基地，辽宁省拥有较好的基础设施，然而，随着中国经济的开放，东北地区的竞争力下降，东北由以前的人口流入地逐渐变成了人口流出地。

（二）医疗保险、医疗卫生、医药供应体制改革滞后

尽管辽宁省已初步建成了全民医疗保险制度，97% 以上的人口已被不同医保制度覆盖，医疗卫生体制改革与医药流通体制改革亦在着力推进，但医保、医疗、医药三者间的联动改革至今没有实质性进展，远未形成良性互动。这导致医疗卫生服务体系、医疗保障体系与公众日益增长的健康需求差距较大，尤以医保支付、医药流通体制、公立医院改革滞后为甚。

（三）分级诊疗制度落实不够到位

分级诊疗在辽宁省推行已久，但在实际落实过程中仍存在诸多堵点和难点。一是全省大医院存在过度聚集效应。大医院处于绝对优势地位，床位数、卫生人员数增长率普遍较高。大医院的过度扩张，加剧了医疗资源的聚集，对周围的医疗市场形成了极强的“虹吸效应”。二是基层医疗卫生机构服务能力不强。据统计，全省基层医疗机构与医院卫生人员的学历、专业技术资格等差距较大，乡镇卫生院医生中专学历、中级以下职称占比较高。在保证基本收入的情况下，出于医疗安全、设备与药品短缺等原因，基层医疗卫生机构不愿意或没有能力接诊病情较复杂或较重的患者。从主观求医意愿上来讲，很多患者对基层医生也不信任，一般会跳过基层，直接选择在大医院就诊。家庭医生制度虽已在不断推广，但签约率不高，全科医生数量也较少，普及仍有困难。三是双向转诊通道不畅通，医疗机构之间缺乏有效的分工协作机制。

由于疾病分级标准模糊，缺乏转诊标准与规范，加上医院的趋利效应，双向转诊实际趋于“单向”。同时，双向转诊在实施过程中仍不能解决专家对接及预约床位等问题。另外，现有的区域医疗联合体建设虽然为分级诊疗提供了极好的方向，但实施效果甚微。各医疗机构目标不统一，存在多方管辖、组织涣散等问题，机构之间相互竞争，无法真正形成紧密的服务协作关系。三是医疗信息共享机制不健全。辽宁省各级医疗机构信息系统相互独立，患者医疗健康信息无法得到有效共享，甚至医院之间的健康与疾病结果也不互认，导致患者重复检查等。特别是基层医疗卫生服务机构的信息化基础薄弱，转诊过程中信息不能有效对接，可能延误转诊与治疗。

三　实施健康辽宁战略的对策建议

（一）打造高峰，着力构建辽宁卫生健康大格局

着眼国家战略，推进健康辽宁行动。落实政府各项支持政策清单，在人力、物力、财力、智力四方面给予支持。做好“十三五”收官工作，制定符合辽宁实际的“十四五”发展规划。首先，应当建立绩效考核评价体系，激活医疗资源内生动力。建立健全以公益性为导向、与区公立医院功能定位相适应的差别化、综合性绩效评价体系。绩效考核由区事考办和主管部门共同组织进行，考用结合，明确奖惩。一是向社会公开，便于公众监督，有助于公立医院改善运行状况，提高服务水平；二是与医院机构编制调整挂钩，在机构编制政策方面向考核优秀单位进行倾斜，建立激励约束机制；三是在职称评选方面中高级职称按最高比例设置，调动单位职工工作积极性，营造良好的工作氛围。其次，充实基层卫生人才队伍，提高卫生服务能力。重点加大基层医疗卫生人才队伍建设力度，对基层医疗卫生机构紧缺专业人才实行编制计划倾斜政策。进一步提升基层医疗卫生服务能力和质量，不断满足基层群众医疗卫生服务需求。再次，实行人员总量控制备案管理，创新机构编制和人事管理。为进一步落实公立医院用人自主权，创新机构编制管理方

式，对公立医院实行人员总量控制备案管理。人员控制总量内的工作人员在公开招聘、职称考评、岗位聘用、考核奖惩、薪酬分配、社会保险、管理使用等方面，适用事业单位人事管理政策，同工同酬，同等待遇。公立医院用人机制更加灵活，人才“洼地”效应逐渐显现。

（二）深化改革，持续提升百姓就医获得感

通过新冠肺炎疫情的暴发可以看出，分级诊疗对提升百姓就医具有重要作用，是缓解看病贵、看病难的关键所在。目前，辽宁省仍存在大医院床位数增长较快，基层医疗机构服务能力不强等问题。因此，应加快建立现代医院管理制度，探索城市紧密型医联体建设，推进分级诊疗。完善药品供应保障体系，落实国家医保药品目录动态调整政策，配合推进医保支付制度改革。全面推开“互联网+医疗健康”服务，打造互联互通的省、市、县三级全民健康信息平台，实现一张卡片全程通刷、一部手机全面通办、一份病历全省通用，进一步加强疾病防控体系建设。加快建设居家社区机构相协调、医养康养相结合的养老服务体系，积极开展中医药振兴行动。

（三）建立和储备公共卫生应急人才队伍

为保障国家安全稳定运行，我们不仅需要维护国土安全的解放军，也需要维护生命健康的白衣战士。同时，应当在社会中树立医疗队伍威信，遵医、敬医、爱医，赋予医生更高的地位和待遇，使他们更有尊严和体面地生活。

（四）加强提高公共卫生质量

我国医疗与公共卫生系统整体上普遍存在医疗设施不够健全的问题，许多大城市三甲医院数量配置不到位，中等城市、小城市各级医疗机构配置更是不充足、不合理、不平衡，已有的各级医疗机构设施差别较大。无论从短期还是长期来看，我们都应当高度重视公共卫生与防疫。在制定“十四五”规划期间，应加大对公共卫生与防疫投入比重，在基础设施、

运营体系和专人人才培养等方面加大工作力度，让辽宁省在公共卫生突发整体质量上始终走在全国前列。

（五）积极发展互联网医疗

在新冠肺炎疫情期间，“互联网诊疗”开辟了“第二战场”，有效缓解了线下医疗资源的问诊压力。据报道，微医集团、京东健康、丁香医生、春雨医生等国内几家大型互联网医院平台，在疫情期间在线接诊量、新增用户量均呈现爆发式增长。2020 年 2 月 8 日，国家卫健委发布《关于在疫情防控中做好互联网诊疗咨询服务工作的通知》，明确提出“要充分发挥互联网医疗服务优势，大力开展互联网诊疗服务，特别是对发热患者的互联网诊疗咨询服务，进一步完善‘互联网＋医疗健康’服务功能”。“互联网诊疗”俗称“云问诊”。这种线上看病方式的突出优势，在于对海量的就诊需求起到了科学、高效的分流引导作用。在近期的疫情防控中，互联网诊疗充分发挥了远程、便捷、专业的特性，为抗击疫情开辟了“第二战场”，在延伸优质医疗资源、推动科学分诊、促进医疗信息互联互通等方面，起到了独特作用。因此辽宁省应积极发展互联网医疗，助力实现分级诊疗落实。

参考文献

习近平：《决胜全面建成小康社会夺取新时代中国特色社会主义伟大胜利——在中国共产党第十九次全国代表大会上的报告》，人民出版社，2017。

郑功成：《社会保障与国家治理的历史逻辑及未来选择》，《社会保障评论》2017 年第 1 期。

World Health Organization，Constitution of the World Health Organization，1995.

李玲：《全民健康保障研究》，《社会保障评论》2017 年第 1 期。

乡村振兴篇

Rural Revitalization Articles

B.18 2019年辽宁农业农村经济运行分析与对策建议

王　丹*

摘　要： 2019年辽宁在农业发展方面继续加快推进供给侧结构性改革，坚持稳产能、调结构、转方式并重，统筹实施乡村振兴战略，农业和农村经济保持了持续协调发展的良好态势，但仍然存在农业基础设施建设短板、生猪养殖现实影响因素、县域经济整体发展趋缓、农产品加工业发展缓慢、新型经营主体发展不充分等现实发展问题，需要采取有力措施，从加大基础设施建设力度、建立良性机制吸引各类要素向农业农村流动、促进县域经济发展、加强农业农村大数据信息平台建设等方面促进乡村全面振兴。

* 王丹，辽宁社会科学院农村发展研究所研究员，研究方向为农村经济、区域经济。

关键词： 粮食生产　县域经济　农产品加工

一　2019年辽宁农业农村经济运行基本情况分析

2019 年，辽宁在农业发展方面继续加快推进供给侧结构性改革，坚持稳产能、调结构、转方式并重，统筹实施乡村振兴战略，切实落实各项惠农政策，农业和农村经济保持了持续协调发展的良好态势。在促进现代农业生产方式转换、提高产业化水平、加快延伸产业链条、提高农产品质量等方面加大工作力度，努力构建三次产业融合的现代农业产业生产和经营体系。

（一）粮食总产增幅全国第一，粮食作物普遍增产

2019 年，辽宁高度重视粮食生产工作，积极采取各项重农抓粮措施，全面落实粮食安全省长负责制，加强春耕备耕工作，抓好粮食生产。2019 年落实各类补贴近 40 亿元，对玉米、大豆、水稻等种粮农民进行补贴，补贴面积达到了粮食播种面积的 90% 以上，调动了广大农民的种粮积极性，为粮食生产的稳定发展创造了有利条件。

根据国家统计局粮食产量抽样调查结果显示，全省粮食产量为 2430 万吨，比上年增加 238 万吨，同比增长 10.9%，总产量增幅位列全国第一，高于全国平均水平 9.9 个百分点。比 2013 年的历史最好水平增加 77 万吨。粮食绝对增量位列第二，仅比位列第一的吉林少 7 万吨，占全国新增产量的 40%。2019 年辽宁所有粮食作物的总产量和单产产量均有所增加。其中，玉米总产、单产分别增长 13.3%、14.9%；水稻总产、单产分别增长 4.0%、0.2%；大豆总产、单产分别增长 18.2%、3.5%；谷子总产、单产分别增长 29.1%、14.6%。

（二）种植结构有所调整，粮食综合生产能力不断加强

种植结构有所调整。2019 年全省粮食作物播种面积为 5232.15 万亩，

比上年增长0.1%。从内部结构看，呈“两增一减”趋势，其中豆类、薯类播种面积分别增长12.8%、2.3%，谷物播种面积略减0.2%。其中，谷物播种面积总体呈现略减趋势，2019年为4954.8万亩，比上年减少了约12万亩。从谷物内部来看，调减非优势区玉米57万亩，实际种植面积为4012.5万亩，比上年减少1.4%；水稻作为第一高产稳产粮食作物，2019年播种面积为760.65万亩，比上年增加约28.2万亩，增长3.8%；谷子、高粱面积均有所增长，分别达到93.6万亩和61.65万亩，同比分别增长12.8%和9.3%（见表1）。

表1 2018~2019年辽宁省粮食播种面积情况

单位：万亩

指标	2018年	2019年	增长率(%)
粮食总播种面积	5226.1	5232.15	0.1
谷物	4966.9	4954.8	-0.2
水稻	732.5	760.65	3.8
玉米	4069.5	4012.5	-1.4
谷子	83	93.6	12.8
高粱	56.4	61.65	9.3
豆类	124.2	140.10	12.8
大豆	108.7	—	—
薯类	135	138.11	2.3
甘薯	41.7	—	—
马铃薯	93.3	—	—

资料来源：2019年辽宁统计年鉴及辽宁统计局网站资料计算整理。

粮食综合生产能力不断加强。2019年优势产粮区贡献明显。辽河流域和辽西北主要粮食产区，产量基本达到历史最好水平。辽河流域15个产粮大县中，有14个增产；辽西北18个产粮大县中，有14个增产。全省水稻和玉米面积占全省粮食总面积的91.2%，占粮食总产的90%以上。其中新民、昌图、阜蒙、黑山、彰武和建平6个产粮大县的粮食产量超过百万吨，总产达到750万吨，占全省总产的30.9%。彰武县2019年粮食产量达到111万吨，成为新晋级产粮大县。①

（三）畜禽生产稳中有进，养殖效益有所增长

2019年，辽宁相继出台了一系列支持畜牧业生产的利好政策，生猪生产呈现恢复性增长，牛羊禽生产保持稳中有进的发展态势，全省畜牧业生产效益有所提高。

由于疫情防控处置得力，猪瘟影响得到了有效控制，生猪生产开始逐步恢复。截止到2019年末，生猪存栏数达到1055.2万头，比2018年同期下降16.4%。其中能繁殖母猪的存栏数达到136.6万头，比2018年同期下降15.5%，能繁殖母猪占猪群比重为12.9%。2019年全省生猪出栏2240.2万头，同比下降10.2%；全年猪肉产量189.4万吨，同比下降9.9%。2019年11月，辽宁出台《关于稳定生猪生产促进转型升级的实施意见》，多措并举帮助生猪养殖户解决困难，生猪养殖生产将进一步稳定发展。

受猪肉价格高位运行的影响，牛羊肉的消费量相对增加，全年价格持续保持在26元/公斤以上，养殖户补栏积极性较高，养殖效益持续良好。2019年末，全省牛存栏264.4万头，同比增长6.5%；全年肉牛出栏188.1万头，同比增长7.4%；全年牛肉产量29.6万吨，同比增长7.6%。2019年末，全省羊存栏783.6万只，同比增长1.4%；全年肉羊出栏601.6万只，同比增长3.1%；全年羊肉产量6.8万吨，同比增长3.0%。

家禽生产稳定发展，由于受猪肉价格高位运行影响，禽肉和禽蛋的替代作用进一步增强，市场需求不断上升，价格持续稳中有升，养殖收益持续提高。2019年末，全省家禽存栏41205.1万只，同比增长4.1%；全年家禽出栏81610.3万只，同比增长7%；全年禽肉产量139.8万吨，同比增长7.1%；禽蛋产量达到307.9万吨，同比增长3.6%（见表2）。

肉产量结构有所变化，其中猪肉产量所占比重下降了约4.3个百分点，

---

① 李越：《2019年辽宁粮食产量创历史新高》，《辽宁日报》2019年12月12日。

牛羊禽肉比重均有所上升，其中禽肉比重上升幅度较大，约增长3.4个百分点。①

表2　2018～2019年辽宁省猪牛羊禽肉产量

单位：万吨、%

指标	2018年	比重	2019年	比重	产量比上年增长
猪肉	210.1	56.1	189.4	51.8	-9.9
牛肉	27.5	7.3	29.6	8.1	7.6
羊肉	6.6	1.8	6.8	1.9	3.0
禽肉	130.5	34.8	139.8	38.2	7.1

资料来源：2019年辽宁统计年鉴和辽宁省统计信息网资料整理。

（四）农资价格总水平持续走高，价格结构性变动显著

2019年前三季度，受仔畜幼禽及产品畜、化肥价格上涨等因素影响，农资价格总水平月度环比指数呈现低开高走，波动上行的运行态势，价格总水平同比上涨2.6%，涨幅比上年同期扩大1个百分点，总体呈现持续走高的运行态势。

2019年前三季度，十大类农资及服务价格呈现“八升一降一持平”的态势。其中，对价格总水平上涨影响最大的是：仔畜幼禽及产品畜、化学肥料和农业生产服务三类，分别上涨23.5%、3.3%和1.9%；只有农机用油呈下降态势，下降4.4个百分点。2019年前三季度仔畜幼禽及产品畜拉动价格总水平上涨约1.48个百分点。主要是受非洲猪瘟疫情影响，省内能繁殖母猪、仔猪存栏量大幅下降，导致2～9月份仔猪和能繁殖母猪的价格环比持续走高。同时，肉鸡消费对猪肉的“替代效应”逐步显现，导致前三季度幼禽价格呈大幅上涨态势；受原料上涨、环保承压等因素影响，化肥价格出现了环比上涨；由于人工成本费用、部分地区机械作业和排灌等费用上涨，以及个别地区上调农业用电价格农业生产服务价格同比上涨。虽然前三

① 《生产稳中有进效益增长可观》，辽宁调查报告，2019年1月13日。

季度成品油价格总体呈现涨势，但由于受上年同期相对较高基数影响，农机用油总体仍呈下降的态势，由上年同期上涨的18.8%转为下降4.4%，下拉价格总水平约0.37个百分点。①

表3　2019年前三季度十大类农资价格同比指数变动情况

单位：%，百分点

类别	2018年前三季度	2019年前三季度	增长
农用手工工具	99.8	100.0	0.2
饲料	102.7	101.1	-1.6
仔畜幼禽及产品畜	77.0	123.5	46.4
半机械化农具	100.2	100.5	0.2
机械化农具	100.8	101.1	0.4
化学肥料	105.5	103.3	-2.2
农药及农药器械	101.7	100.3	-1.4
农机用油	114.4	95.6	-18.8
其他农业生产资料	100.9	101.2	0.3
农业生产服务	102.7	101.9	-0.8

资料来源：辽宁省统计分析报告“前三季度辽宁农资价格持续走高”，辽宁统计信息网。

（五）农民收入保持较快增长，城乡收入差距缩小

据2020年辽宁政府工作报告显示，2019年农村居民人均可支配收入达到16108元，比2018年增长9.9%，是自2015年以来增长最快的年份，比2010年增长133.2%，已经提前实现了十八大提出的全面建成小康社会城乡收入翻一番的目标。城乡居民人均可支配收入比为2.47∶1，城乡收入差距缩小。从2019年前三季度具体数据来看，农村居民人均可支配收入达到12821元，比2018年同期增长8.2%，扣除价格因素，实际增长率为6.3%。在全国31个省（区、市）中排在第9位，比全国平均水平高1199元。②

① 辽宁省统计分析报告“前三季度辽宁农资价格持续走高”，辽宁统计信息网。

② 辽宁省统计信息网“2019年前三季度我省农村居民人均可支配收入增长8.2%”。由于缺乏第四季度具体数据，本文分析以前三季度数据为准。

（六）“飞地经济”引领县域经济发展，乡村振兴战略全面推进

2019 年，辽宁大力发展“飞地经济”，引领县域经济发展，利用共享机制，进一步壮大乡镇经济，全省乡镇一般公共预算收入增长 27.3%。继续加快推进农业供给侧结构性改革，全面推进乡村振兴。加快农村公共基础设施建设。2019 年全省新建“四好农村路”达到 5819 公里，改造达到 5207 公里，建设村内道路达到 6293 公里；建设完成农村饮水安全工程达到 1793 处；全面完成大棚房的整改工作。加快农业基础设施建设。2019 年建设高标准农田 191 万亩；新增设施农业面积达到 10.2 万亩。进一步推进土地承包确权颁证工作，全省颁证率达 98%。继续实施“千村美丽、万村整洁”专项行动，推进农村环境整治。建设省级美丽示范村达到 656 个；建设完成农村生活污水处理设施 151 个；全年开工建设无害化卫生厕所 27.2 万座，现已竣工 16.8 万座，“厕所革命”稳步推进；农村生活垃圾治理工程进一步推进，已建成生活垃圾处置体系的行政村达到 89%，并在 4425 个行政村实施了垃圾分类减量。2019 年有近 1.9 万名干部下派到各个乡村，全面助推乡村振兴战略实施。

（七）脱贫攻坚取得决定性胜利，切实加强城乡民生保障

脱贫攻坚工作完成年度目标。2019 年辽宁紧紧围绕“两不愁、三保障”，集中力量精准开展“五个一批”的攻坚行动。积极开展“三查工作”，即大普查、大排查、大督查，确保脱贫工作无遗漏，实现全覆盖。2019 年实现脱贫人数达到 13.25 万人，实现了 5 个省级贫困县摘帽，128 个贫困村销号。到 2019 年底，15 个省级贫困县实现了全部摘帽，1791 个贫困村实现了全部销号，贫困发生率大幅下降，由最初的 5.4% 下降到 0.06%。[①]

切实加强民生保障。2019 年辽宁财政用于民生支出的比重达到 73%。城乡居民保障水平进一步提高，其中城市低保标准提高 6.9%，农村低保标

① 《辽宁贫困县贫困村全部摘帽销号》，新华网，2020 年 1 月 8 日。

准提高 8.9%；城乡居民医疗保障补助标准均提高了 6%；优抚对象抚恤补贴标准提高了 10%。完成农村危房改造 3.38 万户。解决农民工欠薪 10.9 亿元。

（八）农村改革进一步深化，农业绿色发展取得新成效

农村改革进一步深化。一是加快推进集体产权制度改革。2018 年底集体产权清产核资工作已经完成，2019 年开始推进集体成员的身份认定、集体产权量化和登记赋码工作。到 2019 年底，1200 万名股份合作社成员身份完成认定，9880 个村成立了股份合作社并全面完成了相关登记赋码工作，集体产权量化资产总额 491 亿元。① 二是进一步加快推进农民合作社规范化建设。为了进一步提升质量和规模化程度，2017 年辽宁启动了农民合作社规范化建设工作，其中 1/5 以上的农民合作社纳入清理整顿。2019 年北票市、绥中县和铁岭县列入全国农民合作社质量提升整地区推进试点单位。② 三是进一步大力推进经营适度规模化，发展壮大新型农业经营主体。

农业绿色发展进一步推进。进一步实施化肥农药零增长行动，2019 年辽宁主要农作物的农药化肥使用量再次实现负增长。继续加强测土配方施肥技术的推广，全省推广面积达到 6000 万亩以上。推进 10 个果菜有机肥替代化肥示范县创建。

二 2019年辽宁农业农村经济运行中存在的主要问题

（一）基础设施建设短板仍然存在，乡村振兴基础需进一步夯实

辽宁农业生产长期以来一直未摆脱靠天吃饭的困境。近几年在农业基础设施建设方面采取了“先建后补”的政策，部分地区的水利设施得到一定

① 李越：《全省已有 9880 个村成立股份经济合作社》，《辽宁日报》2019 年 12 月 26 日。

② 《辽宁 3 县（市）成农民合作社质量提升整县推进全国试点》，《辽宁日报》2019 年 12 月 14 日。

的改善，但由于一些地区没有资金，无法进行“先建”，基础设施建设仍然面临“无米下锅”的困境。为了改变农田基础设施总体薄弱的状况，目前辽宁正在推行高标准农田建设。高标准农田建设是贯彻落实“质量兴农、绿色兴农”的战略决策，是加快农业高质量发展的重要保障。但高标准农田建设项目内容较多，综合项目极强，与其他农业基本建设项目相比，其具有工程建设规模大以及投资额度大的特点，当前相关投资和金融体系还没有完全建立起来，还不能形成农业基础设施投入的长效机制。同时从全面实施乡村振兴战略来看，农村的公共基础设施也亟待加强，很多地方与农村三产融合发展相匹配的供水、供电、供气等条件较差，同时交通道路、网络设施、仓储设备、物流设施等都明显发展不足，而且没有实现与城市基础设施的互联互通。

（二）生猪养殖现实影响因素依然存在，产能恢复仍需一定周期

自非洲猪瘟发生以来，生猪养殖面临着市场价格和养殖风险的双重压力。受疫情影响，部分企业和养殖户对生猪养殖仍持谨慎态度。发生疫情的养殖场及其周边3公里被划为疫区，疫区半年内不能再从事生猪养殖，要等消毒检疫合格后方可投入生产，重新选址也需要一定周期。同时，为保证养殖安全，目前养殖场一般采取自繁自养的方式培育产能，在短期内产量增长有限。另外，生猪养殖对环境的影响较大，一些地方政府发展养猪业的积极性不高，客观上对生猪产能下行也起到了一定的助推作用。虽然当前全省生猪产能处于恢复发展的阶段，但要使产能全部恢复到以前同期较好水平仍需一定时间。

（三）县域经济整体发展趋缓，仍是辽宁乡村振兴的短板

作为辽宁的五大区域发展战略之一，县域经济发展仍然滞后。“辽宁板块”在全国县域经济中已不复存在。自2014年开始，辽宁县域经济大幅下滑，这些年整体发展缓慢，目前政府债务高、财政支出压力大、产业结构调整慢等问题突出。据赛迪县域经济研究中心编制的《2019赛迪县域

经济百强研究》[①] 显示，2019 年中国百强县中，辽宁入围 3 个，即瓦房店市（第 73 名）、海城市（第 87 名）、庄河市（第 92 名）。据中国社会科学院财经战略研究院县域经济课题组完成的《中国县域经济发展报告（2019）》[②] 显示，2019 年全国县域经济竞争力百强县（市），辽宁仅有瓦房店上榜（第 68 名），比上一年下滑 8 位（2018 年瓦房店排名第 60 名）。从这两个报告分析来看，全国县域经济发展整体水平依然滞后。县域是乡村振兴的主体，县域经济不发达，将直接导致县级财政根本无力投入农业农村发展。

（四）农产品加工业发展缓慢，品牌市场号召力不强

农产品加工业一直是辽宁农业发展的短板，农产品加工转化率不高，整体产业化水平仍然较低，大型农产品加工企业数量不多，带动能力弱，杂粮、畜产品、蔬菜、水果等产品的精深加工不足。大多数加工业企业规模较小，缺乏实力强、科技含量高的龙头企业，且大量的中小企业以传统的初级加工为主。在现有加工企业 3 万多家中有 90% 以上为规模以下企业。在 1691 户规模以上农产品加工企业中国家级龙头企业仅有 50 多户。尽管近两年辽宁省农产品加工产业有较大发展，但大多数农产品加工企业还处于产品单一的初加工阶段，没有形成有规模的加工产业链，产品附加值不高，企业经济效益不高，对地区经济发展的贡献率和带动力不强。目前，全省 23 个农产品加工集聚区中入驻企业数量少，产业体量不大，99% 的农产品加工企业资产规模低于 5000 万元，营业收入低于 2000 万元。近几年，辽宁很多农产品获得了区域地理标志，但这些农产品形成规模化、产业化经营的很少，只有盘锦大米、盘锦河蟹、东港草莓相对较好外，其他则具有“小、散、

---

① 此报告以地区生产总值 > 400 亿元、一般公共预算收入 > 20 亿元的“双门槛”，从除市辖区、林区特区外的 1879 个县级行政区划中筛选出 200 多个县（县级市、旗），最终评选出 2019 年中国百强县。

② 此报告原则上根据地区生产总值、地方公共财政收入和规模以上工业企业等三项标准，在全国遴选出 26 个省份的 400 强样本县（市）作为研究对象。报告对 2019 年 400 个县（市）的综合竞争力和投资潜力指数进行了实证研究。

弱”的特点，缺乏品牌效应。而且，农业品牌建设主要侧重于初级农产品，尤其是地理标志初级农产品，而对农产品加工业产品品牌打造和保护意识不强，目前辽宁缺少影响力大的农产品加工品牌。而且部分企业生产经营者缺乏品牌保护意识，对品牌理念认识不足，尤其是对一些传统品牌的保护力度不够，在国内市场的影响力逐渐减弱。

（五）新型经营主体发展不充分，乡村振兴内生动力明显不足

近几年，辽宁新型农业经营主体发展较快，但这些新型经营主体，比如农民合作社、家庭农场、种养大户和农业企业，普遍存在发展规模较小、运营管理不规范、对周边农户带动能力不强等问题。以农民专业合作社为例，虽然目前总体数量不少，但发展质量不高，具有较强引领带动能力的不多，而且合作社管理制度不完善，运行缺乏规范性，甚至存在一些“僵尸社”，成立之后仅仅成为一个空壳，根本不具备合作社的基本功能。一些实际运营的合作社，也缺乏规范性，没有形成很好的内部治理结构，对农民的实际带动能力有限。农业生产组织化程度偏低，“农户＋基地＋龙头企业”的良性发展机制目前还没形成，生产规模普遍较小，许多农业企业虽然有好的产品，但是没有足够的规模和生产能力，开拓市场能力不足。而且一些农业龙头企业，存在向非农领域开拓业务的倾向，对农民增收的辐射带动能力不够强。

（六）农业农村投入渠道单一，难以满足现实发展需要

乡村振兴需要大量的资金投入，目前多元化的投资渠道尚未形成，同时由于农业农村投资周期长、风险大，对社会资本的吸引力弱，当前农业农村建设的资金投入明显不足。虽然辽宁省农业投入的总量有所增长，但对于辽宁现代农业发展和乡村振兴的实际需要，仍然是杯水车薪。目前农业农村资金基本来源于政府财政投入，这种单一投入的机制与实现农业高质量发展和实现全面乡村振兴战略的巨大需求相去甚远。同时，由于农业农村发展成本较高，预期收益也存在不确定性，投资农业农村的显性风险

较大，农业农村贷款难、融资难和融资贵、保险不健全等问题依然存在。从传统农业向现代农业转变，需要引进优良品种、开展农产品精深加工、拓展产业链条、加强农业品牌推广等，这些都需要大量的资金投入。从当前的情况来看，普通农户资金需求少，一般自有资金能够保障，但一些种养大户资金短缺的问题比较突出，由于经营规模较大，同时受农资、人工成本、土地承包价格上涨等因素影响，其存在资金紧缺现象。近年来国有商业银行从农村大量退出，同时由于银行贷款手续烦琐、贷款额度受限，一些种养大户从个人手里拆借的资金较多，利息都比银行高，无形中提高了经营成本。辽宁农业信贷担保体系建设已经启动，为种养大户、小微农业企业、农业社会化服务组织等提供信贷担保业务，在一定程度上解决了政策性农业信贷担保体系长期缺失的问题，但从农村金融整体需求来看，还远远不能满足需求。

（七）乡村振兴人才缺乏，人才培育体系亟待完善

当前，农村年轻劳动力严重流失，劳动力人口老龄化状况日益突出。具备一定文化和技术的农民大多外出务工、经商或创业，而且新生代农民工离农意识强烈，剩下的留守人员文化水平较低、学习能力较差、科技文化素质较低、人才支撑相对薄弱。农村还缺少专业农业经营管理团队和具有专业农业知识的经营人才，难以满足乡村产业发展需求。以沈阳市为例，2018 年，沈阳市农业经营户达 60. 8 万户，乡村劳动人口为 162. 8 万人，农村实用人才总数仅为 18850 人，平均每百个农业经营户只有 3 名农村实用人才，全市农村实用人才占农村劳动人口的比例为 1. 16%。而全国平均水平农村实用人才占农村劳动人口的比例为 1. 62% ~ 1. 71%。沈阳作为省会城市，与全国还有较大差距，其他地区差距会更大。目前新型农民培养机构少，培养过程不够精细，现代职业农民和高素质农业生产管理人员匮乏，对农业高新技术特别是新兴智慧农业的支撑动力严重不足。目前对新型农民、农业科研推广、农经管理、农村实用人才缺乏有效的培训。

三　2020年辽宁农业农村发展面临的改革与挑战

（一）2020年中央一号文件再次引领农业农村改革发展

2020年2月，《关于抓好“三农”领域重点工作确保如期实现全面小康的意见》出台，对2020年的“三农”工作提出了具体的要求。

一是要完成脱贫攻坚收官任务。要确保剩余贫困人口如期脱贫；巩固脱贫成果，防止返贫；做好考核验收和宣传工作；保持脱贫攻坚政策总体稳定；还要加强研究接续推进减贫工作，要建立解决相对贫困的长效机制，推动减贫战略和工作体系平稳转型。

二是对标全面建成小康社会，补上“三农”领域发展的短板。要在农村的公共基础设施、供水保障、人居环境整治、教育、基层医疗卫生服务、社会保障、公共文化服务、生态环境治理等方面加强建设，补上农村在公共基础设施方面的短板。

三是要进一步保障重要农产品的有效供给和确保农民持续增收。稳定粮食生产，要稳字当头，稳政策、稳面积、稳产量。加快恢复生猪生产，确保2020年底生猪产能基本恢复到接近正常年份水平。加强现代农业设施建设。要从发展富民乡村产业、稳住农民工就业方面，加大对拖欠农民工工资的整治力度，鼓励农村创新创业以及保持好惠农政策的稳定性和连续性，保证转移性收入不减少，确保农民持续增收。

四是要从投入、人才、用地、科技以及强化对“三农”信贷等方面加强农业农村发展保障。

五是要从完善农村基本经营制度、农村土地制度、农村集体产权制度等方面进一步推进农业农村改革。[①]

① 《关于抓好“三农”领域重点工作确保如期实现全面小康的意见》，《经济日报》2020年2月5日。

（二）2020年辽宁农业农村面临的现实挑战

1. 新冠肺炎疫情对农业农村发展形成的冲击不容忽视

新冠肺炎疫情将对农业发展带来强烈冲击。一是农民收入会受到很大影响。辽宁农民收入主要来源于工资性收入和家庭经营性收入两大块。由于疫情导致交通不畅，同时餐饮不景气，现有农产品的销售受到巨大影响，一些农产品本来准备在春节假期上市，卖个好价钱，但受疫情影响，产品运不出去，一些订单也被迫取消。同时，2020 年上半年企业复工也会有一定影响，其中对中小企业影响最大，农民外出务工主要就业于中小企业，2020 年农民的工资净收入也会因此受到一定影响。二是对未来发展农业的信心受到打击。农业生产风险较大，2019 年非洲猪瘟的影响还没有去除，此次疫情更对农业生产的信心进一步形成冲击。三是此次疫情暴露的现实问题，对未来辽宁农村治理体系和治理能力的现代化也提出了巨大持战。

2. 国际国内经济形势对农业生产发展带来的不稳定因素增多

当前，国际国内形势正在发生深刻复杂的变化。美国的战略调整导致多边主义和自由贸易体制受到冲击，保护主义、单边主义抬头，经济全球化遭遇波折，导致经贸、科技、安全、规则与秩序、地区与多边外交领域的博弈空前激烈，由此带来国际农产品贸易的不稳定不确定，风险挑战加剧。

从国内来看，在经济下行压力不断加大的情况下，农业生产面临的压力也不断加大。农业成本不断上升是未来农业发展必须面对的一个挑战。农业成本不断上升，也导致我国的农业竞争力不断下降。一是人工成本不断提高。二是土地成本不断提高。三是其他要素成本也在上升。从 2019 年辽宁农资价格变动来看，其呈现出总体上行的运行态势。同时，村庄空心化和农村老龄化，也加剧了农业农村发展的艰巨性和复杂性。

四 2020年辽宁农业农村经济发展的对策建议

（一）加大基础设施建设力度，促进农业农村高质量发展

从目前来看，辽宁农业农村基础设施建设已经有了很大的改善，未来要有针对性地加大农业农村基础设施补短板力度。首先要补县域基础设施短板。要进一步加强“一县一业”发展，加大扶持力度，促进农产品产地加工和精深加工，同时加强冷链物流设施建设，延长产业链条，提高产品的附加值，形成一批有竞争力的品牌产品。同时积极促进第一、第二、第三产业融合发展，实现“农户 + 基地 + 企业”良性发展，打造县域经济发展新优势。二是补农产品加工业的短板。进一步加强农产品加工业集聚区基础设施建设，重新评估农产品加工业集聚区的现状，集中力量加大投入，形成一批有影响力的加工集聚区，形成示范效应。三是加强农业基础设施建设。进一步加快推进高标准农田建设，加大对设施农业的支持力度，夯实农业发展基础。四是加快补齐农村公共基础设施建设短板。加快完善交通道路、供水饮水工程、网络设施等项目建设。进一步推进农村环境整治工作，加强农村污水、生活垃圾处理。实现与城市互通互联，提高农村基本公共基础设施的建设水平。

（二）建立良性机制，吸引各类要素向农业农村流动

农业农村市场规模巨大，要通过良好的政策和制度安排，积极引导各类资本、资金、技术和人才等资源要素投入农业农村发展。一是重新确定财政资金对农业农村的投入范围。集中财政政策资金，在关键领域和薄弱环节补足农业农村现实发展中的“政府”短板，比如急需政府财政支持的基础设施建设、农业科技支撑等，构建有效衔接，确保政策资金的连续性，提高财政资金的效力，避免出现“越位”现象。二是构建良性机制吸引社会要素向农业农村流动。政府要积极研究出台相关鼓励和优惠政策，全面落实好强

农惠农政策，发挥好政策杠杆效应，对一些需要靠社会资本等市场化手段投入的环节，制定优惠政策，完善市场准入，吸引人才、土地、资本等要素向农业农村流动，带动更多社会资本、高端人才共同参与乡村振兴事业。三是落实农业金融保险财政扶持政策。积极支持农业保险，开展适度规模经营农户大灾保险项目，进一步推进农业保险扩面提标增品，提高个人涉农创业担保贷款的省级财政贴息额度等，着力解决新型农业经营主体“融资难、融资贵”问题。

（三）加大支持力度，促进生猪生产快速恢复

“猪粮稳”，才能天下安。尽快恢复生猪生产是2020年辽宁农业生产的一项重大工程。一是加强政策规范和规划引领。通过政策规范和规划引领，构建现代科学的生猪产业体系，推动生猪产业有序实现转型升级。二是加大政策扶持和金融支持力度。进一步加大信贷、保险和金融对生猪生产的支持力度，尤其是对生猪生产的贷款要给予重点扶持，对那些有能力的规模养殖户给予政府贴息扶持或利率优惠贷款，同时扩大生猪养殖投保范围和增加生猪保险险种，降低养殖风险，提高生猪养殖的积极性。同时，进一步解决用地问题，规范用地政策。三是加强生猪养殖的相关监测预警工作。继续强化监测监管，严格落实待宰、消毒、无害化处理等各项措施。加大检疫力度，提高养殖户防疫水平，通过加强养殖户对各类生猪疾病防疫手段的培训，强化养殖户的自我防疫意识和防疫责任。四是提高服务效率。在涉及用地审批、金融贷款、环保监测、防疫检疫、屠宰运输、保险理赔等环节，简化审批流程，加快生猪生产。五是加强生猪生产的社会服务组织建设。加强防疫、信息、环保、产销等方面的信息帮助，解决生猪在产销通道和防疫能力不足等方面存在的问题。

（四）充分利用政策效应和财政杠杆，积极促进县域经济发展

发展县域经济，是辽宁乡村振兴的重要内容。一是要加强相关现代农业项目储备。在2020年一号文件中，国家提出要启动农产品仓储、保鲜和冷

链物流设施建设工程，通过安排中央预算内投资，在全国支持建设一批骨干冷链物流基地，进一步加强我国的现代农业设施建设。各个县域要进行相关项目的储备工作，积极准备申请国家资金支持。另外，在文件中还提出将支持新型经营主体，如家庭农场、供销合作社、农民合作社、邮政快递企业、产业化龙头企业等在农产品产地建设分拣包装、冷藏保鲜、仓储运输、初加工等基础设施，同时新的一年还将开展数字乡村建设试点。各级政府和农业农村管理部门要针对这些项目开展前期准备工作，积极争取中央财政支持，争取纳入国家政策资助范围。二是整合财政资金形成合力促进县域经济发展。加强县域财政支农资金管理，改变以往多部门分割管理、目标分散、资金分流等现实问题，形成资金合力，加强县域农业农村发展重点工程项目，充分发挥县域财政涉农资金的集聚效应和引导功能，提高支农资金管理绩效。

（五）促进农产品加工业发展，增强品牌效应

要尽快补齐农产品加工业短板，构建畅通的加工销售通道。一是促进农产品加工龙头企业发展。对当前的农产品加工企业进行市场潜力评估，选取市场规模大、产品产业链开发好的优势加工企业，加大扶持力度，培育一批有影响力的加工业龙头企业。二是加快农产品加工集聚区发展。对全省 23 个农产品加工集聚区进行评估，从中选优，集中资金从基础设施建设、农产品加工品牌建设以及科技创新能力建设方面，做优做大几个有代表性的农产品加工集聚区，实现示范带头作用。三是加强农产品冷链物流建设。加强冷链物流需求端调研，选取基础好、需求大的地区，加大政策支持和资金投入，进一步完善相关物流仓储设施建设。四是进一步完善农产品品牌建设工作。加大支持力度，鼓励支持原产地农产品品牌的培育和认证，加大宣传力度，利用新媒体，扩大辽宁农产品品牌的影响力，形成一批在全国有影响力的辽宁农产品品牌。

（六）加快数字乡村建设，构建农业农村数据信息平台

农业农村现代化发展，加快农业大数据开发和数字乡村建设是现实发展

的必然选择。一是农业农村管理部门要积极充分利用现有的网络平台，整合现有资源，积极构建农业农村大数据信息共享平台。实现农业信息及时共享，了解农产品的产销渠道，以及农业新产品、新技术等，同时进一步健全价格预警和防范机制，对生产、流通、销售各环节进行动态监测，引导农户和企业根据市场变化调节产能、规避风险、科学生产。二是构建农业监管信息平台。实现管理部门与农户、企业服务于沟通平台，及时提供产业政策、监管信息，同时构建农产品安全可追溯体系建设和责任追究机制。三是进一步加大投入。既要保障数字乡村基础设施建设的资金投入，还要进一步强化人才引育。

（七）积极采取多种措施，减轻疫情对农民增收的影响

积极采取应对措施，确保农民持续增收。一是财政部门要积极研究相关政策，增加对受到疫情影响的农民、新型农业经营主体和农业企业的政策补贴，减少疫情造成的损失，恢复生产和经营信心。二是要切实保障交通畅通，构建畅通的“菜篮子”产品绿色通道，尽量减少农民损失。三是要积极加强农民培训，提高创新创业的技能。人力资源管理部门要进一步加快农民工在线培训平台建设，提供更优质的网络教育服务，有针对性地对当前农民进行相关技能培训，比如电子商务等新技能，提高自身素质，提高创业能力，培育农村创新创业带头人。各级政府要积极出台鼓励政策措施，创造良好的创业环境，将符合条件的返乡创业农民工纳入一次性创业补贴范围，在融资、技术支持等领域提供相关支持，引导农民工自主创业和返乡就业，实现农民工在农业就业、在农村就业，确保农民稳定就业，农民收入持续增长。四是加强调查研究，积极总结经验教训。积极总结疫情期间在农业生产、畜禽养殖、农产品销售和运输方面存在的问题，进一步完善农业农村应急保障体系建设。

参考文献

辽宁省统计局：《辽宁统计年鉴2019》，中国统计出版社，2019。

魏后凯、杜志雄：《中国农村发展报告——聚焦农业农村优先发展》，中国社会科学出版社，2019。

王丹：《辽宁农业农村发展应扭住重点持续发力》，《辽宁日报》2020 年 3 月 3 日。

梁启东、王丹：《乡村振兴与农业高质量发展》，辽宁大学出版社，2019。

B.19
辽宁省农产品质量提升现状及对策

范忠宏*

摘　要： 2019 年，辽宁省开展农产品质量提升系列行动，比如农产品质量安全监测、农机产品质量提升、农资打假专项整治等，全力推动农业高质量发展，农产品质量安全水平全面提升。但辽宁省还存在农产品行业仍缺乏品牌意识，强势品牌数量少；基层监管体系还很薄弱；农产品标准体系有待建设；农产品加工企业存在发展瓶颈；绿色、有机农产品发展遇困境等问题。辽宁省农产品质量提升还需要在品牌建设、基层监管体系、农产品标准、绿色有机产品认证等方面改进。

关键词： 农产品　高质量发展　农业品牌

一　农产品行业发展基本情况

（一）农产品质量基础发展稳定

辽宁省坚持质量兴农、品牌强农、绿色发展的原则，农产品质量安全水平全面提升，主要农产品监测总体合格率连续多年稳定在 97% 以上。

辽宁省农业地方标准制（修）订工作不断完善，2019 年共征集农业地方标准制修订项目计划 315 项，下达项目计划 111 项，其中制定 106 项，修

* 范忠宏，辽宁社会科学院农村发展研究所副研究员，主要研究方向为农村经济。

订5项。截至2019年11月，现行有效农业地方标准达到355项。辽宁省农业通过标准化生产，农产品质量得到不断提升。

农产品质量安全监管追溯手段不断创新。一是农产品质量安全追溯管理水平持续提升。推进重要产品追溯体系建设，沈阳、大连、辽阳、铁岭、朝阳、盘锦已完成了肉菜流通追溯体系建设，西丰县已完成了中药材流通追溯体系建设。实现与国家重要产品追溯管理平台对接，并同时与沈阳市、大连市重要产品平台对接，与朝阳市、盘锦市、铁岭市肉菜平台对接，城市追溯链条完整，能正常查询。二是兽药二维码追溯系统应用快速推进。目前，辽宁省41家兽药生产企业全部在国家兽药产品追溯系统注册，4261家兽药经营单位也全部在国家兽药产品追溯系统注册，完成了农业农村部入网注册100%的阶段目标。三是水产品质量安全监管能力不断加强。辽宁省海参、大菱鲆、河蟹、对虾、虹鳟等特色品种以及鲤鱼、鲫鱼、鲢鱼、草鱼、鲶鱼等大宗养殖品种100%开展安全监测，连续3年辽宁省产地水产品质量安全监测合格率达到99%。

推动农产品供应链建设。辽宁省印发《2019年推动农商互联完善农产品供应链专项资金项目申报指南》，组织采取订单农业、产销一体、股权投资合作经营模式的农产品流通企业或新型农业经营主体，围绕本地特色优势农产品供应链体系的短板和薄弱环节，完善基础设施，创新应用新模式、新技术，推动农商互联互动，提升农产品供应链质量和效率。

推动冷链物流发展。印发《省商务厅　省市场监管局关于加快农产品冷链流通标准化示范创建达标工作的通知》，要求试点城市和企业在农产品冷链温度控制、全程冷链、农产品产地预冷等方面进一步加大工作力度，尽快达标。推动具备条件的农产品冷链物流企业自建或依托第三方机构建立冷链流通管理平台，打造实时可视化的监控管理体系，满足食品安全和企业内部管理及外部监管需求。

（二）名、特、优、新农产品明显增加

农业已经步入了品牌农业的现代化发展新时代。近年来，辽宁诞生了许

多名、特、优、新农产品。《中国农业品牌目录2019农产品区域公用品牌》遴选出300个农产品区域公用品牌，辽宁省盘锦大米、大连海参、辽参、大连大樱桃、庄河蓝莓、鞍山南果梨、东港草莓、北镇葡萄、葫芦岛苹果、大连苹果、铁岭榛子11个品牌入围其中。目前，辽宁省已培育了124个辽宁省百强农产品品牌。此次入围的11个品牌在产业基础、发展优势、质量水平和品牌培育及市场营销推广等方面具有明显优势，在竞争中脱颖而出。2019年11月举办的第十七届中国国际农产品交易会上正式发布《中国农业品牌目录2019农产品区域公用品牌》，辽宁的盘锦大米、大连海参、北镇葡萄、鞍山南果梨荣登《中国农业品牌目录2019农产品区域公用品牌》（第一批）价值评估榜单和（第一批）影响力指数榜单。

有效推动和服务绿色农业发展，不断增加绿色优质农产品供给。截至2019年11月，全省绿色食品累计979个，绿色认证企业476个，有机农产品63个，无公害农产品1979个，农产品地理标志达到94个，辽宁名牌农产品达到218个，辽宁特产之乡101个。

（三）农业综合执法与监督进一步加强

制定辽宁省农业综合行政执法改革实施意见。为贯彻落实中央有关文件精神，深化辽宁省农业综合行政执法改革，整合组建农业综合行政执法队伍，2019年4月，辽宁省政府常务会议和省委常委会议审议通过了《关于深化农业综合行政执法改革的实施意见》（辽委办发〔2019〕29号），印发各地施行。各市积极配合落实各项工作任务。

2019年，辽宁省切实落实“双随机一公开”制度，按要求制定年度随机抽查事项清单，所有检查事项都采取“双随机一公开”的方式进行，实现“清单之外无检查”。进一步加强规范性文件合法性审查和备案工作，开展多轮地方性法规、规章和规范性文件清理工作，公示了现行有效的规范性文件库。落实了法律顾问制度，聘请法律顾问，按照《省农委法律顾问工作规则》规定，为重大决策、重大行政行为提供法律意见，提供相关法律服务。落实普法责任制工作，编制2019年普法责任制清单、普法依法治理工作要点和普法计划。起草《辽宁省农业农村厅全面推行行政执法公示制度执法全过程记录制度重大执法决定法制审核制度实施方案》，贯彻执法“三项制度”，并制定相关配套制度。

（四）农产品标准化与认证进一步得到规范与发展

农业标准化是指以农业为对象的标准化活动，具体来说，是指为了有关各方面的利益，对农业经济、技术、科学、管理活动中需要统一、协调的各类对象，制定并实施标准，使之实现必要而合理的统一的活动。农业标准化示范区是指按照一定的种植或养殖标准组织生产和管理，其产品达到相关质量标准要求，并对周边地区起到示范、带动作用的农业生产区域。农业标准化可以将农业的科技成果和多年的生产实践相结合，用“文字简明、通俗易懂、逻辑严谨、便于操作”的技术标准和管理标准向农民推广，其内涵就是指农业生产经营活动要以市场为导向，建立健全规范化的工艺流程和衡量标准。

为了加强对国家农业标准化示范区（以下简称示范区）的管理，国家标准化管理委员会发布了《国家农业标准化示范区管理办法（试行）》，从2015 年到 2017 年，辽宁农业地方标准数量持续上升，从最初的 114 项增加到 176 项，2018 年地方标准数量减少为 109 项。截至目前，辽宁省共有 183 家农业标准化示范项目，涵盖全省 14 个地区，其中农业标准化示范区有 180 家，全国新型城镇化标准化试点 1 家，农村综合改革标准化试点 2 家。

无公害农产品、绿色食品、有机农产品和农产品地理标志统称“三品一标”，是政府主导的安全优质农产品公共品牌，是当前和今后一个时期农产品生产消费的主导产品。“三品一标”每年由政府进行认证并颁发证书，证书有效期为一年。2017 年辽宁省“三品一标”的数量为 3538 个，2018 年下降为 2340 个（农产品地理标志数量未知），其中，无公害的认证数量下降最多。

辽宁省出台了《关于优化营商环境促进跨境贸易便利化实施意见》，将跨境贸易便利化作为扩大对外开放的重点工作进行部署，对进出口食品、鲜活、冷链产品探索实施“即报即放”“即检即放”“边检边放”等多种监管模式，加快“智慧港口”建设，全面推行进口集装箱提货单和设备交接电子化流转。

二　农产品质量提升行动开展情况

（一）组织开展农产品质量安全监测

目前，辽宁省已配合农业农村部开展了4次例行监测工作，及时指导和督促各地把好蔬菜生产质量安全关。以蔬菜（含食用菌）、水果为主要监测品种，以蔬菜生产基地、批发市场、农贸市场和运输车为主要环节，开展例行监测（风险监测）。通过跟踪检查不合格蔬菜抽样所在地，及时查清有关问题，找出原因、认真整改并举一反三，确保源头蔬菜生产质量安全。组织开展省级农产品质量安全风险监测工作。目前对13个市生产的8类21种915个蔬菜样品的监测结果显示，抽样合格率为98%；对沈阳等13个市抽取的135个水果样品，合格率为98.5%。同时，重点对沈阳、鞍山、辽阳、阜新、铁岭、朝阳、锦州和葫芦岛等8个市生产的150个蔬菜样品进行专项监测，样品合格率为97.3%。组织开展畜禽产品及水产品质量安全监测工作。制定下发《2019年辽宁省畜产品质量安全及“瘦肉精”专项监测计划》，包括畜产品兽药残留及“瘦肉精”专项监督抽检、生鲜乳监督抽检、畜产品风险监测，共2.2万批次。制定下发《2019年辽宁省兽药饲料监测计划》，共4490批次。加大对海参、大菱鲆、河蟹、对虾、虹鳟等特色品种以及鲤鱼、鲫鱼、鲢鱼、草鱼、鲶鱼等大宗养殖品种100%安全监测力度，连续3年辽宁省产地水产品质量安全监测合格率达到99%。

推进市县落实农产品质量安全属地管理责任，坚持党政同责、一岗双责，权责一致、齐抓共管。组织签订农产品质量安全监管工作目标责任书，层层落实部门监管责任。建立并完善农产品质量安全监管名录，引导生产经营主体签订承诺书，落实主体责任。针对农药隐性添加、违禁使用、水产养殖非药品添加兽药等突出问题，开展专项整治行动。印发农产品生产记录、禁限用农药目录和推荐使用农药目录，建立生产记录、农药间隔期制度。采取“双随机”方式，联合开展农产品质量安全督导检查、日常巡查，针对风险监测和检查巡查发现的问题，开展监管执法工作。强化绿色、有机和地理标志农产品证后监管，建立淘汰退出机制。定期举办全省农产品质量安全培训班，重点培训农兽药安全使用知识。

（二）开展农机产品质量提升行动

1. 农机试验鉴定工作制度制定情况

2019 年是全国农机试验鉴定工作改革实施后的第一年，为使鉴定工作依法依规、规范高效，辽宁省推出了“农机试验鉴定申报系统”，实现了鉴定工作的网络化管理。同时依据《农业机械试验鉴定办法》和《农业机械试验鉴定工作规范》要求，制定了《辽宁省农业机械推广鉴定实施程序（暂行）》《关于印发申请辽宁省农业机械推广鉴定提交材料要求的通知》《关于发布辽宁省农业机械鉴定站推广鉴定证书换证报告格式的通知》等一系列制度和规范性文件。按照新建立的工作制度，共实施鉴定项目 105 项。

2. 农机质量投诉机构设置和工作情况

自 2018 年以来，辽宁省的省、市（区）、县机关和事业单位改革陆续展开，使原有的农机投诉监督机构职能发生了较大变化，目前还有部分地区事业单位改革尚未完成。目前省级农机投诉监督职能设置在辽宁省农机化发展中心；从市级情况来看，鞍山、本溪、丹东、营口、铁岭、朝阳、盘锦等 7 个市，设置在农机服务中心或执法机构等事业单位，其他市设置在农业农村局；从县级情况看来，目前设置在相关事业单位的达 44 家，其他均设置在当地农业农村局。截至 2019 年，全省共受理农机质量投诉 3 起，全部办结，为农机用户挽回直接经济损失 15.8 万元。

3. 农机产品监督检查情况

为贯彻落实《农业机械试验鉴定办法》要求，依据《2019 年辽宁省农业机械推广鉴定产品监督检查工作实施方案》，辽宁省开展了 2019 年有效期内的辽宁省农机推广鉴定产品监督检查工作。本次检查采取“双随机”原则抽取20家企业生产的20种产品，其中，15种产品检查合格，5种产品因停产、转产等原因依法注销。

（三）开展农资打假专项治理行动

辽宁省印发了《关于做好“五一”及春耕期间农产品质量安全监管执法工作的通知（2019）》、《2019年辽宁省农产品质量安全例行监测（风险监测）方案》、《2019年辽宁省农产品质量安全专项监测（风险监测）方案》、《2019年辽宁省农产品质量安全监督抽查方案》、《2019年农产品质量安全专项整治方案》、《2019年辽宁省农资打假专项治理行动实施方案的通知》、《2019年辽宁省农药监督抽查工作实施方案》、《辽宁省农业农村厅办公室关于开展全省农药监管春季集中行动的通知（2019）》、《辽宁省2019年蔬菜安全建设监管实施方案》和《辽宁省农业农村厅办公室关于切实加强食用菌生产用药监督管理的通知（2019）》等，以此推进全省农资打假专项治理行动和农资市场监督检查工作落地落实。组织收看了全国农资打假专项行动电视电话会议。在沈北新区种子农资批发市场举办了“全省农资打假专项行动启动仪式”，开展了放心农资使用和识假辨假知识专家咨询活动。结合春耕备耕，开展放心农资下乡进村宣传活动，普及识假辨假、科学种养殖和依法维权知识。加大日常监管执法力度，开展农产品专项整治行动，分别在“五一”“十一”前后组织开展农产品执法检查，截至目前，全省共出动执法监管人员51854人次、检查各类生产经营企业18986家次，立案查处81起。各级农业农村部门主动向社会广泛宣传“12316”农资打假投诉举报电话，为百姓提供咨询服务，依法受理农民的投诉举报，做到了“有报必接，接案必查，查必到底”，切实维护农民群众的合法权益。通过多种渠道，认真听取农民群众对农资打假和监管工作的意见与建议，并对查处案件开展回访工作。

（四）建立落实重大案件联合督办制度

公安、农业农村、市场监管等部门建立重大案件联合督办制度。辽宁省三部门在联合开展农产品质量安全专项整治及重大案件联合督办工作中，建立了密切协调配合机制：农业农村部门负责蔬菜、禽蛋、猪肉、水产品从种植养殖到进入批发、零售市场或者生产加工企业前的专项整治，以及农药、兽药的专项整治，组织开展相关监督抽查工作，查处相关违法违规行为，涉嫌犯罪的，要坚决移送公安机关依法追究刑事责任。市场监管部门负责蔬菜、禽蛋、猪肉、水产品进入批发、零售市场或者生产加工企业后的专项整治，组织开展相关监督抽查工作，查处相关违法违规行为，涉嫌犯罪的，要坚决移送公安机关依法追究刑事责任。公安机关负责依法受理农业农村部门、市场监管部门移送的涉嫌农产品质量安全和违法使用农药、兽药的犯罪案件，依法严厉打击农产品质量安全犯罪活动。

（五）提升农产品质量安全追溯管理水平

目前，全省共建设省级监管平台 1 个，各地建立分平台 20 余个。一是积极推广国家农产品质量安全追溯平台应用，指导市、县完成辖区“两品一标”生产企业纳入追溯管理信息平台，辽宁省现已完成注册“两品一标”企业 434 家（不含大连），已通过审核 419 家。通过产品追溯，倒逼生产经营者落实主体责任。二是兽药二维码追溯系统应用快速推进。目前，全省 41 家兽药生产企业全部在国家兽药产品追溯系统注册，4261 家兽药经营单位也全部在国家兽药产品追溯系统注册，完成了农业农村部入网注册 100% 的阶段目标。

（六）严格生产过程管控

严格农药兽药准入管理，督促落实安全间隔期和休药期制度情况；开展化肥农药减量增效行动、水产养殖用药减量行动、兽药抗菌药治理行动，遏制农药兽药残留超标问题情况；开展蛋禽违规用药、牛羊肉“瘦肉精”、生猪屠宰注药注水、水产养殖非法添加、农药隐形添加等违法违规行为整治工作；开展高风险高毒农药淘汰工作。组织开展农药残留、兽药残留、“瘦肉精”、私屠滥宰、水产品“三鱼两药”、生鲜乳违禁物质、农资打假等专项整治行动；组织开展农产品质量安全飞行检查和暗查暗访活动；县级以上地方农业行政部门建立规模以上农产品生产经营主体监管名录；建立农产品质量安全黑名单；积极开展农产品质量安全执法办案工作，对发现含有禁限用物质的不合格农产品跟进监督执法情况；积极配合开展国家农产品质量安全监督抽检并及时跟进查处的工作情况；组织开展本地农产品质量安全监督抽检工作并公布跟进执法情况。

三 农产品质量提升存在的问题

（一）缺乏品牌意识，强势品牌数量少

国家地理标志保护产品是特定区域内优质的代表，是在国际上得到认可的知识产权之一。以地理名称命名的产品，提高了地域的影响力，同时塑造该区域所产出的一类产品的品牌，对区域经济发展起到巨大的推动作用，成为国家地理标志保护产品，提高了产品的市场竞争力和价格，也提升了企业产品形象和相关品牌影响力。国家地理标志保护产品已成为引领品牌升级的“金钥匙”。

近年来，辽宁省在区域品牌化建设上取得了一定成绩，已获批 85 个国家地理标志保护产品。从图 1 可以看出，辽宁省的国家地理标志保护产品数量远高于全国平均水平，约为全国平均水平的 1.5 倍，与山东和江苏等省份相比，也具有一定的优势。然而，调查发现，辽宁省虽然地理标志优势资源较丰富，但社会知名度高、规模大、产值高的强势品牌数量并不多。也就是说，辽宁省对地理标志农产品开发利用不充分。在品牌建设上缺乏长远的规划，在国家地理标志保护产品申报成功后，及时开发保护产品。农业生产者与经营者观念陈旧缺乏品牌意识，便缺少发展品牌的动力，造成地理标志资源浪费。

（二）基层监管体系还很薄弱

从初级农产品到餐桌食品需要经历播种、收割、初级加工与深加工等多

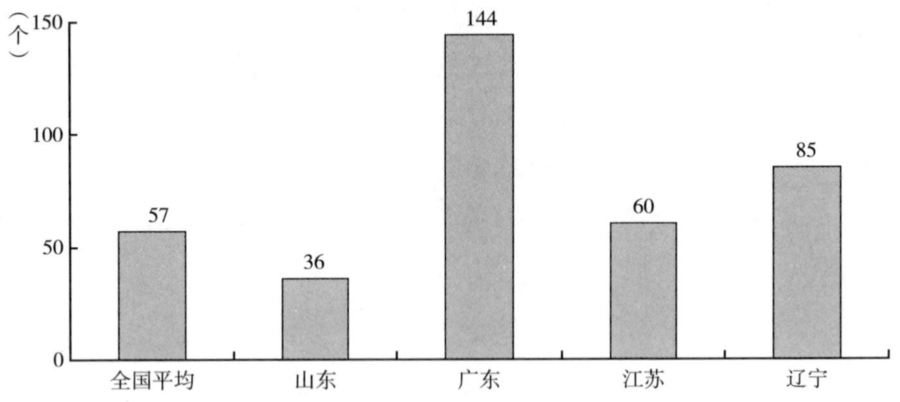

图1　国家地理标志保护产品数量

资料来源：国家知识产权局。

个环节最终才呈现在消费者面前。这个过程十分复杂，监管难度大。确保农产品安全进入市场的关键是完善的农产品质量检验检测及监管体系。但目前来看，辽宁省基层监管体系还很薄弱，在农产品质量管理机构、技术队伍、设施设备等建设方面存在很多不足，比如缺少先进实用的检验检测仪器和设备，缺少专业过硬的检测技术人员，乡镇机构建设功能不完善并缺乏专项监管工作经费，不能及时科学地检疫检验即将进入市场的农产品，使不安全不合格农产品流入市场，影响了广大消费者的切身利益，甚至身心健康。

（三）农产品标准体系有待完善

辽宁省农业标准化与农产品质量安全检测工作取得了一定的成效，但还存在农产品技术标准水平偏低、农产品质量控制手段薄弱与技术含量低等问题，一些地区缺乏激励农业标准化生产的政策，农业标准化与组织化、产业化互动发展的机制没有形成。农业标准体系、标准技术水平与发达国家相比存在较大差距，导致农产品出口受限。

（四）农产品加工企业存在发展瓶颈

辽宁省农产品加工业的精深加工水平低、大型龙头企业少、产业聚集度不高、市场竞争能力不强，农产品加工企业的品牌影响力弱，产品销售渠道匮乏，企业融资困难、渠道单一。农产品加工业与其他产业相比，具有一定的独特性，农产品加工业受农产品的周期性和季节性供给及市场体系、价格机制等因素影响，导致农产品信贷风险大，且农产品加工企业对贷款需求具有金额小、频率高、时效性强的特点，而这样的融资需求很难得到满足。

（五）绿色、有机农产品发展遇困境

绿色、有机产品面临着“柠檬市场”。首先，市场上产品质量参差不齐，绿色、有机食品的企业自身经营不善，还有不良企业以次充好破坏产品市场规则。其次，监管不到位。虽然绿色食品、有机食品有严格的认证规范与标准，但实施过程并不顺利，市场上的假货、过期货仍然存在，甚至有企业已经过了认证有效期仍然用绿色、有机标志。再次，绿色、有机产品信息及相关知识不够普及。现今绿色、有机食品很受大众欢迎，但超市里的绿色、有机食品的销路不好，这缘于消费者对企业、产品的不信任，在不了解产品的情况下消费者不愿意花高价购买。

四　农产品质量提升重点及行动对策

（一）提升品牌意识与强化品牌效应

质量是产品的基础，品牌是产品的竞争力与生命力。首先，提高农业企业、经营农户的农业品牌意识，通过宣传引导和教育培训使其充分认识到农业品牌建设的重要性和紧迫性，把市场经济与品牌竞争植入企业与农户的生产经营中，使其形成自觉地重品牌、塑品牌、护品牌的观念，走上品牌创造价值的致富之路。激发企业的品牌主导意识，完善品牌质量保证体系与诚信体系建设，通过依法经营品牌和维护品牌形象来提升经营管理水平，提升农产品质量安全水平，提高品牌农产品的社会信任度。其次，拓宽品牌推广渠道。举办农产品推介会、展示会、展销会等活动，促进企业与专业观众近距

离交流，多渠道宣传企业形象，推广农产品，同时，吸引社会各界进一步关注辽宁农业发展潜力并到辽宁投资发展农业产业。充分利用电视、广播、杂志、报纸、网络等新闻媒体，通过正向宣传驱动品牌联想，强化消费者对本地知名农产品品牌的感知。再次，强调产品质量的重要性，质量才是农业品牌的最终实力。建立完整的农产品质量标准体系，涵盖产前、产中、产后全过程的标准，把生产标准与需求标准统一，让农产品在生产阶段就已经满足需求或已与需求方达成订单合同，把技术标准作为生产依据，实行标准化生产。进一步完善农产品检测监管体系建设，严把农产品质量安全关。最后，把科技作为农业品牌建设的技术支持。鼓励农业企业与科研院所对接，为农业科技成果转化、产学研结合牵线搭桥，把先进的科学技术融入农产品生产、加工、销售的各个环节中，重视规模化的保鲜储藏和系列农产品精深加工技术的开发、利用和推广，为农业品牌建设提供技术支持，提升农产品品牌的技术含量和增值潜力。

（二）加强政府扶持与监管

地方政府重视农产品品牌管理，分别制定长期和短期目标扶持和管理品牌，提供公平法治的制度环境，建立合理完备的基础设施，提供适时有效的公共服务，建立多元化的投融资体系，为品牌建设营造良好环境，为农产品品牌的推广与发展提供有效支持。地方政府在制定发展规划时应把培育农产品品牌作为长远规划，通过多环节努力、多方面长期合作，逐步累积品牌效应，把品牌建设作为系统工程长期坚持。

全力做好全省农产品质量安全执法监管。以《农产品质量安全法》《辽宁省农产品质量安全条例》等法律法规为准绳，以开展农产品质量安全专项整治为主要手段，以农产品质量安全县创建为抓手，聚焦重点时段、重点区域，加大监管力度，强化重点县的推广、示范，严厉打击农产品生产及收贮运环节、农资生产、销售和使用等领域的违法违规行为，用最严格的监管、最严厉的处罚规范生产经营者行为，提高辽宁省农产品质量安全执法的震慑力，确保重大节日、活动和生产旺季全省农产品质量安全。依法保护品牌，维护品牌的质量、信誉和形象，是保障农业品牌化工作健康发展的关键。政府部门应充分发挥市场监管职能，加大对农产品生产过程的执法检查力度，严厉打击假冒伪劣、以次充好的行为，规范市场竞争秩序，运用法律手段保护品牌产品和知识产权，为品牌培育营造良好的软环境。

（三）加强标准体系建设

强化农业地方标准制（修）订和推广应用。完善辽宁省农业地方标准体系，推动优质、绿色食品生产操作规程及收贮运环节技术规范的制定。鼓励支持各地开展标准化示范创建，督促各地方标准项目承担单位按期完成标准的起草和验收工作，确保已立项标准的制（修）订和审定工作。

稳步推动农产品质量安全三大体系建设。进一步健全农产品质量安全监管体系、检测体系和信用体系，提高监管、检测队伍建设和人员素质水平，提升基层农产品质量安全监管能力和监管水平，稳步推进县级和第三方农产品质量安全检测机构考核和资质认定，提高农产品质量安全风险监测的效能及风险隐患排查能力，为优质农产品供给提供有力保障。建立农产品质量认证激励机制，鼓励开展农产品“三品”认证、商标注册和名牌评选认定以及国际认证。对辽宁的传统和优势农产品，要积极鼓励和支持申报国家地理标志保护产品、国家地理标志证明商标和国家农产品地理标志。

（四）着力促进农业深加工企业的发展

大力发展农产品加工业是提升农业竞争力的重要途径。突破农产品加工企业发展瓶颈势在必行。首先，拓宽企业融资渠道，协调组织省市有关商业银行、本地各商业银行、小贷公司、担保公司等金融机构与有资金需求的农产品加工企业开展银企对接活动，帮助企业解决资金短缺问题。以农产品加工业产业结构优化升级为导向，调整和完善农产品加工企业税收政策，适当拓宽享受税收优惠政策的农产品加工企业的认定标准，给予农产品加工龙头企业更大的税收优惠，降低企业税负成本。其次，培育开拓市场。鼓励和组织农产品加工企业积极参加产品推介会、展销会、展览会等活动，支持企业开拓国内国外两个市场，帮助企业推广宣传产品。再次，支持企业应用先进技术。重视农产品产地初加工技术的引进、研发、创新和示范推广，对购买更新加工技术的企业给予补助补贴。

（五）促进有机农产品产业健康发展

随着《全面推进“无公害食品行动计划”的实施意见》的发布，高中低标准并行的农产品市场业已形成。为了满足人民日益增长的物质需求，中低标准应该逐渐向高标准递进，提高农产品质量水平，重视有机食品认证。建立有机食品认证机构的诚信机制，确认有机食品认证的有效性；普及有机食品认证标准，提高消费者对有机食品的认可度。无公害产品、绿色产品、有机产品都面临同样的问题，就是认证之后缺乏监管，且不跟国际接轨。加大监管力度，推动监管认证企业完全遵守标准执行生产经营，确保认证机构的发证尺度具有一致性，提高认证机构以及生产企业的违法违规成本，才能促进有机农产品产业健康发展。

参考文献

郑风田：《“绿色、有机、无公害”的那些事儿》，《南方日报》2017 年 8 月 28 日。

韩长赋：《大力推进质量兴农绿色兴农　加快实现农业高质量发展》，《甘肃农业》2018 年第 5 期。

肖进方：《推动农业高质量发展　筑牢乡村振兴基石》，《江苏农村经济》2018 年第 10 期。

B.20
辽宁乡村休闲旅游业发展研究

董丽娟*

摘　要： 2019年，辽宁省乡村休闲旅游呈现出强劲的发展态势：实施休闲农业和乡村旅游精品工程，品牌推介意识增强；新业态层出，建设一批设施完备、功能多样的休闲观光园、乡村民宿、森林人家和康养基地；培育一批美丽休闲农村、乡村旅游重点村；建设一批休闲农业示范县；为精准扶贫做出重要贡献。但乡村休闲旅游也面临着巨大的挑战和发展瓶颈，诸如缺乏统一规划、有效供给不足、基础设施相对滞后、区域发展不平衡、投资回收慢、融资难盈利难、缺乏建设标准、碰触农地红线、人才“短板”等制约因素。2020年，在做好顶层设计、合理规划布局的同时，辽宁省休闲旅游业要加强基础设施建设，丰富乡村休闲旅游业态，提供财政金融支持，提升创收能力，制定休闲农业建设标准，保护经营者合法权益，实施人才战略，加大人才培训的力度。

关键词： 乡村休闲旅游　高质量发展　辽宁省

2019年6月17日，国务院印发《关于促进乡村产业振兴的指导意见》（以下简称《意见》）。《意见》指出，要优化乡村休闲旅游业，“实施休闲农业和乡村旅游精品工程，建设一批设施完备、功能多样的休闲观光园区、

---

* 董丽娟，辽宁社会科学院农村发展研究所副研究员，主要研究方向为农村社会学。

乡村民宿、森林人家和康养基地，培育一批美丽休闲乡村、乡村旅游重点村，建设一批休闲农业示范县”。①

2019 年 9 月 16 ~ 18 日，习近平总书记到河南进行考察调研时，对乡村旅游发展在实施乡村振兴战略中所起到的积极推动作用做出了肯定的评价，他说：“依托丰富的红色文化资源和绿色生态资源发展乡村旅游，搞活了农村经济，是振兴乡村的好做法。”② 这些都为乡村休闲旅游的发展提质升级、高质量发展指明了方向、提供了方法。

2019 年，辽宁省委、省政府以习近平新时代特色社会主义思想为指导，全面贯彻十九大，十九届二中、三中、四中全会精神，牢固树立新发展理念，落实高质量发展要求，坚持农业农村优先发展的总方针，以实施乡村振兴战略为总抓手，以农业供给侧结构性改革为主线，围绕农村第一、第二、第三产业融合发展，与脱贫攻坚有效衔接、与城镇化联动推进，充分挖掘乡村多种功能和价值，优化发展乡村休闲旅游业。

一　辽宁省乡村休闲旅游发展现状

（一）发展态势强劲，成为“主力军”

从总体的发展来看，乡村休闲旅游已经成为辽宁省旅游业发展的重点和亮点，正处于向中高级阶段升级的关键时期，正在成为推进乡村振兴、农业产业结构调整、农村经济发展方式转变和实施精准扶贫的重要抓手和突破口。

《全国乡村旅游发展监测报告（2019 年上半年）》显示，“2019 年上半年全国乡村旅游总人次达 15.1 亿，同比增加 10.2%；总收入为 0.86 万亿元，同比增加 11.7%。截至 2019 年 6 月底，全国乡村旅游就业总人数为

---

① 《国务院关于促进乡村产业振兴的指导意见》。

② 《在河南考察的三天，习近平总书记关注了哪些问题?》，学习大国，2019 年 9 月 20 日。

886 万，同比增加 7.6%。”①

从辽宁省四个小长假的统计数据来看，民众对乡村休闲美好生活的向往使乡村休闲旅游成为辽宁旅游产业发展的主力军，在拓宽农民增收渠道、优化乡村就业结构、产业精准扶贫方面发挥着重要作用。

2019 年春节假日期间，辽宁省累计接待游客 2278 万人次，同比增长 13.5%，实现旅游总收入 165.5 亿元，同比增长 14.1%。“五一”假日期间，各地旅游部门数据和辽宁省移动旅游大数据显示，辽宁省共接待游客 1238.8 万人次，同比增长 8.4%，旅游总收入 111.49 亿元，同比增长 16.9%。而这一期间的省内游、城市周边游等中短线游主要以乡村旅游、温泉体验游为主。以登山赏花为主打的乡村游引爆抚顺旅游市场。端午节假日实现接待游客数量和旅游收入双增长，共接待游客 962 万人次，同比增长 10.6%，实现旅游收入 70.3 亿元，同比增长 15.1%。其中以赏花、观鸟、踏青、采摘的乡村休闲游客为主流。“十一”黄金周期间，乡村生态游也备受青睐。旅游农庄、农家乐和采摘园生意火爆，部分景区采摘园的果蔬被游客采购一空，乡村旅游成为城市居民假日游的重要选择。鲜果采摘、特色美食、特色旅游产品、精品民宿迎合游客的需求；仅辽阳市瓦子自然生态旅游区在假日期间就接待游客 2.7 万人次。②

（二）实施休闲农业和乡村旅游精品工程，品牌推介意识增强

2019 年，辽宁省文化和旅游厅大力实施休闲和乡村旅游精品工程，推出春季“赏花观鸟春游辽宁”、夏季“消夏避暑辽宁行”、秋季“赏枫采摘休闲游，金秋美景辽宁行”、冬季“嬉冰雪　泡温泉　到辽宁过大年”的四季旅游主题活动，挑选代表性强、具有鲜明特色的乡村休闲旅游精品线路，采用多种形式进行推介宣传。

---

① 文化和旅游部：《全国乡村旅游发展监测报告（2019 年上半年）》，2019 年 8 月 2 日。

② 《2019 年国庆假期我省文化和旅游市场情况》，辽宁省文化和旅游厅官网，http://whly.ln.gov.cn/xxgk/zxdt/201910/t20191008_3607344.html。

在春节旅游推广会上，辽宁围绕赏花、观鸟、登山和温泉等特色旅游资源，推出盘锦二届沟开海活动、丹东宽甸河口赏桃花、法库观鸟、大连旅顺赏樱花、抚顺梨花谷踏青赏花、阜新首届乌兰木图山登山大会等200余项春季主题活动，推出“踏春赏花 + 休闲游”“湿地观鸟 + 生态游”“温泉养生 + 亲子游”“文化品位 + 体验游”“登山采摘 + 乡村游”等168条春季旅游特色线路。在农业农村部乡村产业发展司主办的中国美丽乡村休闲旅游行（夏季）推介活动中，辽宁鞍山代表辽宁利用音视频和动漫等多媒体形式进行现场推介。在“2019辽宁秋季旅游消费季暨抚顺赏枫采摘系列活动”启动仪式上，全省各市推出围绕“尽享丰收、欢度国庆”的赏枫采摘、文艺演出、体育健身、休闲度假等丰富多彩的秋季文化旅游活动270项；推出生态景观、丰收体验、康养度假、文旅融合等秋季旅游目的地119个；推出生态旅游、乡村旅游、康养旅游、民俗旅游等具有地方特色和季节特点的旅游精品线路99条。特别是从供给侧结构性改革的角度出发，“补短板，强弱项”，不断扩大冬季旅游产品的有效供给，变“冷资源”为“热产业”。2019年12月至2020年2月底，辽宁推出了以“嬉冰雪　泡温泉　到辽宁过大年”为载体，以“冰雪 + 温泉”“冰雪 + 文化”“冰雪 + 健康”“冰雪 + 教育”为主题的系列冬季旅游产品，丰富了旅游产品业态，促进了产业深度融合，延长了产业链，形成了冰雪旅游品牌，[①] 全面展现了辽宁乡村休闲旅游的温度，在扩大知名度上下足了功夫，品牌意识不断增强。

（三）新业态层出，建设一批设施完备、功能多样的休闲观光园、乡村民宿、森林人家和康养基地

辽宁充分挖掘乡村的多元功能和价值，加强乡村休闲旅游的创意发展，融合农村第一、第二、第三产业，积极培育“旅游 + 体育”“旅游 + 文化”“旅游 + 游戏”“旅游 + 养生”“旅游 + 研学”“旅游 + 精准扶贫”等新业态新模式，诸如乡村绿道、登山步道、户外体育公园、休闲露营地、房车自驾

① 《辽宁推出特色冬季旅游活动促进冰雪经济发展》，新华网。

车营地、马术俱乐部、乡村主题博物馆、乡村非遗展示馆、乡村美术公社、乡村音乐部落、乡村动漫基地等，市场供给呈现日益深度化、多元化、精细化。创建了两批共23家旅游特色鲜明的省级旅游特色小镇。丹东凤城大梨树、沈阳沈北新区锡伯龙地成为全国乡村旅游创客示范基地。2016年辽阳三禾国家现代农业庄园被农业农村部及国家旅游局评为“全国休闲农业与乡村旅游五星级示范园区”。2019年，东港市现代农业产业园被纳入国家现代农业产业园创建管理体系，打造旅游与农产品生产融合的升级版。组建了休闲农业与乡村旅游协会，引导行业自律，加强行业内部的相互联系和资源整合。

（四）提质升级，培育一批美丽休闲农村、乡村旅游重点村

2019年农业农村部公布“2019年中国美丽休闲乡村”评选活动，辽宁省盘锦市大洼区田家街道大堡子村、沈阳市辽中区刘二堡镇皮家堡村、本溪市桓仁县向阳乡和平村、沈阳市铁西区彰驿站街道彰驿站村、锦州市黑山县段家乡蛇山子村、鞍山市海城市马风镇祝家村、朝阳市喀左县平房子镇小营村等7个村入选国家级美丽休闲乡村。“中国美丽休闲乡村”评选活动已进行6届，具有较强带动示范效应。截至目前，辽宁省共有26个乡村入选。

2019年6月，辽宁大梨树村等9个村庄①入选文化和旅游部公布的第一批“全国乡村旅游重点村”名单。

为促进乡村旅游提质升级发展，树立乡村旅游发展先进典型，2018年初，命名150家单位为省级特色旅游乡镇（街道）、304家单位为省级乡村旅游示范村、783家单位为星级农家乐，授予41家单位辽宁省乡村旅游贡献奖。

（五）建设一批休闲农业和乡村旅游示范县

为贯彻大力发展休闲农业和乡村旅游的决策部署，树立发展典型，探索

① 入选的9个村包括丹东市凤城市凤山区大梨树村、沈阳市沈北新区石佛寺街道石佛一村、大连市旅顺口区水师营街道小南村、本溪市本溪满族自治县小市镇同江峪村、锦州市凌海市翠岩镇牤牛屯村、阜新市细河区四合镇黄家沟村、鞍山市千山风景名胜区温泉街道上石桥村、丹东市东港市北井子镇獐岛村、抚顺市新宾满族自治县永陵镇赫图阿拉村。

发展模式，总结发展经验，充分发挥典型的示范带动作用，自2010年起，农业部开展了全国休闲农业和乡村旅游示范县（市、区）创建工作。截至2018年，辽宁省先后已有清原满族自治县（2010）、宽甸满族自治县（2011/2012）、辽中县（2013）、本溪满族自治县（2014）、辽宁省大洼县（2015）、盖州市（2015）、新宾满族自治县、绥中县（2016）、东港市、营口市鲅鱼圈区（2017）等共计13个县（市、区）入选“全国休闲农业与乡村旅游示范县”，共有阜新桃李园民族文化村有限公司、葫芦岛葫芦山庄有限责任公司、凤城市大梨树生态农业观光旅游区等27个全国乡村休闲旅游示范点。

近年来，辽宁省评选了21个旅游产业示范县、8个省级旅游度假区、16个省级生态旅游示范区，实施了乡村旅游“百千万工程”。

（六）乡村休闲旅游为精准扶贫做出重要贡献

“国家乡村旅游监测中心数据显示，设在全国25个省（区、市）的101个扶贫监测点通过乡村旅游脱贫人数为4796人，占脱贫人数的30.4%，通过乡村旅游，使得监测点贫困人口人均增收1123元。”①

2019年是全面脱贫攻坚的关键之年。近年来，辽宁省充分发挥乡村旅游在扶贫开发中的战略作用，以乡村旅游为切入点，以产业发展为引领，以重点项目为依托，着力将乡村旅游建设成为促进农村经济发展、农业结构调整、农民脱贫致富的重要力量。全省1791个建档立卡贫困村中，进入全国乡村旅游扶贫重点村范围的有145个，涉及贫困人口16618人。全省11个村被列为国家旅游扶贫试点村，7个村被纳入旅游扶贫工程观测点体系（扶贫观测点4个、发展观测点3个）。全省3家景区成为全国“景区带村”旅游扶贫示范项目，1人被评为全国“能人带户”旅游扶贫示范项目，4个合作社被评为全国“合作社+农户”旅游扶贫示范项目，3家旅游公司获得全国“公司+农户”旅游扶贫示范项目称号。启动了乡村旅游扶贫示范村创

① 田虎：《我国重点扶贫监测点超3成脱贫人口依靠“乡村旅游”》，人民网。

建工作，设立了36个省级乡村旅游扶贫示范村，通过示范村发展带动有条件的贫困村发展旅游，带动贫困户就业脱贫。

二　辽宁省乡村休闲旅游发展面临的挑战

（一）缺乏统一规划，有效供给不足

乡村休闲旅游是“休闲农业”和“乡村旅游”的农旅融合体，它既是“农业”，又是“旅游业”，因此，需要农业农村部门与文化和旅游部门根据各自的职能以及社会经济发展的要求进行综合协调、统筹规划。然而，我们当前的问题是，乡村休闲旅游业由于的它的融合体特征，受多个部门管理，而这些部门又缺乏对乡村休闲旅游业发展比较统一的和总体的规划和管理。很多的行业标准导致人们对乡村旅游业的规划定位不清，缺乏对项目的科学分析和设计，深层次开发少。在休闲旅游产品开发的过程中，我们常常忽视挖掘休闲农业和乡村旅游的特色，对农业和乡村旅游缺乏有针对性的主题定位，只是一哄而上“搞运动式”的开发或简单复制同类性质的项目，造成农业特色全无、低水平重复、同质化发展、内容单一、定位不高，从而导致出现很多千篇一律的旅游民宿、整齐划一的特色小镇、快速复制的现代化农业庄园，从而也就抓不住目标市场，缺乏吸引力、留不住游客、效益低下，不能满足不断释放的乡村休闲旅游需求，不能有效地拉动地方经济。

（二）基础设施滞后，区域发展不平衡

近年来，辽宁省在大力改善乡村公路、水电气网、医疗卫生等基础设施建设方面取得了突出成绩，但与城市健全的基础设施相比，乡村的水、电、气、污水处理、垃圾处理、道路、停车场、网络等基础设施的建设还相对滞后，这导致在硬件上就很难吸引目标客人到农村去休闲、旅游。加之乡村民宿、农家乐提供的产品质量和服务标准不高，经营主体与消费者之间的信息不对称，经营规模大多偏小，无法形成规模效应。

省内不同的区域在基础设施建设、管理水平、公共服务水平、市场营销力度上存在较大的差异，全省规范经营的农家乐、民宿缺乏对优势资源的整合利用，造成区域之间的不平衡，不能形成合力，从而阻碍了辽宁乡村休闲旅游整体的创新发展。

（三）投资回收慢，融资难盈利难

乡村休闲旅游季节性强，客源分散，旺季的时候客源多，接待能力跟不上，淡季的时候客源太少，出现“半年闲”，日常经营成本高，难以盈利，加之市场风险大，所以乡村休闲旅游项目普遍存在投资回收慢、周期长、受市场因素波动制约明显的问题。

在融资方面，受乡村休闲旅游业自身属性与农地制度的限制，乡村休闲旅游经营主体缺乏金融部门要求的有效抵押物，此外，贷款信用与担保不够、贷款门槛高、融资信息不对称、还款能力弱，都导致乡村休闲旅游从业者获得的信贷支持有限，很难直接从资本市场融资，限制了乡村休闲旅游的整体提升。

（四）缺乏建设标准，碰触农地红线

在乡村休闲旅游业难盈利的背景下，不少经营者开始碰触农地红线，打“擦边球”违法用地，出现农地非农化现象，总体上直接在农地用地上建设永久住房、私人休闲农庄、会所、饮食大排档等现象较少，而大多数表现在扩大设施农业用地面积、变更农业设施用途上。突出表现在：①在温室大棚、葡萄架、果树下布置桌椅从事餐饮活动；②建筑空中木屋将建筑物腾空；③以建设临时生产用房名义建民宿；④不经用地许可程序建设游泳池、儿童乐园、会议室等非农用地设施。自 2018 年下半年以来，辽宁省开始全面清理“大棚房”。

（五）人才“短板”制约可持续发展

首先，突出表现在创意性人才匮乏上。乡村休闲旅游市场的从业主体多

为农民，而他们往往缺乏产品创意、个性化设计、文化挖掘、市场营销等方面的职业培训，主要通过模仿或通过自我摸索来积累经验，导致业态相对单一、内容雷同，难以满足多元化、个性化、多层次化的市场需求，容易限于低层次的价格竞争。其次，专业技术人才缺乏。如一些康养基地，只提供住宿、餐饮和活动场地是不够的，专业的医护人员严重缺乏。最后，经营性人才的缺乏。大部分乡村休闲旅游的项目经营者缺乏相关的知识积累，影响了发展的转型。

（六）受新冠疫情影响，乡村休闲旅游产业遭遇冰封

乡村休闲旅游产业的“农业”属性，更加受“时”的限制，抗风险能力薄弱。冰雪过了冬天就融化了，花期过了就没有赏的了，果实错过了最佳采摘期就会烂在树上。2019 年末至 2020 年初辽宁推出的“冰雪 +”主题的系列冬季旅游活动遭遇重创，春节期间上市的草莓采摘活动完全搁浅。乡村休闲旅游的从业企业多为小微企业，从业人员也多为农民群体。尽管乡村旅游从业人员有就业方式和就业时长易调整的优势，但从整个产业产值萎缩的面来看，乡村休闲旅游产业从业人员也会大幅下降。2020 年是脱贫攻坚的收官之年，帮助乡村休闲旅游行业及其从业人员一面抗击疫情，一面重启自救，迫在眉睫。

三　辽宁省乡村休闲旅游业发展的对策建议

（一）做好顶层设计，合理规划布局

以优质的旅游理念为指导，坚持高质量发展，要科学规划，合理开发，因地制宜，充分发掘、整合利用当地乡村休闲旅游的优质资源，增加乡村旅游的有效供给。要整合资源，集聚发展，联动发展，融合发展。将休闲农业与乡村旅游相结合，不断推进乡村旅游与农业结合发展。

引导乡村休闲旅游业向集群分布、集约经营转变，通过休闲农业与乡村

旅游示范的创建、休闲农业创意精品推介、美丽田园推介和最美休闲乡村推介等方式，推动形成辽宁乡村休闲旅游产业集群。制定休闲农业和乡村旅游产业发展规划，制定相关标准和管理办法，开展标准化建设，提升产品服务质量。通过政府与专家学者和行业协会合作，制定地方性标准，包括《乡村旅游示范村评定规范》《旅游产业集聚区评定规范》《温泉旅游小镇评定规范》《生态旅游小镇评定规范》《旅游特色农庄评定规范》《农家乐等级的划分与评定》等，规定了乡村旅游示范村、温泉旅游小镇等的术语、定义、考核条件、考核内容及其依据。以标准化引领乡村旅游企业提升建设水平和服务质量。可参照借鉴台湾经验，划定休闲农业区，在休闲农业区域内认定休闲农业经营主体，制定符合休闲农业发展要求政策措施。

（二）加强基础设施建设，丰富乡村休闲旅游业态

结合美丽乡村建设、乡村公路建设、农村人居环境整治等国家重大工程，着力完善交通网络和道路标志标识，解决乡村旅游交通拥堵问题，合理设置停车场，解决停车难问题。完善物流、网络、水电、安全、卫生等基础设施，保障用水用电安全，不断降低生活垃圾、污水处理等因素对周边环境的影响，促进民宿业的健康发展。充分利用旅游电商平台大数据资源，实现乡村休闲旅游业经营主体与消费者之间的信息匹配和需求对接。根据区域气象特征，利用科技手段改进休闲农业生产技术，完善设备设施，提高乡村休闲旅游产品品质。进一步拓展农业功能，增加体验方式，满足消费需求，提高综合效益，实现高质量发展。要因地制宜，一地一策，走个性化发展之路，打造差异化，彰显特色。要树立精品意识，培育有地域特色的乡村休闲游品牌。要融合发展，以文旅融合为指南，充分挖掘当地独特的乡土文化内涵，特别是村民原汁原味的生活生产方式，促进乡村旅游与非物质文化遗产的融合，挖掘传统农业文明，重视农业文化的保护。

（三）提供财政金融支持，提升创收能力

要着力解决一些地方乡村旅游发展“资本进入难”“项目落地难”问题。

要优化营商环境，建立可持续的长效资金使用机制，创新融资模式，鼓励利用PPP模式、众筹模式、“互联网+模式”、发行私募债券等方式引导工商资本下乡。争取多层级金融支持，突破发展瓶颈。采取以奖代补、先建后补、财政贴息、设立产业投资基金等方式进行财政支持，整合财政资金向休闲农业乡村旅游区倾斜。金融政策上，加大对休闲农业的信贷支持力度。建立银企对接平台，拓宽抵押担保物范围，扩大信贷额度。联合金融机构探索开办适应乡村旅游业发展的金融产品。指导金融机构创新开办景区收费权质押贷款，用于景区道路改扩建、停车场等基础设施建设、景观区建设，丰富游客旅游体验。推进金融支持旅游扶贫有关工作的合作方式，建立合作机制，在全省范围内启动金融支持旅游扶贫项目库建设，积极向国家争取国家级金融支持旅游扶贫项目。给予旅游项目贷款的省级贴息支持，助力旅游项目完善基础设施建设。

（四）制定休闲农业建设标准，保护经营者合法权益

保障粮食安全和农村社会经济稳定是关系国计民生的大事，但在适度放宽休闲农业用地标准的同时，对于休闲农业建设标准制定要严，做到宽严相济，既要支持发展，也要保护耕地。严防借休闲农业名义从事房地产开发以及各种形式的非法用地行为，通过制定新的建设标准，防止农地的综合生产能力受到根本性破坏。在遇到粮食供给严重不足的特殊情况下，农地能够顺利地恢复为可生产粮食的耕地，在开发的同时，“藏粮于地，藏粮于技”，以防不测。同时要保护经营者合法权益，稳定社会投资预期，吸引社会资本，保障休闲农业健康发展。大体上，可按“限材料、限规模、易复垦”的要求，制定建设标准。“限材料”就是使用对农地不产生永久性、不可恢复性破坏的材料，比如木质材料或开发出新的特种材料；“限规模”指明确休闲农业项目中农用地承担休闲功能的比例上限和面积上限；“易复垦”，允许农用地上搭建易挪走或复垦的建筑物，比如移动小木屋、集装箱或者易拆除钢结构小型住房等。

（五）实施人才战略，加大人才培训的力度

培养乡村休闲旅游业专门队伍，为乡村旅游发展提供人才支撑。加强从

业技能培训，培养一批服务接待、教育解说的实用人才。调动省内高校教育资源，与行业需求对接，开设把休闲农业和乡村旅游的相关知识作为重点的专业课程，培养一批规划设计、创意策划和市场营销专门和实用型人才。引导农民工、大中专毕业生、退役军人、科技人员等返乡入乡人员和“田秀才”、“土专家”、“乡创客”、新乡贤创新创业。要发挥当地农民积极性，坚持农民主体地位，以乡镇或村为单位，开办农家乐、民宿培训班，让有意愿、有条件的农民学起来、做起来，从而带动更多的村民参与。

（六）建议政府部门根据疫情的发展情况，尽快评估乡村休闲旅游“复工”的可行性，适时有限度地恢复乡村休闲旅游产业，挽回乡村休闲旅游业的损失

重视受新冠肺炎疫情影响较大的从业企业和从业人员，采取多种措施，鼓励其自救。疫情后，有可能出现报复性消费浪潮，也要做好乡村休闲旅游业态和服务的创新升级。

参考文献

《国务院关于促进乡村产业振兴的指导意见》。

文化和旅游部：《全国乡村旅游发展监测报告（2019 年上半年）》，2019 年 8 月 2 日。

田虎：《我国重点扶贫监测点超 3 成脱贫人口依靠“乡村旅游”》，人民网。

马惠娣：《休闲：人类美丽的精神家园》，中国经济出版社，2015。

创新发展篇

Innovation and Development Articles

B.21

加强金融服务小微企业问题及对策研究

谭　静*

摘　要： 辽宁小微企业发展不断壮大，在国民经济中占比越来越高，金融机构高度关注小微企业的发展，对小微企业的关注程度从来没有像今天这样重视，小微企业融资难和融资贵的问题已经得到较大缓解，服务小微企业的金融机构体系不断健全，但是辽宁在金融服务小微企业发展过程中依然存在一些问题：金融好政策、好产品宣传不到位，覆盖面不广，信息服务平台建设步伐有待加快，缺乏专业的民营企业融资金融机构等。2020年辽宁金融服务小微企业创新产品将不断增加、小微企业服务信息越来越公开透明、中小银行发展前景广阔，突如其来的疫情使小微企业面临前所未有的困境，帮扶小微企业渡过难

* 谭静，辽宁社会科学院经济研究所研究员，经济学硕士，研究方向为金融发展与经济增长、农村金融等。

关是金融机构的社会担当。因此，辽宁要充分发挥政策性金融的引导作用，打通小微金融服务“最后一公里”，大力发展小银行等金融机构和非金融机构，继续推动大型银行和股份制银行改进小微企业金融服务，高度关注微型金融发展等。

关键词： 金融服务　小微企业　辽宁省

近年来，小微企业融资问题被广泛重视，从中央到地方普遍关注小微企业资金融通问题，在全社会共同努力下，小微企业融资问题有了明显缓解，金融服务小微企业所面临的具体问题体现在由融资难、融资贵转变为金融好政策、金融好产品宣传不到位，小微企业对信息把握不及时、不全面等，如今的小微企业与大企业获取贷款已经没有了特别鲜明的对比。小微企业发展不断壮大，在国民经济中的占比越来越大，金融机构对小微从来没有像今天这样高度关注过，无论是国有商业银行，还是地方商业银行，它们都在穷尽一切办法研发金融产品，为小微企业提供各种类型的贷款需求，在产品种类、贷款额度、授信方式上进行各种研究，为小微企业“量身定做”各类金融产品，以满足小微企业的资金需要。对符合产业政策、信用良好的小微企业“不敢贷、不愿贷、不能贷”的问题已然不存在，金融机构现在是穷尽一切办法寻找有资金需求的小微企业，急之所急，想其所想，为小微企业解决各类资金需求问题。银行服务更加贴近企业需求，对小微企业信贷支持力度不断加大，不断创新金融产品，多渠道、多途径解决小微企业对资金的需要。

一　金融服务小微企业的总体情况

1. 服务小微企业的金融机构体系不断健全

政策性金融机构的普惠作用正在得到充分发挥，普惠金融体系越来越健全，为了降低小微企业贷款成本，国家开发银行辽宁省分行和大连市分行，采取多种模式与其他类金融机构进行全方位合作，加强对小微企业金融支持的各种机构设置，无论是四大国有银行，还是城市商业银行，在普惠金融支持方面做足了功课，小微企业专营机构、小微企业金融事业部等应运而生，针对小微企业的服务模式也不断创新，小微企业信贷产品层出不穷，金融服务小微企业的能力得到极大改善。特别是在保险方面，加速与国内外保险机构的合作，积极探索研究新的保障模式，不断完善保险保障体系建设，探索新的合作模式，发掘新的保险品种，给予小微企业更加宽泛的信用保障。

2. 小微企业金融服务持续改善

各级政府增信措施不断出台，充分利用商业增信机构对信贷风险进行分散和缓释，向小微企业倾斜的政策性工具越来越多，灵活多样的抵押担保方式不断创新；相比较传统的房产抵押、固定资产抵押，理财产品质押和应收账款质押等质押品种丰富了小微企业获得资金的途径，从另一个角度缓解了再贷款和再贴现不能惠及小微企业对资金需求的问题，传统金融产品和创新金融产品相互补充、灵活运用，为有资金需求的小微企业解决了实际问题，特别是普惠金融服务，为小微企业单列信贷计划，互联网金融助力小微企业发展，适时鼓励小微企业在新三板、辽宁股权交易中心等进行挂牌交易，不断增加融资渠道；立足辽宁实际引导小微企业运用债券进行直接融资，开展特色金融服务，加大对小微企业的金融服务力度，助力小微企业可持续发展。

3. 面向小微企业的金融服务方式和金融产品不断创新

传统金融机构不断进行金融创新，设立小微企业专门金融服务部门，缩短小微企业融资链条，为小微企业打造“量身定制”的融资产品，降低企业融资成本。近年来，小额贷款公司、村镇银行等不断完善为小微企业服务的模式，手机银行、网络银行不断拓宽小微企业服务渠道，大数据、云计算等先进技术被广泛应用于服务小微企业，“小额循环贷”“易速贷”等创新金融产品为小微企业解决了急需资金问题，各项再贷款政策都倾向于为小微企业增加信贷资金投入，各家融资担保机构对小微企业的承保能力不断进行延伸，银行业等金融机构不断探索服务于小微企业的专属渠道，鼓励小额贷款公司依法、依规开展互联网小额贷款业务的试点。

4. 服务小微企业的金融机构网点越来越多

四大国有银行的县域分支机构不断增多，在脱贫攻坚、全面建设小康社会的征途中，农村小微企业的发展得益于县域金融机构的普惠金融支持；股份制商业银行和城市商业银行以及邮储银行、农村信用合作社等在县域及乡镇都进行了自营网点和代理网点的合理布局，让银行从坐商变行商，深度调研小微企业融资需求，把这种资金需求延伸到金融机构之外的最基层，不断扩大调研的覆盖面，不断满足小微企业资金需求，社区支行和小微支行等金融机构覆盖率不断提高；在银企信息充分交流的基础上小微企业与银行进行自愿对接，实现银企良性互动，建立绿色通道，依法依规适度放宽准入政策。作为辽宁本地的盛京银行，不断创新金融服务小微企业模式，成立了小企业金融服务中心，专职对接小微企业融资业务，对满足授信标准的小微企业开设了“绿色审批通道”，提升了服务小微企业的效率。

二　2019年辽宁金融服务小微企业过程中存在的问题

金融服务小微企业的问题已经由融资难、融资贵的问题转变为金融好政策、金融好产品宣传不到位，小微企业对信息把握不及时、不全面的问题。

1. 金融好政策、好产品宣传不到位，覆盖面不广

国有大中型商业银行不断出台与创新针对小微企业的金融好政策与金融好产品，诸如“云税贷”“十朵云”等，都是针对小微企业专门设计的金融产品，针对信用好的小微企业，只要符合产业政策，法人或企业主没有不良信用记录和污点，就可以零抵押贷款。政府信用的重视程度不断提高，不动产抵押在资金信贷过程中的使用频率越来越低，在服务中小企业在融资方面花样翻新。在辽各大银行对于普惠金融的覆盖面虽然已经有所扩大，但是还需继续挖掘有资金需求的小微企业，更大力度支持小微企业，进一步激发市场活力，实现包容性发展。广大小微企业是银行立于不败之地的根基，做好小微业务，就能为地方经济发展做出重大贡献，使银行发展更有前

景。银行机构依然是服务实体经济、助力小微企业的主力军，但在作用的发挥上，仍存在不平衡不充分不全面不到位的问题，在金融服务小微企业的工作流程方面，商业银行的评价办法和指标体系还不够完善，导致银行开发的许多针对小微企业的好产品，因为宣传推广不够，并没有真正服务到有需求的小微企业。

2. 信息服务平台建设步伐有待加快

银行普惠金融信息宣传不到位，是小微企业获得融资的主要问题。小微企业融资艰难不是银行不愿意为其贷款，也不是银行没有为其贷款的产品，更不是银行为小微企业设置了门槛，而是银企双方信息不对称，缺乏有效的信息交互渠道和沟通机制，制约了银企合作的全面开展。小微企业信息服务平台应全面、真实地反映企业资金需求信息，提高小微企业的透明度，传递银行各种服务功能，促进小微企业与金融机构对接与交流，促进产业资源与金融资源深度合作。目前，在辽金融机构如建设银行辽宁分行、农业银行辽宁分行等通过与辽宁税务总局联网共享，与国家电网进行后台数据交换，与烟草零售商进行合作等同步信息，增加信用贷款额度，使小微企业的信息能够全面、真实、及时地展现，便于为其寻找更匹配的金融资源。

3. 缺乏专业的民营企业融资金融机构

专业的民营企业融资金融机构由于其性质、特质及设立初衷服务对象极具针对性，其更了解小微企业的资金需求，更具有专业精准性，更能研发出适合小微企业的金融产品。目前，这种服务小微企业的专业的民营企业金融机构比较欠缺，虽然国有商业银行和城市商业银行都陆续设立了专门服务小微企业的职能部门，但是，其服务小微企业的精准度及宽泛程度都不够。中小银行与小微企业都是各自领域的小单位，有着天然的相容性，更加匹配。作为有益补充，大力发展中小银行、加大政策支持力度，让更多的金融机构服务小微企业，设计出更多服务小微企业的产品。但是，目前中小银行发展还相对滞后，对小微企业的金融服务仍有缺失。

三　2020年辽宁金融服务小微企业发展趋势

辽宁无论是产品应用、增量资本、成本降低，还是在互联网化、数字化等新思路、新规则方面都将持续加大对小微企业金融支持力度。新冠肺炎疫情的暴发使小微企业面临各种资金链问题，更加要求在风险控制体系建设方面，利用大数据、云平台、金融科技手段等智能化风控对信贷全流程实时监控，为小微企业提供更安全的信贷产品。

1. 金融服务小微企业创新产品不断涌现

小微企业融资需求越来越得到金融机构的广泛关注，银行等金融机构不断创新出有效的产品和服务。“个体工商户经营快贷”“云电贷”“抵押快贷”“交易快贷”等创新产品，分别解决了诚信小微企业、有一定资产积累的小微企业的融资问题。平安租赁金融服务模式极具针对性，通过创新融资租赁服务，把集约化经营和标准化产品等融资租赁服务渗透到生产、经营、销售、售后等各个环节。借力小微租赁创新业务服务，使小微企业规模化扩容生产变得相对容易。金融服务模式将层出不穷，对不同的小微企业实行差异化、针对性金融服务。由于机制灵活、贴近客户、管理更直接方便，在产品创新、服务创新等方面，中小银行将为小微企业提供更加全面、更具普惠性的金融服务。

2. 小微企业服务信息越来越公开透明

小微企业得不到贷款最主要的原因还是银企双方信息不对称，缺乏有效的信息交互渠道和沟通机制，制约了银企合作的全面开展，金融机构有好的产品没有推广出去，小微企业的资金需求没有找到合适的贷款渠道。建设小微企业信息服务平台，从多个角度真实、完整、动态、及时地反映企业信息，有利于提高小微企业的透明度，使银行等金融机构更方便去了解小微企业，把金融产品推给更匹配的小微企业，加强银行与小微企业的合作，促进小微企业与金融机构对接与交流，促进产业资源与金融资源深度合作。以政府主导推动为主，围绕辽宁产业体系建设，逐步建立各类小微企业信息服务平台，从经营情况、财务状况、纳税记录和市场竞争力等多个角度全面地反映企业的真实状况，为小微企业和金融机构的有效对接搭建桥梁，为金融机构与小微企业搭建平台做好各种服务工作。

3. 中小银行发展前景广阔

中小银行的定位是“做小做专、做精做优、做活做新”，与小微企业发展目标极其吻合。针对小微企业需求，根据小微市场环境变化，中小银行能够及时动态调整市场策略、产品开发策略、服务策略和组织策略，使金融产品和金融服务更具针对性和专业性。中小银行有其广阔的发展前景，主要原因是银行等金融体系自产生那天起主要的服务对象是大企业，面向的客户群体是需求资金量大的机构团体，而小微企业这种规模和效益都极其有限，过去大型金融机构无法或无力顾及，小银行起到了补充与完善金融机构体系的功能，金融服务更加趋于充分和均衡。因此，推动中小银行更好更快发展，能够助力小微企业的资金需求，更好地服务地方经济发展。2020 年初，突如其来的疫情使小微企业面临前所未有的困境，帮扶小微企业渡过难关是金融机构的社会担当，随着疫情防控体系逐渐完善，小微企业陆续复产复工，问题将不断显现，金融机构针对小微企业的支持力度将越来越大。

四　促进辽宁金融服务小微企业发展的政策建议

新冠肺炎疫情使小微企业遇到许多新问题，但流动资金受困可能还是面临的主要问题，因此，金融力量支持小微企业复工复产不能盲目断压断贷，单列普惠型小微企业贷款等，通过大数据、充分运用数字化转化成果，全力保障小微企业的相关政策需求、“最后一公里”服务等，助力小微企业走出疫情困境，实现良性发展。

1. 以政策引领作用带动小微企业发展

政策性金融机构无论是在过去、现在还是将来，作为市场经济的有益补充以及作为政府调控经济的重要工具，均发挥着其他金融机构与非金融机构不能替代的作用。国家开发银行在宏观方面，对下属中小银行可以行驶资金批发权限，从而使小贷公司以及中小银行等成为专业贷款零售商，充分发挥其支持小微企业融资方面的作用，对于信用良好的小微企业，降低贷款利率、扩大贷款规模、提升抵押和质押率的上限额度，从而降低小微企业融资门槛和融资成本，提高资金使用效率，盘活企业资产价值。疫情使小微企业发展陷入困境，要充分发挥政策优势，想小企业之所想，积极为其办理续贷，帮助暂时经营困难的企业尽快走出困境。

2. 打通小微金融服务“最后一公里”

各大中小型金融机构应本着最贴近小微企业群体金融需求的姿态，以最周到的服务、最高的效率、最便捷的手段为小微企业服务。不断调研、精耕细作，深入辽宁省各大商圈、产业园区、县郊区以及商协会，积极寻找有资金需求的小微企业，面对面进行交流，更全面地去了解小微企业的困境与现实需求，想办法解决小微企业的资金融通问题，不断提升为小微企业金融服务的效率与热情。无论是针对标准抵押贷款还是特殊贷款企业，力求做到精准化、标准化、快捷化，提高贷款质量与贷款效率。同时继续给予信用好、无不良信贷记录与污点的小微企业先息后本、免还本续贷、延长期限等优惠，对不同规模、不同行业和不同生命周期的小微企业主进行有效匹配，满足其经营资金需要，面对需要扩大生产规模的小微企业，为其提供充足的资本金，充分服务、不断支持小微企业成长壮大。

3. 积极发展小银行等金融机构和非金融机构

不断探索金融机构与经济机构的相容性，把金融结构和经济结构进行有效衔接，积极发展以服务小微企业为对象的中小金融机构和非金融机构，放宽小额贷款公司、村镇银行、金融租赁公司等的设立条件，高度关注小银行扩张可能带来的风险隐患，强化对中小金融机构的风险管控，将小额贷款公司中发育比较成熟、体制机制比较健全、现代化公司治理比较完善、经营状况比较良好的小额贷款公司按照区别对待、循序渐进的原则，进行改制，探索各种改制模式，使其真正服务于辽宁小微企业、服务于辽宁经济。高度关注民间金融组织，不断推动民间金融的合法经营，逐步规范民间借贷行为，使其规范化、合法化，从多维度、立体化、扁平化等方面强化小微企业融资服务体系的建立。

4. 积极探索大中型银行改进小微企业金融服务模式

继续鼓励和支持大中型国有在辽宁的商业银行建立独立核算的小企业金融服务专营机构，不断探索和改进小微企业金融服务模式，加强小微企业不良贷款监管力度，保障小微企业风险评估体系，完善小微企业风险管控制度。按照普惠金融的要求，各大银行必须支持小微企业信贷，尽管目前，相关金融机构对小微企业的金融支持表现出前所未有的责任感，为满足小微企业信贷资金需求，对小微企业设立专项信贷资金，加强对小微企业的金融监管与金融服务，但是，对小微企业的普惠金融支持不应独立于商业银行考核体系之外，在完善金融服务的同时，积极探索增设小微企业金融服务机构和提高再贷款额度等政策，完善金融服务管理并将其纳入商业银行考核体系，与增设机构、获得再贷款等政策挂钩，不断增强金融机构的服务意识与社会责任。不断加大在金融科技研发上的投入，强化科技与业务发展一体融合，充分利用云平台、大数据实现小微企业信贷过程的全程管理模式，发挥高科技在精准服务中的作用，为小微企业不断发展提供全方位的金融科技支撑。

5. 高度关注微型金融发展

辽宁省目前挂牌营业的小额贷款公司有七百余家，融资担保机构四百余家，为缓解小微企业融资问题发挥了极其重要的作用。本着创新金融服务，减轻企业负担这一宗旨，大力推广供应链融资业务模式，加大创新力度，增强金融服务功能，引导商业银行向下延伸服务网点，积极发展“立足辽宁地方经济发展、服务小微企业”的中小银行、社区支行和小微支行，稳健发展小额信贷机构，提供精准化金融服务，满足供应链上下游小微企业对资金的需求，全方位扎实推进上下游小微企业金融支持。对小微企业信息平台和融资担保体系建设精准实策，充分利用好现有政策，实现对小微企业信用与信息服务全覆盖。坚持实施差异化经营等方式，增强小额贷款行业为小微企业服务的能力。特别是 2020 年初突发的疫情，使小微企业面临种种困境，微型金融服务应帮助小微企业渡过难关，更好地服务社会经济。

参考文献

谭静、王伟强、左广成：《改善金融服务辽宁实体经济问题研究》，《辽宁经济社会发展报告（2016）》。

B.22
辽宁规模以上工业企业技术创新能力分析

姜瑞春*

摘　要： 经过多年发展，辽宁规模以上工业企业呈现出行业分布相对集中，地区分布差异明显，重型工业企业占比偏大，大型工业企业占主导地位，内资企业占绝对优势等方面的特征。本文从企业技术创新的投入、产出以及技术创新环境三个角度，分析辽宁规模以上工业企业技术创新的现状、与发达省份存在的差距，并概括出辽宁规模以上工业企业存在的主要问题，最后从加快国资国企改革，壮大民营企业，优化金融环境，实施科技重大专项，扶持新兴产业加快发展，优化人才环境，进一步激发创新活力等方面提出对策建议。

关键词： 规模以上工业企业　技术创新　R&D 经费投入

辽宁作为国内重要的老工业基地和先进制造业基地，经过多年发展，形成了以装备制造、原材料（冶金、石化）和农产品加工为支柱产业的完整的工业体系。近年来，随着"一带五基地"、五大区域发展战略的实施，营商环境的大力优化，辽宁不断加大重大项目的引进力度，规模以上工业企业实力进一步增强。2019 年，辽宁规模以上工业企业达 7270 家，创造增加值

---

* 姜瑞春，辽宁社会科学院产业经济研究所副所长、副研究员，研究方向为产业经济。

增长6.7%，资产总计38850.8亿元，主营业务收入30365.5亿元，增长7.9%。辽宁规模以上工业企业资产占全省工业总资产的73.6%，营业收入占87.5%。这表明规模以上工业企业在辽宁工业体系中占主导地位，对全省科技创新能力的提高具有至关重要的作用。

一　辽宁规模以上工业企业技术创新现状

（一）辽宁规模以上工业企业发展的基本概况

1. 行业分布相对集中，工业主导产业格局呈现

如图1所示，辽宁规模以上工业企业数量排名前十位的行业分别为非金属矿物制品业（705家），农副食品加工业（696家），通用设备制造业（551家），金属制品业（426家），化学原料和化学制品制造业（423家），电气机械和器材制造业（354家），汽车制造业（338家），电力、热力生产和供应业（313家），专用设备制造业（294家）及橡胶和塑料制品业（264家），合计4364家，占全省规模以上工业企业总数的65.9%，呈现出以非金属矿物制品业、农副食品加工业、通用设备制造业和金属制品业等产业为主导，各产业蓬勃发展的态势。

如图2所示，辽宁规模以上工业企业中总产值排名前十的行业分别为石油加工、炼焦和核燃料加工业（5079.3亿元），黑色金属冶炼和压延加工业（3574.6亿元），汽车制造业（3163.8亿元），电力、热力生产和供应业（1866.1亿元），化学原料和化学制品制造业（1741.7亿元），农副食品加工业（1494.1亿元），通用设备制造业（1040.2亿元），非金属矿物制品业（1023.2亿元），有色金属冶炼和压延加工业（808.6亿元）及金属制品业（769.3亿元），合计约20561亿元，占全省规模以上工业企业总产值的78.9%。同样呈现出以石油加工、炼焦和核燃料加工业，黑色金属冶炼和压延加工业，汽车制造业为支柱产业的发展格局。

从上述企业单位数和总产值来看，辽宁规模以上工业企业是以石油加

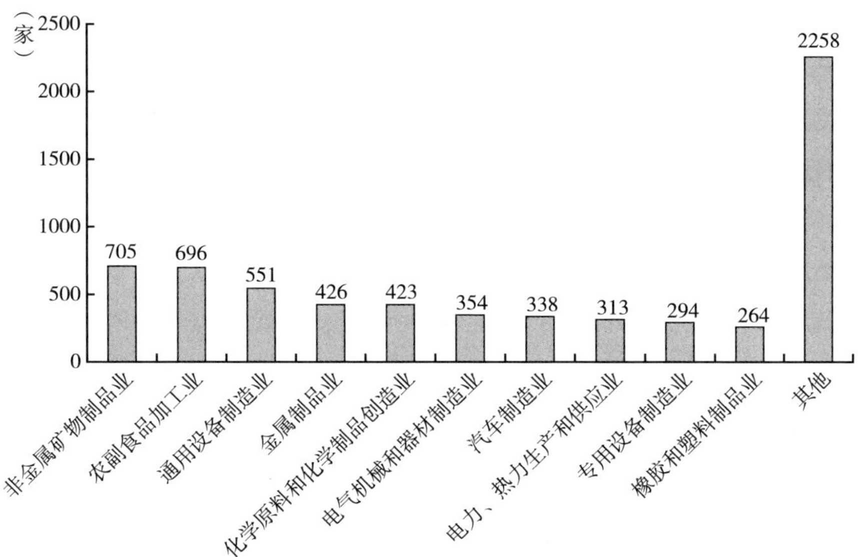

图 1　辽宁省规模以上工业企业单位数行业分布

资料来源：《2019 年辽宁统计年鉴》。

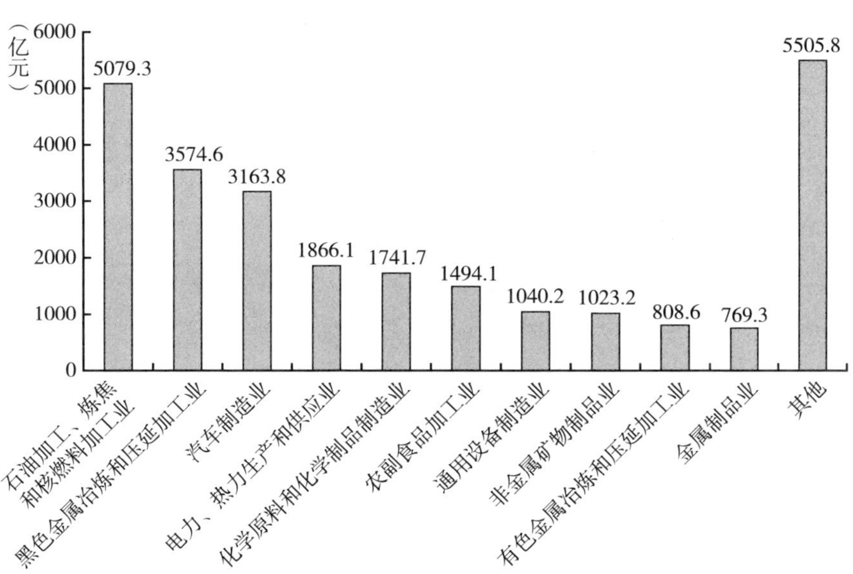

图 2　辽宁规模以上工业企业总产值行业分布

资料来源：《2019 年辽宁统计年鉴》。

工、炼焦和核燃料加工业，黑色金属冶炼和压延加工业，汽车制造业占据主导地位，对资源依赖性非常强，而诸如铁路、船舶、航空航天和其他运输设备制造业，电气机械和器材制造业，计算机、通信和其他电子设备制造业，仪器仪表制造业等高技术行业发展相对滞后，因此增强全省企业技术创新能力刻不容缓。

2. 地区分布差异明显，基本聚集沈大两地

辽宁共有14个地级市，但各区域经济发展差距较大，规模以上工业企业主要集中在大连和沈阳两地。各地规模以上工业企业超过500家以上的有大连（1673家）、沈阳（1371家）、营口（579家）和鞍山（563家），其中沈阳和大连合计占46%。其他地区规模以上工业企业分布数量较少，诸如葫芦岛、铁岭、阜新、辽阳和本溪五地总和1054家，仅为大连的63%，全省的16%（见图3）。

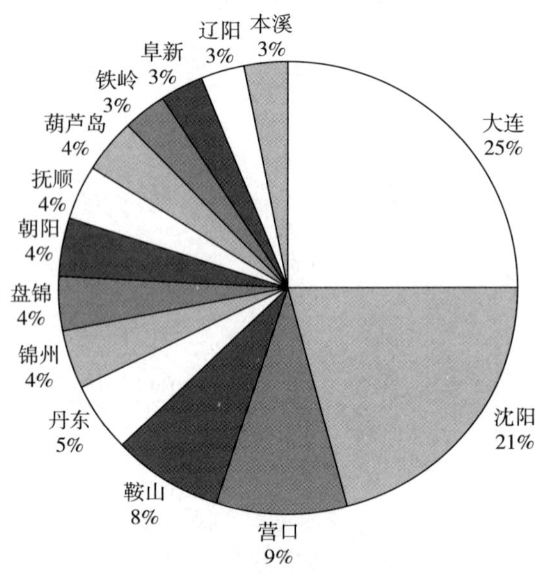

图3　辽宁规模以上工业企业数量地域分布

资料来源：《2019年辽宁统计年鉴》。

从各地工业主营业务收入来看，辽宁规模以上工业企业依然是以大连、沈阳占主导地位，两地主营业务收入分别为6152.7亿元、5253.7亿元，约

占全省总量的 45%；超过 2000 亿元的地级市有盘锦、鞍山和营口；而抚顺、锦州、葫芦岛、朝阳、丹东、铁岭和阜新都在 1000 亿元以下，合计占全省比重仅为 18%（见图 4）。

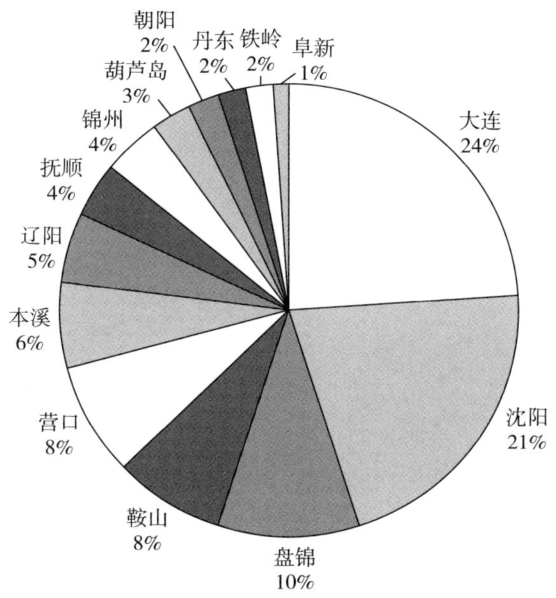

图 4　辽宁规模以上工业企业主营业务收入地域分布

资料来源：《2019 年辽宁统计年鉴》。

无论是从企业数量还是收入来看，辽宁规模以上工业企业主要集中在经济发达的大连和沈阳两地。大连和沈阳是辽宁经济发展的两个增长极，尤其沈阳为全省的政治、经济、文化、金融中心，交通枢纽，人才集散地，重工业基础雄厚，但 2019 年前三季度其规模以上工业增加值仅为 4.2%，低于全省平均水平 4 个百分点，经济发展的动力转换缓慢，技术创新能力有待进一步增强。

3. 工业类型特征突出，重型工业企业占比偏大

从企业数量上来看，辽宁规模以上轻、重工业企业分别有 1970 家、4650 家，轻、重工业企业数量比接近 29.8∶70.2，2010～2018 年，辽宁规模以上轻、重工业企业数量比接近30∶70，没有根本变化（见图 5）。从总产

值来看，2018 年辽宁规模以上轻工业企业产值为 3494.4 亿元，重工业企业高达 22572.4 亿元，轻、重工业企业产值比 13.4∶86.6，与 2010 年相比，轻工业企业总产值占比下降 6.1 个百分点，尤其在 2014 年以后，轻、重工业企业产值比例出现明显分化，重工业企业产值占比明显上升，轻工业产值占比明显下降（见图 6）。这表明辽宁规模以上重工业占主导地位，工业类型属于重型结构。

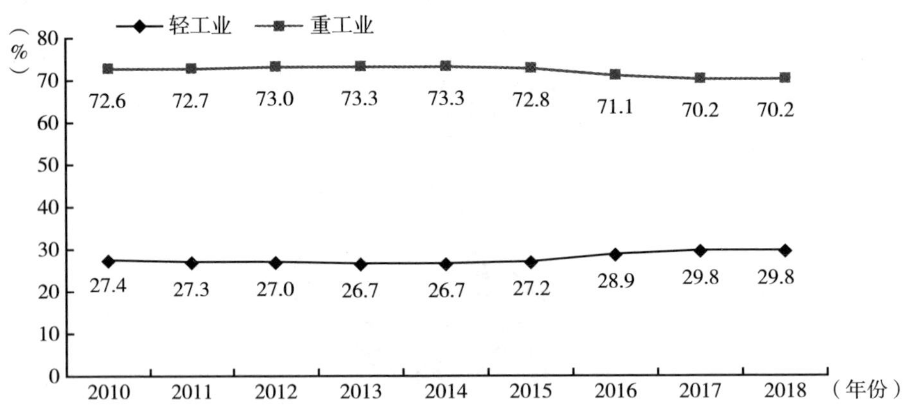

图 5　2010～2018 年辽宁规模以上轻、重工业企业比例变化情况

资料来源：《2019 年辽宁统计年鉴》。

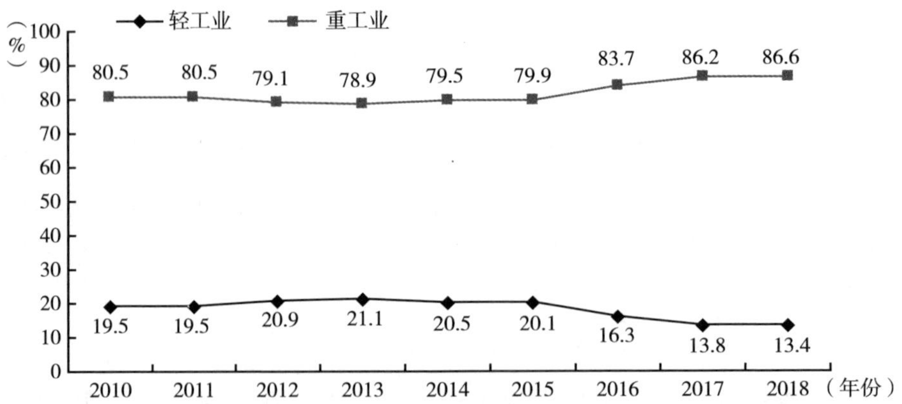

图 6　2010～2018 年辽宁规模以上轻、重工业企业总产值比例变化情况

资料来源：《2019 年辽宁统计年鉴》。

4. 小型工业企业比例下降，大型工业企业占主导地位

从企业数量上来看，2018 年，辽宁规模以上工业大型、中型和小型企业数量分别有 193 家、950 家、5478 家，三者比例为 2.9∶14.3∶82.7，比例关系从 2014 年开始出现明显分化，大型企业数量占比提高了 1.1 个百分点，中型企业占比提高了 2.9 个百分点，小型企业占比下降 4.1 百分点（见图 7）。从工业总产值来看，辽宁规模以上工业大型、中型、小型企业产值分别达到 14803 亿元、5314.6 亿元、5949.2 亿元，三者比例为 56.8∶20.4∶22.8，大型与小型企业比例关系从 2014 年后亦出现明显分化，大型企业占比明显提升，提高了近 30 个百分点，小型企业则下降了 27.5 个百分点（见图 8）。由此可见，辽宁省中小型企业虽然发展迅速，但大型工业企业依然占据主导地位。

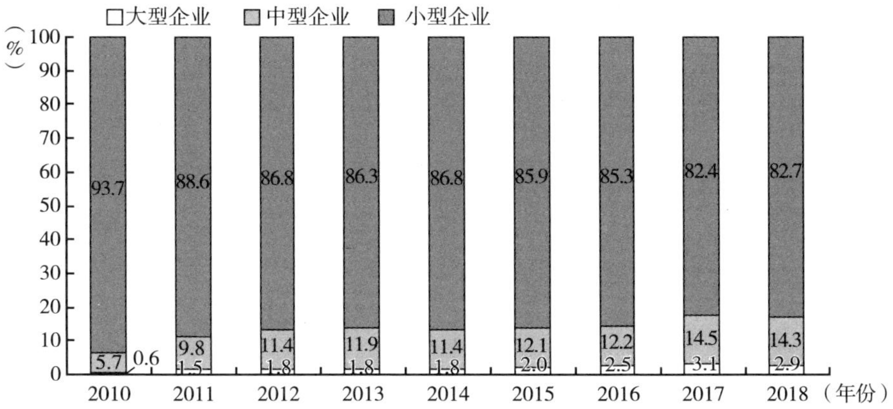

图 7　2010 ~ 2018 年辽宁大、中、小型规模以上工业企业单位数比例状况

资料来源：《2019 年辽宁统计年鉴》

5. 工业的外向度偏低，内资企业占绝对优势

如图 9 所示，辽宁规模以上工业企业在登记注册类型中，2018 年港澳台投资企业有 322 家，占全省总数的 4.9%；外商投资企业有 906 家，占 13.7%；内资企业有 5393 家，占 81.5%。而 2014 年三种类型企业占比分别为 3.1%、8.2%、89.0%。相比较而言，比例关系中港澳台投资企业和外商投资企业都有所增加，内资企业有所减少，但内资企业数量占比近八成的格局并

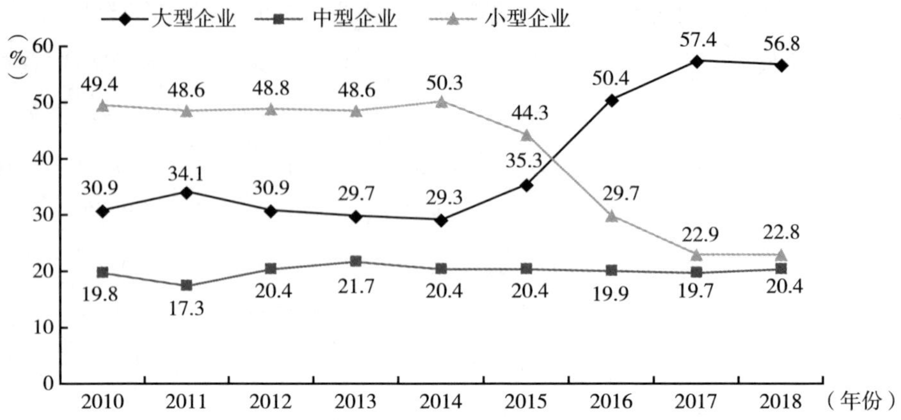

图 8　2010～2018 年辽宁大、中、小型规模以上工业企业产值比例状况

资料来源：《2019 年辽宁统计年鉴》。

未改变。从总产值来看，港澳台投资企业产值达 1354.2 亿元、外商投资企业为 5858.2 亿元、内资企业为 18854.4 亿元，分别占全省总产值的 5.2%、22.5%、72.3%（见图 10）。平均每家企业总产值分别为内资企业 3.5 亿元，港澳台投资企业 4.2 亿元，外商投资企业 6.5 亿元。可见辽宁规模以上工业企业中，外商投资企业和港澳台商投资企业平均生产能力远远高于内资企业。

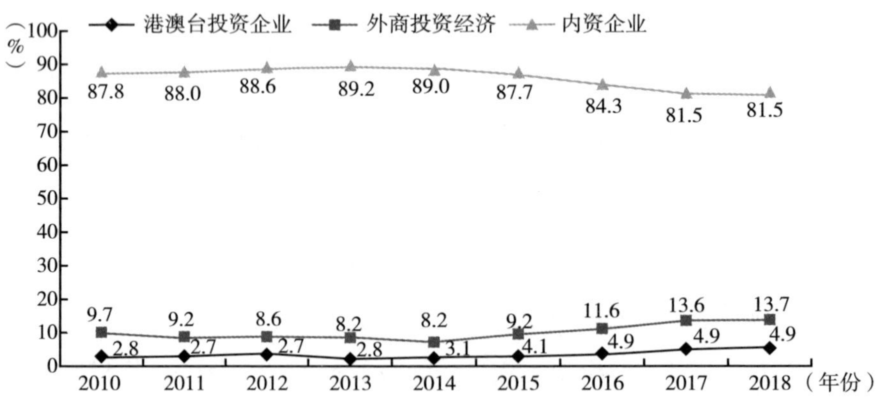

图 9　2010～2018 年辽宁规模以上工业企业登记注册类型单位数比例变化

资料来源：《2019 年辽宁统计年鉴》。

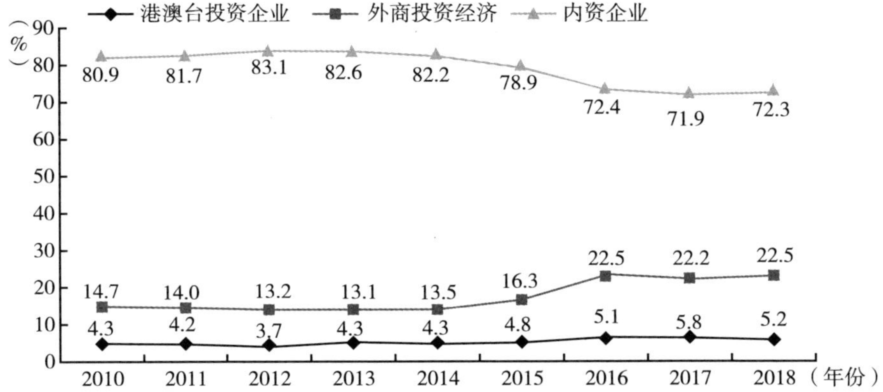

图 10　2010～2018 年辽宁规模以上工业企业登记注册类型总产值比例变化

资料来源：《2019 年辽宁统计年鉴》。

从以上按工业类型、企业规模和登记注册类型分类来看，辽宁规模以上工业企业呈现出以大型重工业为主导，轻工业及中小型工业快速发展，经济类型多元化的特点。大型重工业比例过大导致能耗加快、产品附加值偏低、转型压力大，而传统产业处于主导地位可能会导致研发投入不足、创新性不强、经济转型缓慢等后果。

（二）辽宁规模以上工业企业技术创新现状

从企业技术创新的投入现状（即 R&D 经费支出、R&D 人员投入）、产出（即专利产出、新产品开发）以及技术创新环境三个角度出发，选取具有代表性的科技创新统计指标对辽宁年度数据进行纵向比较，并与经济总量超过辽宁的省份横向对比，从而了解辽宁规模以上工业企业技术创新的现状以及与发达省份存在的差距，并分析导致其落后的原因。

1. 技术创新投入

（1）R&D 经费支出

辽宁 R&D 经费支出总额为 300. 6 亿元，居全国第 13 位，处于全国中游水平。虽然近年来辽宁通过不断努力，R&D 经费支出总量快速增长，但与东部沿海发达省份相比，还有很大差距。江苏、广东、山东、浙江规模以上工业企业 R&D 经费支出总量均超过 1000 亿元，辽宁 R&D 经费支出不到江苏、广东两省的 1/7；从全省 R&D 经费投入强度（R&D 经费支出与主营业务收入的比例）来看，辽宁 R&D 经费投入强度为 1.08%，居全国第 13 位，浙江 R&D 经费投入强度高达 1.61%，江苏、广东和山东分别为 1.53%、1.53% 和 1.47%，而辽宁 R&D 经费投入强度低于全国平均水平（见图 11）。总的来说，辽宁规模以上工业企业 R&D 经费支出总量和投入强度都居于全国中游水平，与东部沿海发达省份还有很大差距，从侧面反映出辽宁规模以上工业企业科研能力有待提高。

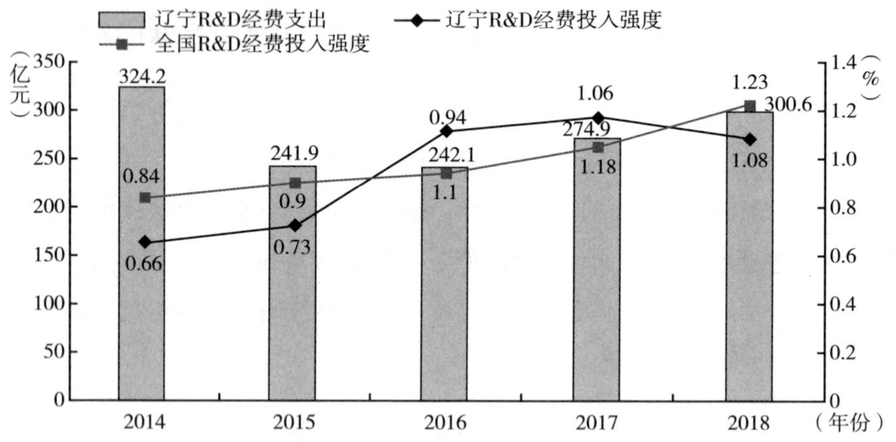

图 11　2014～2018 年辽宁规模以上工业企业 R&D 经费投入强度与全国对比

数据来源：国家统计局网站。

（2）R&D 人员投入

辽宁规模以上工业企业中，R&D 人员共有 79365 人，R&D 人员全时当量 53133 人/年，在全国 31 个省区市中分别排名第 15 位、第 16 位。与东部沿海发达省份相比，辽宁规模以上工业企业 R&D 人员仅相当于广东的 11.4%、江苏的 13.5%、浙江的 17.9% 和山东的 20.6%；R&D 人员全时当量仅相当于广东的 8.5%、江苏的 11.7%、浙江的 13.5% 和山东的 22.5%。这表明辽宁规模以上工业企业 R&D 人员投入维持在全国中游水平，与东部沿海发达省份之间还有不小差距。

2. 技术创新产出

（1）专利产出

由表 1 可知，辽宁规模以上工业企业申请专利 12485 件，在 31 个省区市中排名第 17 位，远落后于东部沿海发达省份，仅为江苏专利申请数的 7.6%，在经济总量排名全国前 15 位的省份中专利申请数仅高于陕西；辽宁规模以上工业企业有效发明专利 21089 件，居全国 31 个省区市第 14 位，仅为江苏的 12%，同样与高于辽宁经济总量的省份相比，仅高于河北和陕西两省。辽宁规模以上工业企业在专利申请和有效发明专利两项数据的全国排名都处于中游水平，且与广东、江苏等发达省份的差距非常大，也落后于经济发展水平相近的安徽和湖南两省。出现这种情况主要的因为：一是无论规模以上工业企业个数还是企业产值规模，辽宁都没有达到东部沿海发达省份的水平；二是辽宁工业是以传统工业为主导，新兴产业以及高新技术产业起步较晚，规模较小；三是辽宁规模以上工业企业观念落后，不重视对知识产权的保护。

表 1　2018 年部分省份规模以上工业企业专利申请情况

单位：件

地区	专利申请数	在全国排名	有效发明专利数	在全国排名
辽宁	12485	17	21089	14
江苏	165096	2	176120	2
浙江	100254	3	62341	4
安徽	56596	5	56296	5
福建	31529	6	29543	11
山东	60928	4	63496	3
河南	27603	9	23857	12
湖北	28003	8	32421	10
湖南	26339	10	33659	9
广东	241700	1	328467	1
四川	26277	13	35959	8
河北	16707	15	18762	15
陕西	10182	18	16892	17

资料来源：国家统计局网站。

（2）新产品开发

如表 2 所示，辽宁规模以上工业企业新产品开发经费达 306.2 亿元，居全国第 12 位，是江苏省的 12.4%，落后于河北、四川两省；全年新产品销售收入为 4556.8 亿元，全国排在第 11 位，是江苏省的 16%，居全国第 11 位，落后于河北、福建两省；新产品销售收入占主营业务收入的 17.2%，全国排名第 7 位，虽高于全国平均水平，但与浙江等发达省份差距明显。综合来看，辽宁规模以上工业企业在新产品开发方面在全国属于中等偏上水平，但与发达省份差距较大，在经济水平相近的省份中优势不明显。

表 2　2018 年各省规模以上工业企业新产品开发情况

单位：亿元，%

地区	新产品开发经费	排名	新产品销售收入	排名	新产品销售收入占主营业务收入	排名
辽宁省	306.2	12	4556.8	11	17.2	7
河北省	386.4	11	5228.9	10	13.8	10
江苏省	2468.1	2	28425.0	2	22.2	4
浙江省	1270.0	3	23308.2	3	34.0	1
安徽省	571.1	6	9532.4	5	24.2	3
福建省	496.6	8	5300.9	9	10.3	11
山东省	1160.8	4	15246.5	4	16.4	9
河南省	448.1	9	7688.2	7	16.5	8
湖北省	585.4	5	8863.0	6	20.9	6
湖南省	541.7	7	7616.2	8	21.9	5
广东省	3336.7	1	39376.1	1	29.0	2
四川省	393.1	10	3576.3	12	8.8	13
陕西省	235.1	13	2033.4	13	8.8	12

资料来源：国家统计局网站。

3. 技术创新环境

（1）企业户均拥有研发机构

如表 3 所示，辽宁规模以上工业企业拥有研发机构 592 家，在全国 31 个省区市中排第 15 位，从排名来看属于全国中游水平，与发达省份还有巨大的差距，其中江苏规模以上工业企业拥有的研发机构约是辽宁的 38 倍，浙江省是辽宁的 18.2 倍。从相对量来看，辽宁规模以上工业企业户均拥有 0.089 家研发机构，居全国第 19 位，平均每 12 家企业才拥有 1 家研究机构。这一数值远低于东部沿海发达省份以及全国平均水平，在经济总量超过辽宁的省份中仅高于河北、陕西和河南三省，处于全国下游水平。

虽然辽宁规模以上工业企业拥有的科研机构居全国第 15 位，户均研发机构排名第 19 位，但有效发明专利数和新产品销售收入在全国分别排名第 14 位、第 11 位，说明辽宁规模以上工业企业的研发能力在全国具有一定优势。出现户均科研机构排名靠后的原因，可能是辽宁拥有多家规模巨大的大型企业，有足够的经费支持多家研发机构，而一般的中小型企业没有成立专门的研发机构。因此，为提高辽宁整体科技创新能力，应该鼓励和支持中小型企业创办自己的研发机构。

表 3　2018 年各省规模以上工业企业研发机构情况

单位：家

地区	研发机构数	排名	户均研发机构数	排名
辽宁	592	15	0.089	19
河北	1123	12	0.075	25
江苏	22469	1	0.492	1
浙江	10769	3	0.265	4
安徽	5302	4	0.273	3
福建	1697	9	0.097	17
山东	4087	5	0.107	13
河南	1854	7	0.084	21
湖北	1550	10	0.099	15
湖南	1765	8	0.110	11
广东	21740	2	0.458	2
四川	1333	11	0.094	18
陕西	519	18	0.081	22

资料来源：《2019 年中国科技统计年鉴》。

（2）企业对研究机构和对高校 R&D 经费支出

规模以上工业企业对研究机构和对高校经费支出占 R&D 经费支出的比重是衡量地区技术创新环境的重要指标。如表 4 所示，辽宁规模以上工业企业 R&D 经费支出为 19.7 亿元，其中对研究机构和对高校支出总计 5.5 亿元，总量居全国第 13 位，支出比重为 28.2%，低于全国平均水平，居全国第 24 位。通过横向对比，辽宁规模以上工业企业与发达省份差距依然很大。从支出总量上看，广东是辽宁的近 36 倍，江苏是辽宁的 4 倍；从支出比重来看，与辽宁经济发展水平相近的四川、陕西两省也超过了辽宁，可见，辽宁规模以上工业企业需要加大与研究机构和高校深度合作的力度，全面提升科技创新能力。

表 4　2018 年各省规模以上工业企业对研究机构和对高校 R&D 经费支出

单位：亿元，%

地区	总量	排名	比重	排名
全国	402.9		46.3	
辽宁	5.5	13	28.2	24
河北	4.0	19	24.7	28
江苏	22.5	3	33.0	21
浙江	20.3	4	33.5	20
安徽	8.2	8	33.5	19
福建	4.6	17	24.8	27
山东	38.8	2	47.0	12
河南	6.5	12	49.3	10
湖北	9.8	7	28.4	23
湖南	11.8	6	30.7	22
广东	196.7	1	73.2	3
四川	7.2	9	36.5	16
陕西	4.8	16	50.7	8

资料来源：《2019 年中国科技统计年鉴》。

（3）技术交易市场成果

如表 5 所示，辽宁规模以上工业企业引进技术经费支出为 7.5 亿元，居全国第11位；技术市场成交额为474.5亿元，亦居全国第11位。两项指标均处于全国中上游水平，反映出近年来辽宁技术交易市场极其活跃。技术交易市场活跃，说明有大量的技术成果在辽宁被交易，而根据上述技术创新产出分析，辽宁规模以上工业企业有效发明专利和新产品销售收入并没有重大变化，说明辽宁可能存在大量研发技术成果外流的情况，因此形成了辽宁技术交易市场份额较大，但规模以上工业企业产出没有明显增加的现象。可见，辽宁拥有强大的技术研发能力，但研发成果并没有被运用于本省经济发展。因此，辽宁省政府和企业除了要加强技术开发和引进之外，更需要提高本省的科技研发成果的本地转化率。

表5　2018年各省规模以上工业企业技术市场交易情况

单位：亿元

地区	引进技术经费支出	排名	技术市场成交额	排名
辽宁	7.5	11	474.5	11
河北	3.5	14	276.0	15
江苏	30.0	3	991.5	7
浙江	9.5	9	590.7	10
安徽	1.9	18	321.3	13
福建	14.2	6	84.5	24
山东	11.8	7	820.0	8
河南	0.6	23	149.3	21
湖北	9.8	8	1204.1	4
湖南	8.6	10	281.6	14
广东	157.4	1	1365.4	2
四川	5.0	13	996.7	6
陕西	1.1	20	1125.3	5

资料来源：《2019年中国科技统计年鉴》。

（4）政府资金扶持力度

每年国家和各级政府都会向企业拨款支持企业从事R&D活动。如表6所示，辽宁规模以上工业企业获得政府科研经费达11.9亿元，居全国第13位，平均每家企业17.9万元，居全国第9位。这两项指标在全国省份中排名都是在中游偏上水平。从政府资金占比来看，广东、江苏、浙江和山东等规模以上工业企业虽然获得大量政府资金，但占 R&D 经费总量比重普遍不高，说明这些省份企业进行 R&D 活动主要靠企业资金，从侧面反映出经济发达省份规模以上工业企业对技术创新的重视程度。因此，辽宁规模以上工业企业自身的发展程度要达到经济发达省份企业水平，不仅要充分利用政府资金，还要加大 R&D 经费投入，并广泛吸收其他社会资金，用以提高技术创新能力。

表 6　2018 年各省规模以上工业企业获取政府资金情况

地区	政府资金（亿元）	排名	户均政府资金（万元）	排名	政府资金占比（%）	排名
辽宁	11.9	13	17.9	9	3.9	15
河北	5.5	18	3.7	29	1.5	27
江苏	26.2	7	5.7	24	1.3	30
浙江	15.3	11	3.8	28	1.3	29
安徽	19.9	9	10.2	15	4.0	14
福建	9.7	15	5.6	25	1.9	26
山东	30.5	5	8.0	20	2.1	24
河南	10.1	14	4.6	26	1.9	25
湖北	27.1	6	17.4	10	5.2	11
湖南	19.6	10	12.2	12	3.8	17
广东	60.5	1	12.7	11	2.9	22
四川	30.9	4	21.7	6	9.0	3
陕西	38.1	2	59.2	2	17.6	1

资料来源：《2019 年中国科技统计年鉴》。

二　辽宁规模以上工业企业技术创新存在的主要问题

（一）“一股独大”问题仍然突出，企业活力不足

辽宁混合所有制改革起步较晚、进展不快，“一股独大”问题仍然突出，有的企业还没有实现真正意义上的改制，公司制、股份制等现代企业制

度建设的广度、深度不够，制约了企业的规范化、市场化发展，一些企业“大锅饭”“铁交椅”等仍是常态，导致企业活力不足。如图 12 所示，自 2014 年以来，辽宁规模以上国有及国有控股企业无论数量还是产值占比呈明显上升态势，尤其是产值占内资企业比例由 30.8% 上升到 65.0%，占规模以上企业比例由 25.3% 上升到 47.0%，国有及国有控股企业在全省规模以上企业中处于绝对优势地位，短期内难以改变，而内资企业，尤其是国有及国有控股企业普遍存在创新活力不足、创新能力不强、动力不够等问题，这通常会制约企业技术创新活动的展开。

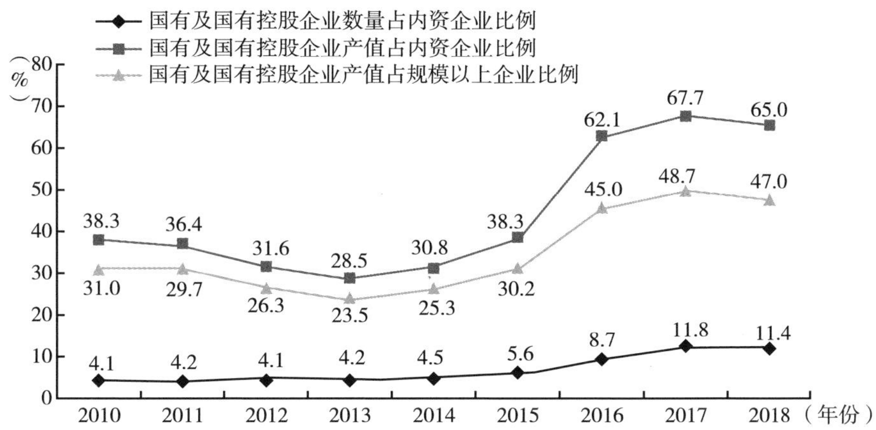

图 12　辽宁规模以上国有及国有控股企业占内资企业比例变化

资料来源：《2019 年辽宁统计年鉴》。

（二）民营经济发展不足，技术创新贡献偏低

据统计，我国民营经济贡献了 70% 的技术创新，但辽宁规模以上工业企业中民营经济发展虽然企业数量占比较大，但在工业总产值和高新技术产品增加值等方面贡献明显偏低，民营经济作为技术创新的主体地位不突出。辽宁规模以上工业企业中大型企业与中小型企业的数量比为 2.9∶97.1，但两者的工业总产值比为 56.8∶43.2。这表明辽宁规模以上工业大型企业占据主导地位，中小型企业发展明显不足。从全省高新技术产品增加值来看，如

图 13 所示，辽宁大型、中型、小型和微型企业产值分别为 2298.6 亿元、479.6 亿元、350.2 亿元和 19.2 亿元，占比分别为 73.0%、15.2%、11.1%和 0.6%。由此可见，辽宁省高新技术领域中小型企业虽然发展迅速，但大型工业企业在高新技术产品增加值贡献方面依然占据主导地位。

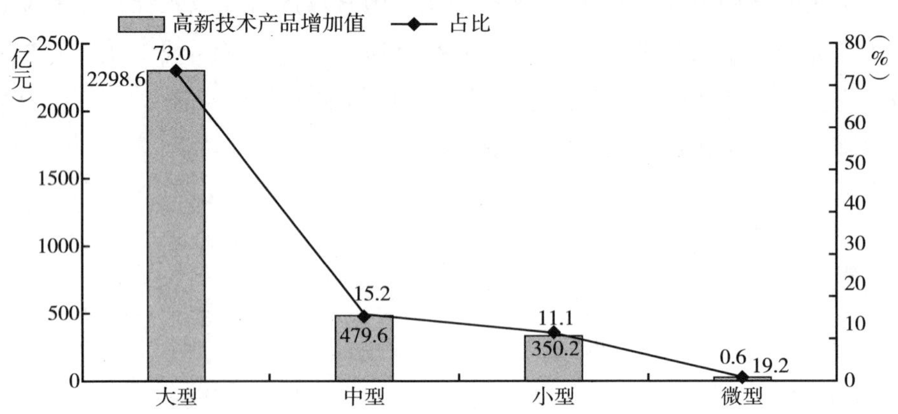

图 13　2019 年辽宁省高新技术产品增加值按企业规模分布

资料来源：2019 年辽宁高新技术产品增加值统计年报。

（三）重化工业比重过大，高技术行业发展滞后

辽宁规模以上工业产业结构偏资源型、重化工型的状态没有发生明显变化，产业结构单一，传统产业所占比重居高不下。从企业数量排名前十位的行业（占 65.9%）和总产值排名前十的行业（占 78.9）来看，辽宁规模以上工业企业仍是石油加工、炼焦和核燃料加工业，黑色金属冶炼和压延加工业，汽车制造业占据主导地位，对资源依赖性非常强；此外，2014 年以来，辽宁能源重化工业的比重大幅度提高，几乎占到整个工业部门产值的八成。而诸如铁路、船舶、航空航天和其他运输设备制造业，电气机械和器材制造业，计算机、通信和其他电子设备制造业，仪器仪表制造业等高技术行业发展相对滞后，全省高技术产业增加值占规模以上工业比重仅为 8%，低于全国 5.4 个百分点，增强全省企业技术创新能力刻不容缓。

（四）R&D 资金投入强度不足，来源渠道单一

R&D 经费投入是规模以上工业企业开展创新活动的基础，基础与研发的资金支持对工业企业技术创新活动起到关键作用。辽宁规模以上工业 R&D 经费支出总量和投入强度都居于全国中游水平（均在全国排名第 13 位），与东部沿海发达省份还有很大差距，从侧面反映出辽宁规模以上工业企业 R&D 资金投入有待提高。此外，R&D 经费投入以企业资金为主，比重达到 96.1%，R&D 经费来源单一，这一方面表明辽宁金融与经济的融合度不够，另一方面表明辽宁规模以上工业企业的技术创新能力提高的潜力可期。因此，辽宁本地规模以上工业企业要提高 R&D 投入强度，将更多的利润作为技术创新资金投入基础与研发之中；也要不断提高信用等级，充分利用资本市场，开辟新的融资渠道。

（五）R&D 人员比重偏低，对高端人才吸引力不足

R&D 人员是开展 R&D 活动的基础，在规模以上工业企业技术创新活动中科技人才资源是最重要的，也是提升区域创新能力和区域企业创新能力的决定性因素。辽宁作为人才强省，但对高端人才及科技创新团队的吸引力不够，高层次人才数量、质量还不能完全满足创新发展的需求，且高层次 R&D 人员比重过低。辽宁规模以上工业企业的 R&D 人员和 R&D 人员全时当量在全国 31 省份中分别排名第 15 位、第 16 位。这表明辽宁规模以上工业企业 R&D 人员投入维持在全国中游水平，与东部沿海发达省份之间还有不小差距。如何吸引人才和留住人才，是企业提高技术创新能力面临的重要问题。

三　辽宁规模以上工业企业技术创新能力提升的对策

（一）加快国资国企改革，增强企业发展的内生动力

深入实施《关于加快推进全省国有企业混合所有制改革的实施意见》，

通过加大改制重组力度、鼓励企业上市融资、开展项目投资、深化市场化法治化债转股等方式，积极引入战略投资者等各类资本参与国有企业改革，建立健全混合所有制企业治理机制，加快国资国企改革步伐。同时，深化国有企业与省内外科研院所、高等院校开展产学研合作，发挥国有企业在科技创新中的引领作用。

通过加快推进科技型国有企业的混改步伐，整合和调动创新资源，使科技骨干能够得到期权和股权，激发科技创新人员的积极性。探索完善国有技术类无形资产管理制度，推动本钢集团、交投集团等省属国有企业开展试点工作。研究制定中央企业与地方协同发展政策，强化央企与科研院校、产业链上下游企业的科研合作、产业化合作。

（二）壮大民营企业，培育发展科技型中小企业

全面落实《中共辽宁省委　辽宁省人民政府关于加快民营经济发展的若干意见》等系列支持民营经济发展政策，推进减税降费工作，着力降低企业用工、用地、用能、物流等生产经营成本。加快大连、鞍山、营口、辽阳、盘锦等民营经济发展改革示范城市建设，进一步放开民营资本投资领域。发展壮大一批主业突出、核心竞争力强的民营企业集团和龙头企业，推进“个转企、小升规、规升巨”工作。加快培育发展科技创新型企业，深入实施高新技术企业“三年倍增计划”，完善科技型中小企业评价入库体系，建立科技信贷风险资金池，加强科技型中小企业培育。推进以企业为主导的创新平台建设，通过推进建设产业技术创新平台、产业技术创新战略联盟、专利技术产业联盟等创新平台，引导企业与高校、科研院所协同创新，深化产学研合作。

（三）加强科技投入，构建多元投融资格局

深入实施《东北地区培育和发展新兴产业三年行动计划》，在民用航空、机器人、信息服务和“互联网+”等领域支持一批新兴产业项目领域，积极争取中央预算内东北振兴新动能培育平台及设施建设专项资金支持。对

产业发展中关键共性技术问题，加大省级财政科技投入。对企业 R&D 经费投入增长、技术转移示范机构、科技企业孵化器、重大科技成果转化等方面给予奖励性补助。引导社会资源支持重点产业科技创新，通过设立省级科技成果转化投资基金和科技成果转化基金，引导和调动社会资本投入，构建多元投融资格局。鼓励银行机构探索为科技企业提供投贷联动服务，探索建设知识产权质押融资风险补偿基金试点，知识产权证券化融资试点和沈阳全面创新改革试点。

（四）实施科技重大专项，扶持新兴产业加快发展

基于辽宁产业基础和资源禀赋优势，优先培育和壮大智能制造、新材料、新一代信息技术、生物医药、新能源和节能环保、海洋等6个具有辽宁优势和特色的战略性新兴产业。紧跟数字经济发展步伐，加快发展人工智能、大数据、云计算、跨境电商等新业态，构建产业体系新支柱，培育经济增长新动能。实施科技重大专项，重点强化高端装备制造、新一代信息技术、生物医药等战略性新兴产业领域创新发展，加强关键核心技术、共性技术、核心装备、基础零部件、关键材料以及重大产品的技术攻关，突破一批关键核心技术、共性技术和薄弱环节，推动产业从低端制造向研发设计、高端制造延伸，提高产业和产品的附加值，向产业链、创新链的高端发展，提升产业能级和核心竞争力，形成产业发展优势和发展后劲。

（五）优化人才环境，进一步激发创新活力

深化人才发展体制机制改革。落实人才服务全面振兴三年行动计划和兴辽英才计划，实施促进高校毕业生留辽回辽来辽就业创业专项行动，推动京沪苏优秀科技企业家等高端人才对接支持辽宁产业、企业发展。通过完善知识产权法治环境建设，加大知识产权行政执法、海关保护和司法保护力度，加大知识产权保护力度，进一步优化营商环境。深入落实《关于进一步深化科技体制改革开展科技成果转化政策激励试点的工作方案》，加快推进高校、科研院所、技术转移机构、辽宁省属国有科技型企业和高新区开展科技

成果转化政策激励试点工作。进一步完善落实《关于进一步提高技术工人待遇的实施意见》，不断完善高技能领军人才优先发展各项制度，加强“辽宁工匠”队伍建设。深入实施《辽宁省实施科技成果转移转化三年行动计划（2018～2020年）》，通过加快建设“双创”示范基地、科技特色产业小镇、专业化众创空间等创新载体，优化创新创业生态。加快落实沈大自主创新示范区发展规划和三年行动计划，加快打造科技创新高地。

参考文献

《2019年辽宁统计年鉴》。

《2019年中国科技统计年鉴》。

《辽宁省第四次全国经济普查公报》。

《2020年辽宁政府工作报告》。

《辽宁省国民经济和社会发展第十三个五年规划纲要实施中期评估报告》。

毛毅：《湖北省规模以上工业企业技术创新能力研究》，2017年华中师范大学硕士学位论文。

《辽宁省实施科技成果转移转化三年行动计划（2018～2020年）》。

B.23

2019～2020年沈阳－大连国家自主创新示范区创新发展回顾与前瞻*

张天维　西少辉　李晓梅**

摘　要： 2019年，沈阳－大连国家自主创新示范区紧紧按照“自创区三年行动计划”的部署和“一带五基地”建设要求，在构建具有区域特色新型产业技术创新体系，营造大众创业、万众创新生态环境，加快科技金融结合促进创新发展，培育发展与传统工业互为支撑的新兴产业，推进以装备制造业为重点的传统工业转型升级等方面都取得了明显成绩。2020年，沈阳－大连国家自主创新示范区应继续做好打造人才高地，培育发展新兴产业，壮大新动能，完善金融服务体系和科技服务体系，构建大开放大合作的协同创新格局等方面的工作，向着建设成为东北亚科技创新创业中心和推动东北老工业基地转型升级、开放创新的目标努力。

关键词： 沈大国家自创区　自主创新　新兴产业　创新发展

国家自主创新示范区是城市经济实现创新发展、高质量发展的加速器，

* 该文系2019年辽宁省科学事业公益研究基金项目“沈大自主创新示范区创新驱动发展策略”研究（项目编号：2019JH4/10100001）和辽宁省科协“辽宁省民营科技企业发展现状及对策研究”（LNKX2019－2020B05）项目的阶段性成果。

** 张天维，辽宁社会科学院产业经济研究所所长、研究员；西少辉，辽宁省科学技术厅副处长；李晓梅，辽阳职业技术学院。

是建设创新型国家的战略布局，更是东北老工业基地全面振兴和高质量发展的重要载体。自2016年国务院正式批准成立沈阳－大连国家自主创新示范区（以下简称沈大国家自创区）以来，沈大国家自创区在自主创新、发展高科技产业、重大项目安排、知识产权保护与运用等方面取得了巨大的成绩。特别是2019年，沈大国家自创区注重高质量发展，注重引领、辐射和带动作用，注重先行先试，注重推动新兴产业发展。

一 2019年沈阳片区创新发展的具体内容

2019年，沈阳片区实现地区生产总值854.8亿元，高新技术产品产值875.7亿元，公共财政预算收入145亿元，固定资产投资471亿元，实际利用外资3.08亿美元，出口创汇85.83亿元，在诸多方面都取得了巨大成绩。

（一）构建具有区域特色的新型产业技术创新体系

浑南片区沈阳材料科学国家研究中心与本钢集团、中车集团等合作，共建技术研究院，促进技术转移转化；中科院机器人与智能制造创新研究院、国家机器人检测与评定中心、特种机器人装备中心投入使用；东软集团获批省区块链专业技术创新中心、美行科技获批省级企业技术中心、拓荆科技3家单位获批市级企业技术中心；沈阳建筑大学获批组建辽宁省城乡生态景观重点实验室；康泰电子等4家单位获批组建省级专业技术创新中心。

和平片区中融科技南非离岸创新中心获批辽宁省离岸（域外）创新中心，雅译网络语文智能协同创新中心获批市级新型研发机构；推进东北大学科技成果转化基地和哥瑞生物医药产业园建设国家级、省级重点实验室。中德园片区依托辽宁省产业研究院、中科院金属研究所等研发机构，东北大学、沈阳工业大学等高校研发平台和华晨宝马研发中心等企业研发力量，组建研发体系联盟；组建中德（沈阳）高端装备制造创新委员会，搭建智库咨询、对外合作、学习分享、解决实施和产业发展等5个平台，推动与德国工业4.0的对接。

（二）营造大众创业万众创新的生态环境

浑南片区对316家单位的445个项目给予奖励，围绕加快智能制造、新能源汽车、生物医药与健康医疗等主导产业发展出台20条产业新政策。和平片区推动企业加快发展，出台培育壮大新动能、促进高新技术企业提质增效工作方案；中德园片区深入实施企业双培育工程，加强政策宣讲，建立培育制度，鼓励引导企业申报市级双培育项目，推动企业高速发展。浑南片区锦联新经济产业园引进院士工作站14家、创业企业（团队）710家；推动国际软件园建立“科技＋孵化协同”机制，打造园区“四新、五支撑”体系，推动中科系创新产业孵化园等高端载体入驻，推动美行科技等企业快速成长；举办全国双创周沈阳分会场、创业浑南青青汇等双创活动300余场；省区市共建升级版东北科技大市场，重新遴选运营机构，实现技术转移、研发设计、知识产权、创业孵化等功能，强化成果转化市场体系。

和平片区三好街引进清华启迪科技园、中关村领创空间等高端双创载体。清华启迪科技园（沈阳）入园企业（团队）70余家，创业导师团队百余位，累计孵化企业112家；中关村领创空间·沈阳举办创业活动60余场，对接重点项目50余个，累计吸引400多家企业；智见产业加速器引进企业10余家，成功举办2019智见·沈阳产投大会，吸引中国中小企业协会等百家投资机构和企业参会。

中德园片区加快建设东方机器人谷、中德科技大厦孵化基地、科研基地和科技成果转化基地；引进深圳摩天之星等行业领军孵化企业，为项目导入、产业孵化、成果转化提供创业空间；依托沈阳工业大学，整合周边闲置资源，规划建设中德科技谷众创空间；推动大企业平台化转型，鼓励引导华晨宝马集团开展大企业平台化转型试点工作，带动上下游产业链企业智能化转型发展及创新思维与技术推广；加快知识产权体系建设，设立知识产权局、维权援助站、知识产权学院，全面加强知识产权保护。

（三）加快科技金融结合促进创新发展

浑南片区出台《促进金融业发展若干政策实施办法》，加强多层次资本市场建设；辽宁股权交易中心在东北科技大市场举办浑南区成长板企业集体挂牌仪式。和平片区引导科技金融产业加速向科技金融广场聚集，科技金融广场投入运营，实验学子基金等10余家金融机构进驻；发挥政府引导性基金作用，组建总规模20亿元和财基金；科技金融超市与中关村协同创新基金等40余家金融机构对接，为中关村及辽沈科技金融机构和创新创业项目搭建互动平台。

中德园片区加快融资服务体系建设，出台促进金融业发展的政策措施20条，联合组建30亿元中德产业股权投资基金；引进和组建科技创新、兴辽英才创业、中钛新材料、战略性新兴产业等6只基金。引入的这些科创基金等现代金融孵化机制，有效服务创新创业融资需求，推动了双创载体建设，促进双创载体优化存量、扩大增量，也推动了金融企业加速聚集和金融业态日益完善。

（四）集聚创新智力打造“人才特区”

浑南片区建成博士后工作站、院士工作站28个，中国青创社区·沈阳站、中国青年创新创业板、科技领军人才创新驱动中心落户国际软件园；3名企业家入选第四批国家“万人计划”科技创业领军人才，6名外国专家获2019年度“沈阳玫瑰奖”，11名企业家获市创新型企业家殊荣；14个项目获2018年辽宁省“兴辽英才”计划1240万元经费支持。多措并举，多渠道、多形式引进，集聚了科技创新人才，增强了创新驱动的新动能。

和平片区落实三好街扶持大学生创新创业“四个一”服务，三好众创空间为创业者提供工位180个、审核通过创新创业卡96张、审批通过人才公寓227人；三好街校友之家吸引全国58所知名学府校友会加入，涉及校友8万人。中德园片区着力完善公共服务配套，营造人才优良居留环境，推进中德园双元人才培育体系建设，成立中德（沈阳）高端装备制造产业园产教合作联盟；2019 年 9 月，中德学院招生 140 人，600 个工位的宝马实训中心建成，宝马青年公寓一期交付使用。

（五）培育发展与传统工业互为支撑的新兴产业

浑南片区生物医药产业园东星医药园、辽宁省国家医疗器械检验中心项目完成试生产，斯佳生物、格林制药准备试生产，成大生物、瑞晟智能正进行设备安装调试；国家眼基因库一期建设完成，精准医学中心投入使用；2020 年大数据与云计算产业园东北大学云计算科技园创业梦工厂将投入使用；国家电子商务示范基地引进顺丰等 2 家国内外知名电商企业，培育 5 家具有示范引领作用优秀企业，吸引 90 余家电子商务及相关服务型企业入驻。

和平片区浪潮大数据创新应用中心平台持续吸引、招募大数据双创团队和初具规模的大数据相关企业，与腾讯联合发布沈阳市 618 网络零售消费报告；高校文创产业孵化基地入驻奥璞文化等 10 家学生文创设计企业，举办多场双创活动月·创新创业产品体验等活动；建设互联网产业园，举办华为云 VR 创新应用高峰会议暨华为（沈阳）VR 云创新中心上线仪式。中德园片区着力建设汽车产业集群，以华晨宝马为依托，“招大引强”做粗拉长汽车产业链，瞄准新能源汽车、汽车智能化和车联网技术等发展方向，相继引进华晨宝马新厂、恒大轮毂电机、恒大新能源电池等大项目和 40 家宝马配套商落户园区。

（六）推进以装备制造业为重点的传统工业转型升级

浑南片区 IC 装备产业园完成了高端晶圆处理研发中心等新项目开工，引进的朗嘉安防科技产业园项目已签订投资协议；芯源微电子将在全省率先登录科创板；机器人产业园史太白国际技术转移中心、东软健康产业园医疗人工智能研究院和大数据中心积极建设中；东软医疗超高端 CT 自主研发有新的突破，一些产品达到国际先进水平。同时，围绕装备制造业，企业建设了更多重点实验室、企业技术中心、技术创新中心等创新平台，以发挥创新平台溢出效能，为装备制造业发展提供技术研发服务保障。深入开展科技型中小企业——高新技术企业——科技小巨人企业——瞪羚企业——独角兽企业体系化梯度培育，活跃壮大更多以装备制造业为主的创新主体。2019 年，在沈阳自创区中，新增高新技术企业占全市的 40%、新增科技型中小企业占全市的 60%。

（七）构建大开放、大合作的协同创新格局

浑南片区中科院沈阳国家技术转移中心成果转化基地、联东 U 谷・沈阳高新装备产业园，积极融入“一带一路”建设，深化区域交流合作，一批新项目加速建设；中关村电子城科技产业园、北京创客专业孵化器、浑南双创街等项目陆续竣工，成为京沈两地良性互动的重要平台；积极参与沈阳经济区一体化建设，与沈抚新区签订托管协议，基础设施互联互通、产业发展协同互动态势正在形成。

和平片区推进启迪中俄科技成果转化基地建设，成立中俄院士创新中心，俄罗斯专家工作站正式签约，推动开展与俄罗斯国际技术转移，成功举办俄罗斯工业技术展；智慧系统国际合作联合实验室投入使用，中国（沈阳）知识产权保护中心通过国家验收并运营。中德园片区中德（沈阳）高端装备制造创新委员会纳入中德两国副部级会议磋商内容；建设德国海德堡、瑞典韦斯特罗斯、日本、深圳、沈阳离岸创新中心，海德堡离岸创新中心入驻企业 14 家、对接德国企业 125 家；成立沈阳市总商会德国海外联络处，开展中德专家及企业家交流对话等活动；建设数字中德－紫光云创新中心、沈阳・中关村信息谷创新中心、宝马研发中心并投入使用，中德跨企业培训中心、中德园国际科技合作基地加快建设。

二　2019年大连片区创新发展的主要表现

2019 年，大连片区在地区生产总值、高新技术产品产值、公共财政预

算收入、固定资产投资、实际利用外资等方面都取得了新的成绩，特别是在创新发展方面，成绩明显。

（一）推进以装备制造业为重点的传统工业转型升级

大连高新区在智能科技、洁净能源和半导体制造等产业领域加快培育一批领军企业。维德智能视觉芯片成功应用于高铁线路维保和监控；瀚闻资讯公司（承担国家“一带一路”大数据研究）正在积极建设中；“大连理工大学人工智能大连研究院”、中国科学院大学能源学院等项目已经开始建设；芯冠科技填补国内外第三代半导体材料产业化领域空白；海外华昇研发的高精度纳米级贱金属导电浆料项目产值大幅提升。

金普新区强化技术创新与研发基地建设，保障和促进以装备制造业为重点的传统工业转型升级，2019 年制定了《金普新区贯彻落实〈大连市建设国家重要技术创新与研发基地工程框架实施方案〉的意见》，并提出规模以上企业建立研发机构数量超过 30% 的具体目标，从而推进以装备制造业为重点的传统工业转型升级。

（二）培育发展与传统工业互为支撑的新兴产业

大连高新区软件和信息服务产业重点企业销售收入继续保持快速增长。东软教育健康科技实训基地正式签约，土地供地方案已完成，东软信息学院健康医疗科技学院筹建工作正式展开；臻溪谷（大连）生命科学产业园建设开园，项目一期投资到位。推进以风云工坊为代表的特色产业载体和平台建设，组织策划了主题沙龙、艺术培训冬令营等活动，促进区内文创企业交流与合作；华录集团获批成为国家级文化和科技融合示范基地。

金普新区积极与中科院系、高校系、央企系、国际系四大主线展开对口合作，2020 年将与国家自然基金委联合承办第三届水下机器人抓取大赛，并承办国际计算机学会（ACM）中国图灵大会，促进新兴产业发展。2019 年高文院士在金普新区与本地企业家们共同探讨人工智能产业发展，共同商榷承办水下机器人抓取大赛事宜。

（三）构建具有区域特色的新兴产业技术创新体系

2019 年，大连高新区实现科技成果转化 200 项，占大连全市的 30%；推进大连理工大学人工智能大连研究院、大连干细胞与精准医学创新研究院等重点区校合作项目建设；对接上海资源，国家技术转移东部中心大连分中心落地运行，依托该中心积极筹备大连技术专利公开交易市场。积极推进社会化联盟组织发展，推动组建高新技术企业创新联盟、大数据产业协会、中国工业软件产业发展联盟 CAE 分联盟等 16 个产业技术创新联盟，其中 5 个联盟被省科技厅批准为省试点联盟。建立重点企业培育库，打造“种苗”“瞪羚”“独角兽”三大企业培育计划，全年培育三大计划企业超过 50 家。建成软件保税测试中心、软件检测平台、华为软件开发云等 15 个公共技术服务平台。

金普新区紧盯“大院大所”高端创新资源，推进一批创新平台建设。积极与中科院沈阳分院、哈工大、光明院、兰州理工大学对接，指导驻区高校编印《科技成果转化目录》向重点企业做好推荐，激活区内创新优势资源。出台《金普新区技术转移体系建设实施办法》，推进金普新区技术转移体系建设和科技供给侧改革，实现技术转移转化支持政策的有效衔接。深化“政产学研”合作，积极推进院士工作站建站。

（四）营造大众创业万众创新的生态环境

大连高新区众创空间总数由 2015 年的 3 家增至 2019 年的 40 家，在运营众创空间 31 家，面积 9.89 万平方米，其中 15 家通过科技部备案，占全大连市的 51%，27 家通过大连市科技局备案，占大连市的 37.5%。实施“众创十二条”政策，众创空间已累计服务企业 1540 家、团队 2193 个，吸纳就业人员 10841 人；众创空间企业累计开展项目路演、论坛、培训等创新创业活动超过 6000 场；累计帮助 202 个团队获得投资。留学教育细分领域的领先企业——“芥末留学”平台在此前曾获得徐小平的天使轮融资以及蜂巢资本的 A 轮融资后，日前获得荣瑞基金的数千万元 A + 轮融资。

金普新区积极推动创新创业高质量发展，努力打造“双创”升级版。

用好三创大讲堂这个培训主阵地，2019 年先后组织多次集中培训，共有 60 余家次企业、300 余人次参加。建好创新快线宣传阵地，及时将最新政策、培训信息、双创动态、先进经验进行发布，分享成果经验。学习西安、重庆科技企业孵化器、创业咖啡街区、创客实验室建设经验，把“双创”作为带动创新驱动、产业升级的新引擎。

（五）加快科技金融结合，促进创新发展

大连高新区科技金融大厦入驻金融服务机构总数达 38 家；双创金融小镇签约项目 40 项；全区金融服务机构数量达 115 家。深入研究资本市场的政策走势，抓住科创板、注册制试点契机，梳理高新区科创板拟上市企业重点项目资源，加快推进科技金融功能区建设，全面落实《大连高新区支持科技金融大厦入驻企业发展的暂行办法》，吸引金融机构和优质科技金融服务企业落户高新区。2019 年，新三板挂牌企业数达到 41 家，持续保持大连市领先。与大连市股权投资业协会联合主办了大连高新区生命科学项目融资对接会，40 余家投资机构、18 家银行、22 家证券公司、30 余家企业以及律师事务所等金融服务机构参加此次对接活动，为相关产业发展提供了金融助力。

金普新区与国开行、农发行等金融机构达成科技创新领域战略合作，与广发银行设立“科信贷”，加大金融支持创新力度，拓宽企业融资渠道，已有优质企业获得支持。设立了中小微企业发展信贷风险补偿专项资金以及应急转贷专项资金，解决中小微企业融资难题。积极推进企业上市科创板，组织对科创板政策进行解读分析，对重点优势企业进行面对面辅导。在做好预防科技领域重大风险的同时，对《金普新区科技创新投资引导基金管理暂行办法》进行修订，进一步放宽参股年限和子基金认缴比例份额，吸引优秀金融服务企业参与专项引导子基金设立，从而更加广泛地服务科技企业。

（六）聚集创新智力打造“人才特区”

大连高新区出台了《人才管理改革试验区建设方案》，编制《“归巢人

才”引进计划实施办法》《大连高新区高级人才薪酬补贴实施办法》等政策草案。拓宽渠道引进人才，不断推出精品化、精准化、精细化服务平台，增加不同群体尤其是中高级人才专场招聘会举办场次。推进高层次人才引进，组织开展“海聚计划”引智项目、辽宁省外专百人计划、重点外国专家项目计划申报工作；落实社会保险补贴政策市级资金兑现工作，调整2018年千人企业净增长政策实施办法。充分发挥人才公共培训平台功效，支持培训机构和相关企业开展大数据、软件、动漫、AR、VR实训及职工技能培训；组织企业管理、人力资源管理相关人员开展公共培训5场；建设了大连大数据人才培训中心。

金普新区全年组织10个项目申报国家引智项目，4个入选，占全市的44%；推荐28个项目申报大连市引智项目，4个入选，占全市的40%；获批辽宁省重点外国专家项目1项，占全市的50%。2019年将继续强化科技人才支撑体系，打造科技创新人才高地。全面落实大连市和金普新区现有人才政策，对标先进地区的成功经验，围绕人才公寓建设、个税奖励等内容，开展新一轮人才政策创新，加快确立人才政策的比较优势。

三　2020年沈阳－大连国家自创区发展的基本趋势

《国务院关于同意沈大国家高新区建设国家自主创新示范区的批复》（国函〔2016〕65号）提出：2020年将自创区打造成高端装备研发制造集聚区、转型升级引领区、创新创业生态区、开放创新先导区。沈大国家自创区将在今后几年，应围绕以往目标，注重高质量发展，加强整体统筹联动，培优育新创新主体，发展壮大新兴产业，持续优化双创生态。

（一）继续强化省市、市区协同

沈大国家自创区省市、市区统筹联动机制还将继续发挥作用，实行常态化定期调度，坚持深入项目调研，指导推动各片区加快目标任务落实和自主创新发展；各片区在先进材料与智能制造高地、创新创业载体等事项继续深入会商，省市区合力将沈大国家自创区建设取得新成效。

（二）项目引进和建设更为重要

沈大国家自创区已经将项目作为推动自创区建设重要抓手。2020 年，围绕重大平台、产业园区建设多个项目，重点建设。目前已经将一些项目纳入省重点建设计划之中，辽宁省、中央引导地方科技发展专项资金支持项目储备库，上级财政资金将会对其给予资金支持。

（三）出台的一些文件将继续深入贯彻和落实

深入贯彻落实已经出台的《大连市关于支持国家自主创新示范区重大重点项目及新型创新主体建设的若干政策措施》（大科创组发〔2019〕1 号）、《大连国家自主创新示范区空间规划（2018～2035）》、《关于组织开展大连市新型创新主体备案有关工作的通知》、《辽宁省新型创新主体建设工作指引》等一系列文件。伴随这些文件的落实，沈大国家自创区将在关键共性技术研发、独角兽瞪羚企业培育、大企业平台化发展、科技企业社会融资及重大重点科技项目建设等方面都有巨大的提升和跨越。

（四）更加注重高质量发展

2020 年，沈大国家自创区将围绕高质量发展，从规划建设、人才支撑、创新创业、开放合作、科技金融、管理服务等方面注重先行先试，从而在推进创新创业、人才引进、科技成果转化、科技金融结合、新型创新组织培育、知识产权运用和保护、产城融合等方面取得新的进展。特别是在人才支撑方面，将更加明确地提出制定创新创业型人才发展规划，建立与国际规则接轨的人才保障制度，特别是在人才使用和评价方面，将出台更多新的具体规定。

四　2020年沈阳－大连国家自创区发展对策与建议

沈大国家自创区 2019 年虽然取得了巨大成绩，但与建成东北亚科创中心等目标还有很大距离，今后还需要进一步培育新动能、引进新资源，全面提升创新能力，尽早实现预期目标。

（一）继续做好企业的引进和培育

沈大国家自创区 2020 年应围绕全区产业布局，做好招商引资工作，重点引进行业领军企业，实施“独角兽计划”“瞪羚计划”，分层级培养区域龙头企业；做好企业入库、培育工作，在高新技术企业倍增计划的基础上取得新的突破；增强企业创新能力，通过研发费用加计扣除、研发费用后补贴、知识产权奖励、高新技术企业奖励、研发中心奖励等政策实施落地，提升企业核心竞争力。

（二）全力打造人才高地

沈大国家自创区 2020 年应采用“项目＋团队”引才模式，充分发挥项目带头人和关键人才带动效应，达到“1＋1＞2”的理想效果。充分利用好第 20 届“中国海外学子创业周”，依托国家级引资引智平台，做好海内外高层次人才和团队的引进。积极引导自创区内企业与大学、职业院校对接，根据产业发展趋势和岗位技能需要开展“订单式”培养。进一步改善生活配套环境，充分发挥人才大厦载体的服务功效，为稀缺专业人才配偶落户就业、子女上学等提供服务保障。

（三）培育发展新兴产业，壮大新动能

沈大国家自创区应继续深入落实省委、省政府《关于培育壮大新动能为重点　激发创新驱动内生动力的实施方案》，重点发展 MIMB（高端装备制造、电子信息、新材料、生物医药）产业，布局一批科技创新项目，研

发一批重大创新产品。抓一批重大科技项目，推动一些先进制造研究中心、巨人网络人工智能研究院等科技项目发展。

（四）完善金融服务体系

紧抓合作机遇，加大力度引进我国南方金融资本，提高区域科技金融活跃程度。做好沈大国家自创区上市企业辅导工作，助推区内企业挂牌上市。依托科技金融大厦、双创金融小镇等核心载体，集聚金融机构，吸引社会资本共同设立产业创业投资引导基金，为产业发展拓宽资金渠道。引导科技银行开发针对科技创新型企业特点的科技信贷、知识产权和股权质押贷款、应收账款质押和仓单质押贷款等创新型产品，丰富区域科技金融服务手段。

（五）进一步完善科技服务体系

组建重点产业创新联盟，依托联盟加强大中小企业之间成果转化、协同创新。出台《关于加快推进辽宁自由贸易试验区和沈大国家自主创新示范区联动发展实施方案》，推动双自联动发展。打造创新创业品牌，建设创新创业咖啡街区。以中科系、高校系、央企系为主攻方向，搭建一批成果转化及技术创新平台，建设一批新型研发机构，形成发展新优势和新动能。加快推进与大连理工大学的全面合作，推进中科院大学能源学院、大连理工大学人工智能研究院等项目落地，并积极申请一批大项目在自创区立项。

（六）构建大开放大合作的协同创新格局

沈大国家自创区目前已引进优质项目多项，如淘车互联（大连）投资有限公司、大连欢乐山谷观光农业有限公司、日本野村综研软件研发中心、德国莱茵集团财务共享中心、英国 RPS 医药科技大连研发中心、乐天集团软件研发中心；获得国家发改委“中日经济合作示范园区”批准建设的契机，加强中日科技创新交流，大连积极申办中日创新对话机制主办城市，沈大国家自创区还应在此基层上，还应与日韩加强科技交流和合作，在建立大开放大合作的协同创新格局方面有巨大突破。

参考文献

沈阳、大连国家自主创新示范区汇总资料，辽宁省科技厅，2019 年 12 月。

郑永年:《大趋势：中国下一步》，东方出版社，2019。

科学技术部火炬高技术产业开发中心编写《国家高新区创新能力评价报告（2019）》。

附　　录

Appendix

B.24
大事记

2019年1月22日

省政府发布《辽宁省建设国家新型原材料基地工程实施方案》，到2020年，全省将新增省级企业技术中心30户，新增各类省级科技研发平台30个，创建省级绿色工厂20户，石化和钢铁工业先进过程控制投用率达到60%以上。

2019年1月28日

省委、省政府印发《关于开展质量提升行动的实施意见》，提出质量提升行动13个方面的重点任务，到2020年全省产品、工程和服务质量明显提升。

2019年2月2日

“学习强国”辽宁学习平台正式上线。

2019年2月13日

省农业农村厅和省财政厅联合印发《辽宁省耕地地力保护补贴实施方

案》，明确补贴范围、补贴对象、补贴依据、补贴标准、发放工作流程和保障措施等，建立健全补贴政策落实工作机制，确保及时精准发放补贴资金。

2019年2月25日

京沈创新载体扩大公共领域合作，沈阳市医保异地就医结算和养老保险关系转移接续与北京实现互通，12 家市属医疗机构与北京对口单位签约，首都博物馆与沈阳故宫博物院签署协同发展战略合作协议。

2019年2月25日

辽宁提前完成了“十三五”农村公路精准扶贫规划目标任务，让行政村与行政村之间以硬化路相连，打通了去往乡、村学校的“最后一公里”。

2019年2月28日

全省市、县新组建部门全部完成挂牌，全部实现集中办公，基本完成人员转隶和“三定”规定制定印发，市、县机构改革任务基本完成。

2019年3月7日

辽宁重点推进体制机制改革、科技创新、开放创新、构建创新型产业体系、绿色发展等五方面共 53 项具体任务，加快沈抚改革创新示范区建设。

2019年3月13日

省政府出台《辽宁省人民政府关于进一步推进“证照分离”改革加强事中事后监管的实施意见》，凡无法律法规依据的审批事项一律取消。

2019年3月14日

省政府发布《辽宁省专利奖励办法》，省政府设立专利奖，两年一届，用以奖励在辽宁省行政区域内转化实施并产生显著经济社会效益的中国专利项目。

2019年3月27日

辽宁首次开展辖区海域海洋灾害预测会商。

2019年4月1日

省民政厅印发了《关于开展城乡社区治理创新实验示范活动推进基层社会治理高质量发展的方案》，到 2020 年，基本形成基层党建统领、基层政府主导、多方参与、共同治理的城乡社区治理体系。

2019年4月3日

大连、丹东、锦州、营口、盘锦、葫芦岛六个城市共商区域环境治理协同发展，签署了《辽宁省沿海六城市大气污染防治协作工作框架协议》，探索构建区域大气污染联防联控工作机制。

2019年4月16日

正式公布施行《辽宁省机关事务管理办法》，建立健全机关运行经费公开制度。

2019年4月22日

省农业农村厅会同省气象局印发《全省春播气象条件分析与生产技术指导意见》，指导各地因地制宜做好春播生产技术指导与服务工作。

2019年4月25日

省政府办公厅印发《辽宁省全面推行行政执法公示制度　执法全过程记录制度　重大执法决定法制审核制度实施方案》，到2019年底，全省各级行政执法机关在行政许可、行政处罚、行政强制、行政征收征用、行政检查等行政执法行为中全面推行“三项制度”。

2019年5月3日

省财政厅积极争取中央专项资金，统筹年初预算安排5亿元资金，支持环渤海的大连、营口、盘锦、锦州、葫芦岛5市开展综合治理工程。

2019年5月9日

省市场监管局印发《开展质量提升行动工作方案（2019~2020年）》，以民营企业为重点强化技术服务。

2019年5月11日

《国务院办公厅关于对2018年落实有关重大政策措施真抓实干成效明显地方予以督查激励的通报》，沈阳、大连、铁岭三市因在相关领域工作出色而受到表扬，并将在2019年享受到国家部委的奖励支持政策。

2019年5月14日

省应急管理厅与省气象局签订应急联动工作机制协议，双方将在数据共享、信息服务、应急响应、科普宣传以及突发事件预警信息发布系统建设等

方面深化合作。

2019年5月16日

省政府印发《辽宁“16+1”经贸合作示范区总体方案》，辽宁将实施一批重大示范任务，打造地方参与“16+1”合作样板，在“一带一路”建设中做出“辽宁贡献”。

2019年5月21日

中国科协助力东北三省全面振兴调研服务辽宁行座谈会在沈召开。

2019年6月6日

8890非紧急救助类综合服务平台正式上线运行，标志着辽宁建立覆盖全省、标准统一、上下联动的政务服务网上咨询投诉体系，实现“一个号码管服务”工作目标。

2019年6月12日

辽宁“智慧气象”搭起防灾减灾安全网。

2019年6月13日

《辽宁省“千村美丽、万村整洁”行动农村生活垃圾治理专项方案（2019~2020年）》正式印发，2020年底90%左右的村庄生活垃圾要得到治理，基本做到随产随清。

2019年6月21日

省公安厅发布《辽宁省公安机关损害营商环境行为责任追究规定》，保证全省各级公安机关及其所属工作人员依法正确履行工作职责，切实维护群众和企业的合法权益，是全国省级公安机关中首次出台的此类规定。

2019年6月26日

省创新研发与成果转化联盟成立，由省内外高等院校、行业企业、科研院所、科技服务机构等36家单位组成联盟，整合全省科技创新资源。

2019年7月1日

提高城乡居民最低生活保障等标准，全省城市低保标准平均提高5%以上，农村低保标准平均提高7%以上。

2019年7月1日

《辽宁省行政执法公示办法》施行，执法信息要向社会公开并接受监督。

2019年7月5日

2019 世界高端米业大会上，辽宁获得 24 块奖牌，在 40 余个展团中获得奖牌总数第一，同时获得大会组委会颁发的最佳组织奖和最佳设计奖。

2019年7月6日

第 20 届中国海外学子创业周项目签约仪式在大连世界博览广场举行，23 个项目集体签约，签约金额 15 亿元。

2019年7月8日

新松机器人自动化股份有限公司，在医疗机器人领域，新松机器人研发的新松床椅机器人、物流配送机器人、脑控机器人、下肢康复机器人等尖端产品已进入示范应用阶段。

2019年7月8日

肺癌诊疗一体化中心在锦州医科大学附属第一医院揭牌，这是肺癌诊疗一体化中心建设项目在东北三省开创的首个中心。

2019年7月10日

辽宁自贸试验区大连片区在全国首推企业登记“五位一体”确认制。

2019年7月15日

辽宁自贸试验区大连片区在全国首创的集中登记、以政府采购服务方式委托律师事务所对入驻企业提供日常管理和法律咨询等服务的工作模式取得阶段性成果。

2019年7月15日

《辽宁省行政执法全过程记录实施办法》开始施行，执法全过程留痕记录丢失将被追责。

2019年7月19日

省政府食安委修订印发《辽宁省人民政府食品安全委员会工作规则》，明确了省政府食安委是省政府食品安全工作的议事协调机构。

2019年7月22日

省住建厅、省生态环境厅等部门出台《城镇污水处理提质增效三年行动方案》，要加快补齐城镇污水收集处理设施短板，推动解决污水直排、雨污水错接混接、外水入渗、溢流污染、工业废水不达标纳管等问题，进一步提升城市污水处理系统收集、处理效能。

2019年7月22日

辽宁施行《辽宁省重大行政执法决定法制审核办法》，执法监督关口前移，从源头上规范行政执法行为。

2019年7月24日

商务部公布自贸试验区第三批共三十一个“最佳实践案例”，三项“辽宁经验”向全国推广。

2019年7月28日

沈阳石佛寺村获评国家级历史文化名村。

2019年8月6日

省司法厅出台并实施《辽宁省司法行政系统损害法治化营商环境建设行为问责规定》，全省司法行政系统29种损害营商环境行为要被追责问责。

2019年8月6日

省科技厅、省财政厅、省发展改革委联合印发《辽宁省科技创新基地优化整合方案》，计划于2020年完成省级科技创新基地优化整合工作。

2019年8月9日

《辽宁省推进政务新媒体健康有序发展实施方案》正式印发，对全省政务新媒体在功能定位、日常管理、保障措施等方面提出具体要求。

2019年8月18日

省委办公厅、省政府办公厅印发《辽宁省省级党政领导干部食品安全工作责任清单》，成为中办国办印发实施《地方党政领导干部食品安全责任制规定》后，第一个建立了涵盖全部省委、省政府领导班子成员食品安全工作责任体系的省份。

2019年8月24日

由省委政法委、省司法厅、省法院联合出台的《关于坚持发展新时代“枫桥经验” 构建大调解工作格局 推进完善矛盾纠纷多元化解机制的意见》，构建大调解工作格局。

2019年9月1日

《辽宁省推进“最多跑一次”规定》出台实施，辽宁将加大转变政府职能和简政放权力度，构建“一清单、一平台、一标准、一承诺”管理模式，打造最优政务服务通道。

2019年9月1日

《辽宁省5G产业发展方案（2019～2020年）》出台，通过实施网络建设、示范应用、5G产品三大工程，加快推进数字辽宁、工业互联网和智慧城市建设。

2019年9月8日

省政府办公厅印发《辽宁省开展消费扶贫助力打赢脱贫攻坚战行动方案》部署关于创新机制，激发社会参与消费扶贫、拓展贫困地区产品和服务消费渠道、提升贫困地区农产品供应水平和质量等工作。

2019年9月16日

省政府印发《关于推行终身职业技能培训制度的实施意见》，辽宁将推出终身职业技能培训制度，大规模开展职业技能培训，力争到2020年，全省培训25万人次，基本满足劳动者培训需要。

2019年9月17日

新松机器人自动化股份有限公司对外发布我国首款工业软件与控制平台，为中国制造迈向中国智造提供强大助力。

2019年9月22日

全国首个营商移动微服务平台——“@沈阳营商”移动微服务平台正式上线运行。

2019年9月25日

省政府下发《关于进一步支持企业上市发展的意见》，从降低上市成本、加大融资支持、给予用地支持等多个维度给予支持。

皮书

智库报告的主要形式
同一主题智库报告的聚合

✤ 皮书定义 ✤

皮书是对中国与世界发展状况和热点问题进行年度监测，以专业的角度、专家的视野和实证研究方法，针对某一领域或区域现状与发展态势展开分析和预测，具备前沿性、原创性、实证性、连续性、时效性等特点的公开出版物，由一系列权威研究报告组成。

✤ 皮书作者 ✤

皮书系列报告作者以国内外一流研究机构、知名高校等重点智库的研究人员为主，多为相关领域一流专家学者，他们的观点代表了当下学界对中国与世界的现实和未来最高水平的解读与分析。截至 2020 年，皮书研创机构有近千家，报告作者累计超过 7 万人。

✤ 皮书荣誉 ✤

皮书系列已成为社会科学文献出版社的著名图书品牌和中国社会科学院的知名学术品牌。2016 年皮书系列正式列入“十三五”国家重点出版规划项目；2013~2020 年，重点皮书列入中国社会科学院承担的国家哲学社会科学创新工程项目。

中国皮书网

（网址：www.pishu.cn）

发布皮书研创资讯，传播皮书精彩内容
引领皮书出版潮流，打造皮书服务平台

栏目设置

◆关于皮书

何谓皮书、皮书分类、皮书大事记、
皮书荣誉、皮书出版第一人、皮书编辑部

◆最新资讯

通知公告、新闻动态、媒体聚焦、
网站专题、视频直播、下载专区

◆皮书研创

皮书规范、皮书选题、皮书出版、
皮书研究、研创团队

◆皮书评奖评价

指标体系、皮书评价、皮书评奖

◆互动专区

皮书说、社科数托邦、皮书微博、留言板

所获荣誉

◆2008 年、2011 年、2014 年，中国皮书网均在全国新闻出版业网站荣誉评选中获得“最具商业价值网站”称号；

◆2012 年，获得“出版业网站百强”称号。

网库合一

2014年，中国皮书网与皮书数据库端口合一，实现资源共享。

权威报告·一手数据·特色资源

皮书数据库

ANNUAL REPORT(YEARBOOK) DATABASE

分析解读当下中国发展变迁的高端智库平台

所获荣誉

- 2019年，入围国家新闻出版署数字出版精品遴选推荐计划项目
- 2016年，入选“‘十三五’国家重点电子出版物出版规划骨干工程”
- 2015年，荣获“搜索中国正能量 点赞2015”“创新中国科技创新奖”
- 2013年，荣获“中国出版政府奖·网络出版物奖”提名奖
- 连续多年荣获中国数字出版博览会“数字出版·优秀品牌”奖

成为会员

通过网址www.pishu.com.cn访问皮书数据库网站或下载皮书数据库APP，进行手机号码验证或邮箱验证即可成为皮书数据库会员。

会员福利

- 已注册用户购书后可免费获赠100元皮书数据库充值卡。刮开充值卡涂层获取充值密码，登录并进入“会员中心”—“在线充值”—“充值卡充值”，充值成功即可购买和查看数据库内容。
- 会员福利最终解释权归社会科学文献出版社所有。

社会科学文献出版社 SOCIAL SCIENCES ACADEMIC PRESS (CHINA) 皮书系列

卡号：050282370558

密码：

数据库服务热线：400-008-6695

数据库服务QQ：2475522410

数据库服务邮箱：database@ssap.cn

图书销售热线：010-59367070/7028

图书服务QQ：1265056568

图书服务邮箱：duzhe@ssap.cn

中国社会发展数据库（下设 12 个子库）

整合国内外中国社会发展研究成果，汇聚独家统计数据、深度分析报告，涉及社会、人口、政治、教育、法律等 12 个领域，为了解中国社会发展动态、跟踪社会核心热点、分析社会发展趋势提供一站式资源搜索和数据服务。

中国经济发展数据库（下设 12 个子库）

围绕国内外中国经济发展主题研究报告、学术资讯、基础数据等资料构建，内容涵盖宏观经济、农业经济、工业经济、产业经济等 12 个重点经济领域，为实时掌控经济运行态势、把握经济发展规律、洞察经济形势、进行经济决策提供参考和依据。

中国行业发展数据库（下设 17 个子库）

以中国国民经济行业分类为依据，覆盖金融业、旅游、医疗卫生、交通运输、能源矿产等 100 多个行业，跟踪分析国民经济相关行业市场运行状况和政策导向，汇集行业发展前沿资讯，为投资、从业及各种经济决策提供理论基础和实践指导。

中国区域发展数据库（下设 6 个子库）

对中国特定区域内的经济、社会、文化等领域现状与发展情况进行深度分析和预测，研究层级至县及县以下行政区，涉及地区、区域经济体、城市、农村等不同维度，为地方经济社会宏观态势研究、发展经验研究、案例分析提供数据服务。

中国文化传媒数据库（下设 18 个子库）

汇聚文化传媒领域专家观点、热点资讯，梳理国内外中国文化发展相关学术研究成果、一手统计数据，涵盖文化产业、新闻传播、电影娱乐、文学艺术、群众文化等 18 个重点研究领域。为文化传媒研究提供相关数据、研究报告和综合分析服务。

世界经济与国际关系数据库（下设 6 个子库）

立足“皮书系列”世界经济、国际关系相关学术资源，整合世界经济、国际政治、世界文化与科技、全球性问题、国际组织与国际法、区域研究 6 大领域研究成果，为世界经济与国际关系研究提供全方位数据分析，为决策和形势研判提供参考。

法律声明